UTB **3316**

Eine Arbeitsgemeinschaft der Verlage

Böhlau Verlag · Köln · Weimar · Wien
Verlag Barbara Budrich · Opladen · Farmington Hills
facultas.wuv · Wien
Wilhelm Fink · München
A. Francke Verlag · Tübingen und Basel
Haupt Verlag · Bern · Stuttgart · Wien
Julius Klinkhardt Verlagsbuchhandlung · Bad Heilbrunn
Lucius & Lucius Verlagsgesellschaft · Stuttgart
Mohr Siebeck · Tübingen
Nomos Verlagsgesellschaft · Baden-Baden
Orell Füssli Verlag · Zürich
Ernst Reinhardt Verlag · München · Basel
Ferdinand Schöningh · Paderborn · München · Wien · Zürich
Eugen Ulmer Verlag · Stuttgart
UVK Verlagsgesellschaft · Konstanz
Vandenhoeck & Ruprecht · Göttingen · Oakville
vdf Hochschulverlag AG an der ETH Zürich

Christiane Wanzeck

Lexikologie

Beschreibung von Wort und
Wortschatz im Deutschen

Vandenhoeck & Ruprecht

Dr. Christiane Wanzeck ist Privatdozentin am Institut für Deutsche Philologie (Department für Germanistik, Komparatistik, Nordistik und DAF) an der LMU München.

Mit 80 Figuren und 2 Abbildungen

Titelgrafik und Figuren erstellt von Kommunikationsdesigner Marc Rentschler B. A.

Bibliografische Information der Deutschen Nationalbibliothek

Die Deutsche Nationalbibliothek verzeichnet diese Publikation in der Deutschen Nationalbibliografie; detaillierte bibliografische Daten sind im Internet über http://dnb.d-nb.de abrufbar.

© 2010 Vandenhoeck & Ruprecht GmbH & Co. KG, Göttingen.
Internet: www.v-r.de
ISBN 978-3-8385-3316-2 (utb-e-book)

Alle Rechte vorbehalten. Das Werk und seine Teile sind urheberrechtlich geschützt. Jede Verwertung in anderen als den gesetzlich zugelassenen Fällen bedarf der vorherigen schriftlichen Einwilligung des Verlages. Hinweis zu § 52a UrhG: Weder das Werk noch seine Teile dürfen ohne vorherige schriftliche Einwilligung des Verlages öffentlich zugänglich gemacht werden. Dies gilt auch bei einer entsprechenden Nutzung für Lehr- und Unterrichtszwecke. – Printed in Germany.

Umschlaggestaltung: Atelier Reichert, Stuttgart
Satz: ⊕ Hubert & Co, Göttingen
Druck und Bindung: CPI – Ebner & Spiegel, Ulm

ISBN 978-3-8252-3316-7 (**UTB-Bestellnummer**)

Vorwort

Mit dem vorliegenden Buch sollen die Grundlagen der Lexikologie anschaulich und gut nachvollziehbar vermittelt werden. Eine große Anzahl von Grafiken und Tabellen dienen der schnellen Orientierung. Um die theoretischen Ausführungen leicht verständlich zu halten, werden viele Wortbeispiele besprochen, die an gegebener Stelle von hoher Aktualität sind. Auf diese Weise stehen die lexikalischen Charakteristika konkreter Wörter im Zentrum der Betrachtung.

Der Aufbau des Buches ist so konzipiert, dass es sich für die Strukturierung von Seminaren eignet. Die insgesamt 14 Kapitel sind in sich abgeschlossene Einheiten, von denen dann jedes Kapitel die Basis für eine Seminareinheit bilden kann.

Innerhalb der einzelnen Kapitel werden die aktuellen Untersuchungsinstrumentarien vorgestellt, seien es umfangreiche Nachschlagewerke oder digitale Suchmaschinen. So ist es dem Leser schnell möglich, die Bedeutung von Wörtern und Wortschatz eigenständig zu erforschen (z. B. für Seminar- oder Abschlussarbeiten). Das deutsch-englische Wortglossar am Ende des Buches soll die Recherche auf internationaler Ebene vereinfachen. Für die gezielte Vorbereitung auf Klausuren und mündliche Prüfungen werden am Ende der einzelnen Kapitel relevante Fragen angegeben.

Begleitend zu diesem Buch gibt es bei UTB eine spezielle Internetseite (www.utb-mehr-wissen.de), auf der die Lösungen zu den Aufgaben am Kapitelende stehen. Darüber hinaus werden dort auch weitere Materialien zur Lexikologie bereitgestellt, wie z. B. ein Termini-Glossar.

Dank

Die Entstehung dieses Buches beruht zu einem erheblichen Teil auf meinen Erfahrungen in der Universitätslehre an der LMU München. In meinen Seminaren, Vorlesungen und Prüfungen zur Lexikologie kam es in Gesprächen häufig zu interessanten und weiterführenden Inspirationen, wofür ich den Studierenden danken möchte.

Bei der Realisierung des Buches haben mich Bettina Birk M.A. (Formatierung der Register), Georg Giering M.A. (formale Korrekturen) und Marc Rentschler B.A. (Erstellung der Grafiken und Abbildungen) tatkräftig unterstützt. Dafür danke ich den Genannten ganz herzlich.

Für die Durchsicht des englisch-deutschen Glossars danke ich Prof. Dr. Hans-Jörg Schmid und Prof. Dr. Anthony Rowley. Ihre Anmerkungen und Anregungen waren mir eine große Hilfe.

Und schließlich danke ich Dr. Ulrike Gießmann-Bindewald (Lektorat), Birthe Schulz-Kullig (Lektorat) und Renate Hartog (Herstellung) vom Verlag Vandenhoeck & Ruprecht für ihren unermüdlichen Einsatz bei der Entstehung dieses Buches. Frau Gießmann-Bindewald und Frau Schulz-Kullig haben dieses Buchprojekt in jeder Phase mit großem Engagement begleitet und stets wertvolle Ideen und Hinweise gegeben. Diese erfolgreiche Zusammenarbeit ist für mich eine wertvolle Erfahrung.

München, im August 2010   Christiane Wanzeck

Inhalt

Vorwort 5

1 Abgrenzung 11
   1.1 Gegenstandsbereich 11
   1.2 Aufgabenbereich 12
   1.3 Bezug zu den linguistischen Teilbereichen 14
   1.4 Termini zur Lexikologie 15
   1.5 Übungsaufgaben 18

2 Arbeitsweisen in der Lexikologie 19
   2.1 Empirie innerhalb der Lexikologie 19
   2.2 Auswertung von Datenmaterial und Textkorpus 24
   2.3 Bestimmung von Wortbedeutungen 27
   2.4 Übungsaufgaben 28

3 Theorien zur Wortbedeutung 29
   3.1 Strukturalistische Beschreibungsansätze 29
   3.2 Inhaltsbezogene Beschreibungsansätze 30
   3.3 Übungsaufgaben 38

4 Benennungsbildung und Bedeutungsbildung 39
   4.1 Okkasionalismus und Akzeptanz 39
   4.2 Neologismus und Konkurrenz 42
   4.3 Produktivität und Überlappung 46
   4.4 Übungsaufgaben 49

5 Innovation und Bedeutungsentwicklung 50
   5.1 Gründe der Bedeutungsveränderung 50
   5.2 Standardisierung neuer Wortbedeutungen 53
   5.3 Mechanismen der Archaisierung 56
   5.4 Übungsaufgaben 59

6 Strukturierung der Wortbedeutungen 60
   6.1 Muster der Polysemie 60

6.2	Onomasiologische Wortbeziehungen	62
6.3	Bedeutungsrelationen: Antonymie und Hyponymie	64
6.4	Syntagmatische Restriktionen	68
6.5	Übungsaufgaben	71

7 Typen des Bedeutungswandels 72
7.1	Spezialisierung der Bedeutung	72
7.2	Generalisierung der Bedeutung	74
7.3	Übertragung und Verschiebung der Bedeutung	76
7.4	Verschlechterung und Verbesserung der Bedeutung	79
7.5	Übungsaufgaben	81

8 Funktion von Wortbedeutungen 82
8.1	Euphemismus und Dysphemismus	82
8.2	Variation durch Synonymie	86
8.3	Stilschicht als Bedeutungsfaktor	89
8.4	Übungsaufgaben	92

9 Motivationen der Wortbedeutung 93
9.1	Wortgeschichte	93
9.2	Motive der Benennung	96
9.3	Volksetymologie oder sekundäre Motivation	100
9.4	Übungsaufgaben	102

10 Wortverbindungen als lexikalische Einheiten 103
10.1	Festigkeit der Wortverknüpfung	103
10.2	Mögliche Lesarten	106
10.3	Kollokationen und ihre Abgrenzung	109
10.4	Übungsaufgaben	113

11 Lexik nationaler Varietäten 114
11.1	Austriazismen und Variation	114
11.2	Helvetismen und Variation	118
11.3	Regionalismen und Variation	121
11.4	Übungsaufgaben	124

12 Entlehnung und lexikalische Differenzierung 125
12.1	Motivation zur Wortentlehnung	125

12.2	Typologisierung lexikalischer Entlehnungen	127
12.3	Anglizismen und Bedeutungsgewinn	131
12.4	Übungsaufgaben	135

13 Brisante Wörter und ihre Entwicklung 136
- 13.1 Schlagwörter und ihre lexikalische Funktion 136
- 13.2 Fahnenwörter und Allgemeinsprache 139
- 13.3 *Political Correctness* und lexikalischer Wandel 142
- 13.4 Übungsaufgaben 146

14 Personenwortschätze und Bedeutungsvariation 147
- 14.1 Bedeutungsgewinn durch Luther 147
- 14.2 Individualtypische Bedeutungen bei Goethe 150
- 14.3 Wandel in der Wortsemantik durch Nietzsche 154
- 14.4 Übungsaufgaben 157

15 Anhang 158
- 15.1 Bibliographie 158
- 15.2 Abbildungs- und Figurenverzeichnis 170
- 15.3 Sachregister 172
- 15.4 Wortregister 177
- 15.5 Glossar (Deutsch – Englisch) 184

1 Abgrenzung

1.1 Gegenstandsbereich

Die Lexikologie ist die Wissenschaft von *Wort* und *Wortschatz* einer Sprache. Es geht darum zu erforschen, wie die Wörter in der Verwendung der Sprache funktionieren und auf welche Weise der Wortschatz als sich ständig wandelnder Teilbereich der Sprache beschrieben werden kann. Diese Offenheit des Wortschatzes ist der Grund dafür, warum er sich im Unterschied zu den beiden anderen Teilbereichen der Sprache, der Phonologie und der Grammatik, am schwierigsten systematisieren lässt.

Beim **Wort** geht es innerhalb der Lexikologie primär um die Inhaltsseite. Die Beschäftigung mit der **Wortbedeutung** führt zu der Frage, wie die Verbindung zwischen Wortkörper und Inhalt zustande kommt und wo die Grenzen hin zum Gebrauch anderer Wörter liegen. Von feststrukturierten Bedeutungen natürlicher Sprachen ist nur bedingt auszugehen. Normalerweise entsprechen die Bedeutungen nicht definierten Termini. Vielmehr beruhen sie meistens auf Einzelentscheidungen.

Der Großbereich **Wortschatz** stellt die Gesamtheit des Wortgebrauchs in das Zentrum der Untersuchungen und interessiert sich somit für die übergeordneten Zusammenhänge. Zum einen geht es um die Gliederungsmöglichkeiten und zum anderen um die Variationsmöglichkeiten innerhalb des Wortschatzes.

Es gibt formale und inhaltliche **Gliederungsmöglichkeiten** des Wortschatzes. Die **formale Gliederung** nach grammatischen Kriterien ist im Prinzip gut durchführbar, bis auf die Ausnahme, wenn die grammatische und die inhaltliche Seite nicht übereinstimmen, wie es bei den Wortarten der Fall sein kann. So zum Beispiel bei dem Wort *Verhandlung*. Grammatisch gesehen ist es ein Nomen, aber inhaltlich bezeichnet es den Vorgang des Verhandelns. Die **inhaltliche Gliederung** ist funktional orientiert. Die Kriterien dieser Gliederung sind nicht einfach festzusetzen. Die verschiedenen Beschreibungsansätze zur inhaltlichen Strukturierung des Wortschatzes spiegeln dies wider.

Die **Variationen** sind die zweite wichtige Säule im Aufbau des Wortschatzes. Hier geht es um die von außen einwirkenden Faktoren. Diese Faktoren zeigen sich in Varianten, die zeitlich (diachronisch), räumlich (diatopisch), sprachschichtbedingt (diastratisch) und situativ (diaphasisch) markiert sind. Dieser Bereich der Lexikologie unterscheidet sich von den anderen sprachlichen Beschreibungsebenen durch seinen hohen Grad an Veränderbarkeit.

Neuerungen bilden einen zentralen Bestandteil. Damit eng verbunden ist die Aufgabe veralteter Wörter. In diesem Spannungsfeld (zu erkennen an den teilweise emotionalen Diskussionen) bewegt sich die Lexikologie.

Nun bleibt für dieses Buch noch zu klären, ob eine Trennung zwischen den historischen und gegenwartssprachlichen Entwicklungen innerhalb der Lexikologie gezogen werden sollte. Die lexikologischen Kennzeichen in den älteren Sprachstufen des Deutschen können als in sich abgeschlossener Bereich angesehen werden. Ähnlich verhält es sich prinzipiell auch mit der Lexikologie des Neuhochdeutschen.

Doch bei genauerer Betrachtung zeigt sich, dass eine konsequente Ausblendung des Historischen den Gegenstandsbereich der Lexikologie stark begrenzen würde. Die Schwierigkeiten ergäben sich schon bei der Trennung der Zeiträume. Wäre es legitim, noch von Goethe verwendete Wörter in der gegenwartssprachlichen Lexikologie zu berücksichtigen, deren Bedeutung und Verwendungsweise sich bereits geändert haben?

Die Sprache von Goethe schon als geschichtlich auszublenden, ist ein weitreichender Schritt. Da die Lexikologie aber die Entwicklungen und Variationen verfolgt, ist ein klarer zeitlicher Schnitt kaum sinnvoll. Ohne die Geschichte zu berücksichtigen, ist es schwer möglich, zu beurteilen, weshalb der Sprecher ein bestimmtes Wort gewählt hat. Allein schon die Beobachtung des Prozesses, dass ein Wort über einen bestimmten Zeitraum immer häufiger gewählt wird als seine Variante, führt in die Vergangenheit.

Deshalb sollen in dieser Einführung die historischen Entwicklungen an gegebener Stelle berücksichtigt werden. Beispiele sind vor allem dann zu finden, wenn sie einer Erklärung dienen. Vor dem Hintergrund der gegenwartssprachlichen Entwicklungen werden die geschichtlichen Veränderungen thematisiert.

Ziel dieser Einführung ist es, die zentralen Bereiche der Lexikologie vorzustellen und anhand zahlreicher Analysebeispiele Material bereitzustellen, mit dem es möglich ist, sich auf die Prüfungen vorzubereiten. Da die Lexikologie sowohl für den gegenwartssprachlichen als auch den sprachhistorischen Prüfungsteil relevant ist, werden am Ende eines jeden Kapitels Fragen zu beiden Teilen aufgenommen.

1.2 Aufgabenbereich

Da die Lexikologie den Teil der Sprache betrifft, der für Veränderungen am offensten ist, ergeben sich hierfür eine Reihe von Herausforderungen. Auf der **Theorieseite** stellt sich die Aufgabe, der Systemhaftigkeit von Wort/Wortschatz auf den Grund zu gehen. Demgegenüber fordert die **Praxisseite** eine hohe Bereitschaft, sich auf große Datenmengen und konkrete Einzelanalysen einzulassen.

Das Beziehungsgeflecht auf der **Inhaltsebene** aufzudecken ist das zentrale Anliegen der Lexikologen. Im Gegensatz zur **Ausdrucksebene**, die sich in der Wortform zeigt, bietet die Inhaltsebene keine so unmittelbar sichtbare Form. Wie können Wortinhalte dann letztendlich beschrieben werden? Wie lassen sie sich einordnen und abgrenzen?

Ganz allgemein, ohne sich schon auf eine spezielle Theorie zu beziehen, kann festgehalten werden, dass sich die Bedeutung von Wörtern erst dann erschließt, wenn man weiß, was damit benannt werden kann. Die **Bedeutungsentwicklung**, also das Erkennen der Veränderung lexikalischer Strukturen, ist von ganz grundlegender Natur: Warum werden alte Wortbedeutungen vom Sprecher verändert, verdrängt oder mit einer neuen Wortform versehen (Kapitel 5)? Zum tieferen Verständnis können die **Bedeutungsbeziehungen** zwischen bestimmten Wörtern beitragen. Zum Beispiel zeigen die Gegensatzrelationen bei *gut* vs. *schlecht* und *gut* vs. *böse* mögliche Inhaltsbezüge zwischen Wörtern (Kapitel 6).

Theorien, die sich mit dieser komplexen Thematik befassen, vertreten verschiedene Sichtweisen und bieten eine Reihe von Erklärungsvorschlägen, die auf eine breite Resonanz gestoßen sind. Vielfach bleibt aber innerhalb der Theorien nach wie vor ein Unsicherheitsbereich (Vagheit) bestehen. Die traditionellen Konzepte unterliegen deshalb in der Forschung einer kritischen Prüfung und werden weiterentwickelt. Neue theoretische Konzepte bilden sich heraus (Kapitel 3).

Die Untersuchung von **Sachbereichen**, wie z. B. dem Bereich der familiären Beziehungen, bietet eine breitere Perspektive. Betrachtet man die zahlreichen Verwandtschaftsbezeichnungen, dann wird klar, dass solche Bereiche sehr ergiebig sein können. Wortmaterial dieser Art ist vielversprechend. Auf diesem Weg ist es möglich, den lexikalischen Strukturen des Wortschatzes auf die Spur zu kommen. Voraussetzung dafür ist aber die Erhebung von aussagekräftigen Daten.

Einen sehr hohen Stellenwert nimmt die Praxisseite ein, wenn es um die Belegsammlung für die einzelnen Wortschatzbereiche geht.

Die **Personenwortschätze** (z. B. Luther oder Goethe; Kapitel 14) sind ein Tätigkeitsfeld, auf dem weiterhin eine Menge zu leisten ist, da sich die Datenerhebung auf Textbasis teilweise noch als sehr langwierig erweist. Die **regionalen Wortschätze** (z. B. Mundarten, Stadtsprachen; Kapitel 11) und der **Lehnwortschatz** (z. B. aus dem Englischen übernommene Wörter, Kapitel 12) stellen einen hohen Anspruch an den Lexikologen, die Wörter adäquat zu erfassen. Die Lautung spielt hier eine große Rolle. Somit ist ein hoher Kenntnisstand über die potentiellen Wörter bereits schon in der Phase der Materialerfassung notwendig.

Die Zusammenstellung von **Wortneubildungen** (Kapitel 4 und 13) ist durch die digitale Verfügbarkeit von aktuellen Daten gut zu leisten. Allerdings kann die Datenfülle wiederum zu einer Schwierigkeit werden.

Wörter, die eine gewisse Markierung besitzen und nur in ganz bestimmten Situationen eingesetzt werden sollten, sind schwer zur ermitteln, da ihre Konnotation nicht immer eindeutig ist. Diese Wörter erfüllen eine ganz bestimmte **Funktion**, die häufig nur auf der Basis von Einzelentscheidungen angegeben werden kann. Ein Beispiel dafür sind die Tabuwörter (Kapitel 8).

Wortverbindungen, also Einheiten, die aus zwei oder mehr Wörtern bestehen und eine Gesamtbedeutung tragen, bereiten bei der Identifizierung nicht unerhebliche Probleme. Der entscheidende Punkt ist, inwieweit sich die Frage nach der Festigkeit der Wortverbindungen sicher beantworten lässt (Kapitel 10).

Die Entschlüsselung der **Motivation** einer Wortbedeutung (Kapitel 9) und die **Typisierung** des Wandels von Wortbedeutungen (Kapitel 7) erfordert eine hohe philologische Kompetenz. Erst nach der Sichtung von Textbelegen und einer weitreichenden Untersuchung der Wortbedeutungen sind fundierte Aussagen möglich.

1.3 Bezug zu den linguistischen Teilbereichen

Damit der Status der Lexikologie innerhalb der Linguistik besser eingeschätzt werden kann, ist die Bestimmung des Verhältnisses zu den benachbarten Disziplinen aufschlussreich. Auf den ersten Blick scheint die Lexikologie eng verwoben mit der lexikalischen Semantik und der Lexikographie. Deshalb wird sie häufig nicht als selbstständiger Bereich wahrgenommen. Sie erweckt vielmehr den Eindruck, immer nur ein Teil anderer linguistischer Gebiete zu sein.

Wie kann die gar nicht so einfache Grenzziehung zur lexikalischen Semantik und zur Lexikographie vorgenommen werden?

Die **lexikalische Semantik** ist am engsten mit der Lexikologie verbunden. Sie ist für die Grundlagenforschung, also für die komplexen theoretischen Aspekte der Wortbedeutung, zuständig. Auf der Anwendungsseite ist die Lexikologie ganz eng mit der **Lexikographie** verbunden. Ohne die Erkenntnisse der Lexikologie wäre es nicht möglich, die Fülle des Wortschatzes im Lexikon/Wörterbuch inhaltlich zu strukturieren und zu markieren. Die Berührungspunkte der Lexikologie mit den entfernteren Nachbarbereichen zeigen sich in theorieorientierten und anwendungsbezogenen Disziplinen.

Theorieorientiert sind die Etymologie, die Wortbildung und die Computerlinguistik. Die **Etymologie** (Herkunft der Wörter) beschäftigt sich mit der Wortentstehung und der Wortgeschichte. Die Wortentstehung kann allein durch Bedeutungsveränderung erfolgen. Die Wortgeschichte fragt unter anderem nach dem Einfluss des geschichtlichen Wortgebrauchs auf die Bedeutung eines Wortes. Bei der **Wortbildung** (Verfahren, Wörter zu bilden) ergeben sich Beziehungen zur Lexikologie im Bereich der Bedeutungsbeschreibung, meist bei der Analyse in Form einer Paraphrase (Umschreibung). Die **Phraseologie** (Mehrwortverbindungen) setzt sich intensiv mit der Festigkeit von Bedeutungen bei Wortfolgen auseinander. Das Verhältnis zwischen Form und Bedeutung ist die Basis für die Festsetzung von Phraseologismen. Für die **Computerlinguistik** (digitale Spracherfassung) ist die Bedeutung deshalb relevant, weil das digitale Erkennen von Wörtern nicht nur auf die Form reduziert wird.

Praxisorientierte Nachbarbereiche sind das mentale Lexikon, die Fachsprache, die Variationslinguistik, die Stilistik, die Textlinguistik und die Pragmatik.

Das **mentale Lexikon** (das geistig verankerte Lexikon eines jeden Sprechers) ist der Bereich der Neurolinguistik, der die Organisation semantischen Wissens anhand von Tests mit Probanden untersucht. Das Wort ist die Basiseinheit und die Wortbedeutungen entscheiden darüber, wie es im mentalen Lexikon repräsentiert ist.

Die **Fachsprache** unterscheidet sich von allen anderen Bereichen dadurch, dass ihre Wörter die Bedeutung nicht durch den Wortgebrauch erhalten haben. Die Bedeutungen werden gewissermaßen festgelegt. Die Bildung von Fachterminologien steht im Mittelpunkt. Mehrdeutigkeit bzw. Vagheit ist nicht akzeptierbar.

Die **Variationslinguistik** (Beschreibung sprachlicher Varianten) möchte die Sprache in ihrer Vielfalt erfassen, die sich gerade in der Sprachverwendung zeigt. In der

Stilistik (charakteristischer Sprachgebrauch) ist der Bezug zur Lexikologie in der Weise gegeben, dass es für eine Bedeutung mehrere Wörter geben kann (z. B. *Hund* vs. *Köter*). Die „angemessene" Verwendung von Wörtern ist zentral.

Die **Textlinguistik** (Konstruktion von Texten) ist in besonderer Weise sensibilisiert für Wortbedeutungen. Der Text ist ein Produkt der Wortverwendung. Der Einsatz von Wörtern samt ihrer Bedeutung steht in enger Verbindung zur Funktion des Textes. Bei der **Pragmatik** (Handeln durch Sprache) entscheidet die Wortbedeutung über das Gelingen von Sprechakten. Vor allem die indirekten Sprechakte leben von der genauen Kenntnis der Wortbedeutungen.

Fig. 1   Die Lexikologie und ihre benachbarten linguistischen Disziplinen

Theorie		Anwendung
Etymologie		mentales Lexikon
Wortbildung		(Neurolinguistik)
Phraseologie		Fachsprache
Lexikalische Semantik	LEXIKOLOGIE	**Lexikographie**
Computerlinguistik		Variationslinguistik
		Stilistik
		Textlinguistik
		Pragmatik

1.4 Termini zur Lexikologie

Die Termini zur Lexikologie sind zahlreich. Teilweise ist es selbst für die Fachleute gar nicht so einfach, die Bezeichnungen in ihrer Vielfalt zu erfassen. Wie lassen sich nun in der Sprachbeschreibung die Termini richtig einsetzen? Und: Welche synonymen Bezeichnungen gibt es? Die folgenden Termini sind elementar:

Lexikologie
  Definition: Wissenschaft von Wort und Wortschatz (allgemeiner übergreifender Terminus)
  Abgrenzung: Der Terminus **Semantik** ist weiter gefasst als der Terminus *Lexikologie*. Es ergeben sich etliche Berührungspunkte. Die Semantik erforscht alles, was mit der Bedeutung von Sprachzeichen zu tun hat (z. B. auch die Semantik von Sätzen).

Lexematik
  Definition: Wissenschaft von Wort und Wortschatz (engerer Terminus)
  Abgrenzung: Dieser Terminus steht in Verbindung zur strukturellen Semantik (vgl. dazu Kap. 3.1).

Lexem
Definition: Einheiten zur Bezeichnung von Wirklichkeitsbestandteilen (im Lexikon einer Sprache verzeichnet)
Abgrenzung: Im Unterschied dazu ist ein **Wort** ganz allgemein eine Bezeichnungseinheit. Alle Lexeme sind Wörter, aber nicht alle Wörter sind Lexeme. Wortbildungen wie *Abschreiber* sind kein Lexem, da jederzeit bildbar und nicht im Sprachgebrauch.

Lexik
Definition: Wortschatz einer Sprache (entwickelt sich weiter)
Abgrenzung: Im Unterschied zur Grammatik und Phonologie ist die Lexik ein offenes Teilsystem der Sprache.
Synonym: **Wortschatz, Lexis** (seltener)

Lexikon
Definition: 3 Bedeutungen: (a) Der Wortschatz des Sprechers als mentaler Speicher von Lexemen (mentales Lexikon)
(b) Zusammenstellung von Lexemen einer Sprache
(c) die Lexik einer Sprache (seltener)
Synonym: **Wörterbuch** (genaue Abgrenzung ist uneinheitlich)

Lemma
Definition: Eintrag eines Lexems in einem Lexikon. Es steht zu Beginn des Lexikoneintrags in seiner festgelegten Grundform.
Synonym: **Stichwort**

Lexikalisierung
Definition: Vorgang, bei dem sich die Bedeutung eines Wortes Stück für Stück verändert und am Ende für den Sprecher nicht mehr unmittelbar erschließbar ist
Synonym: **Idiomatisierung**

Lexikostatistik
Definition: Beschreibung des Wortschatzes nach quantitativen Methoden (die Vorkommenshäufigkeit betreffend)
Ergebnis: Bildet die Basis für die Erstellung des Grundwortschatzes und von Häufigkeitswörterbüchern.
Synonym: **Lexikometrie, Sprachstatistik** (Oberbegriff)

lexikalisch
Definition: Die Lexeme und Lexik betreffend.

lexikologisch
    Definition: Die Lexikologie betreffend.

lexikalisiert
    Definition: Die Festigkeit der Lexeme betreffend.

Neben diesen Grundtermini gibt es eine große Zahl von zusammengefügten Termini, bei denen die erste Einheit jeweils das Adjektiv *lexikalisch* bildet. Es ist der Bezug zu Lexem und Lexik intendiert, wie bei den Termini: *lexikalische Einheit, ~ Relation, ~ Daten, ~ Analyse, ~ Störung; lexikalisches Morphem, lexikalischer Suppletivismus, lexikalische Dekomposition (Zerlegung), lexikalisch-funktionale Grammatik (LFG)*; generative Transformationsgrammatik: *lexikalisches Formativ, lexikalische Kategorie*.

Die folgenden zusammengefügten Termini (auch aus der Computerlinguistik) beziehen sich auf die einzelnen linguistischen Beschreibungsebenen:

lexikalische Semantik
    Definition: Strukturierung des Form-Bedeutungsverhältnisses von Lexemen
    Synonym: **Wortsemantik**

lexikalische Phonologie
    Definition: Interaktion von phonologischer Ebene und Wortebene
    Synonym: **Lexikalische Diffusion**

lexikalische Morphologie
    Definition: Definition von morphologischen Beziehungen zwischen den Lexemen
    Abgrenzung: Ein Begriff der Computerlinguistik.

lexikalische Syntax
    Definition: Bestimmung der für die Darstellung von Phrasen verfügbaren Wörter
    Abgrenzung: Ein Begriff der Computerlinguistik.

Diese zusammengefügten Termini sind grundlegend:

lexikalische Bedeutung
    Definition: Bedeutungen innerhalb der offenen, nicht grammatischen Wortklasse
    Synonym: **Wortbedeutung**

lexikalisches Feld
    Definition: Gesamtheit sinnverwandter Wörter (vgl. Kap. 3.2)
    Synonym: **Wortfeld, semantisches Feld**

lexikalische Solidaritäten
    Definition: Syntagmatische (lineare) Bedeutungsbeziehungen (vgl. Kap. 6.4)

lexikalische Lücke
    Definition: Fehlen äquivalenter Lexeme innerhalb bestimmter sprachlicher Konzepte

1.5 Übungsaufgaben

1. In welche Bereiche lässt sich die Lexikologie unterteilen? Geben Sie eine kurze Erklärung zu den Bereichen!

2. Welche Schwierigkeiten stellen sich, wenn die Struktur der Inhaltsebene einer Sprache beschrieben werden soll?

3. Wie lassen sich die Termini *Lexikologie* und *Semantik* voneinander abgrenzen?

4. Bestimmen Sie die Unterschiede und Gemeinsamkeiten von *Lexem* und *Wort*!

2 Arbeitsweisen in der Lexikologie

2.1 Empirie innerhalb der Lexikologie

Der Begriff *Empirie* bedeutet auf die Lexikologie bezogen die Sammlung von Wörtern. Dieser Vorgang wird auch als „Erhebung von Wortmaterial" bezeichnet. Die Vorgehensweise erfordert eine Systematik. Zu den empirischen Methoden zählen **Fragebogenerhebungen, Experimente/Tests** und **Korpusaufbau**. Bei den Fragebogenerhebungen, Experimenten und Tests ist die Lexikologie in besonderem Maße auf die Mitarbeit der Sprecher angewiesen. Die lexikologischen Erhebungen bereits vorliegender Daten hingegen sind eine Herausforderung im Punkt Zugänglichkeit der Daten.

Im Unterschied zu den Fragebögen, Experimenten und Tests hat sich die Ermittlung von schriftlichen Daten mit der Zeit erheblich geändert. So konnten sich noch die Brüder Grimm im 19. Jahrhundert bei der Belegsammlung auf ihre Intuition verlassen. Allein auf der Grundlage ihrer Textkenntnis war es ihnen möglich, gezielt Textbelege aufzufinden. Diese Fähigkeit ist heutzutage weniger ausgeprägt, weshalb es ratsam ist, sich sofern möglich, auf die digitale Datenerfassung zu stützen.

Bei der Gewinnung von Wortmaterial ist die **Computerlinguistik** ein wichtiger Partner geworden. Ihre bahnbrechenden Entwicklungen haben die Arbeitsweise in der Lexikologie entscheidend verändert. Sprachmaterial kann nun gezielt digital ermittelt werden und digitale Textkorpora können von sehr großem Umfang sein. In welcher Weise lassen sich die einzelnen empirischen Methoden der Lexikologie in der Praxis umsetzen? Wie sollten die Arbeitsschritte konkret aufgebaut sein? Zunächst einmal unterscheiden sich die Vorgehensweisen ganz allgemein darin, dass sie zum einen probandengebunden und zum anderen quellengebunden sind.

Die älteste Möglichkeit, Probanden bei den lexikologischen Forschungen mit einzubeziehen, ist der **Fragebogen**. Der dialektale Wortschatz des Deutschen ist größtenteils auf diese Weise erfasst worden. Die Probanden werden als *Gewährsleute* bezeichnet. Die noch laufenden dialektalen Wörterbuchprojekte freuen sich nach wie vor über die Mitarbeit von Mundartsprechern. So führt das *Bayerische Wörterbuch* bis heute Befragungsaktionen durch. Fragen, die dort jüngst gestellt wurden, lauten zum Beispiel:

> 213/16: Was bedeutet das Wort **mohrackeln**? Bitte genaue Bedeutungsangabe, Satzbeispiel (http://www.bwb.badw.de/; unter Wörterliste).

Sprecherbefragungen können in Papierform oder digital durchgeführt werden. Die Wahl des Mediums hängt auch von der Präferenz der Probanden ab. Die Online-Umfrage „*Globalisierung*" *der deutschen Sprache* an der Universität Bonn ist so aufgebaut, dass sie zu 20 Wörtern (z. B. *Anorak*) die Frage stellt: Wie schätzen Sie den Grad der Integration der genannten Wörter in den deutschen Wortschatz ein? (http://www.germanistik.uni-bonn.de/content/forschung/umfragen/Wortschatz_DE/Fragebogen).

Fragebogenaktionen können die Datenbasis zu lexikologischen Großprojekten bilden. Auf diese Weise wird aktuell ein Wörterbuch zu englischen Wortkonnotationen in Vancouver, Kanada, erstellt (http://www.connotative.com/).

Wie sollte ein lexikologischer Fragebogen aussehen? Es gibt formal zwei Typen von Fragen. Der erste Typ ist so aufgebaut, dass der Proband stichwortartig antworten soll, während der zweite Typ Antworten vorgibt, die dann durch Ankreuzen auszuwählen sind. **Welche Punkte sollte jeder Fragebogen enthalten?** Das folgende Muster gibt eine Orientierungshilfe.

Wozu dient die Befragung? Was passiert mit der Befragung?
!Wichtig: Allgemeinverständlich formulieren!

Dank für die Teilnahme
Hinweis: „Es gibt keine falschen Antworten."

Anonyme Abfrage von Informationen zur Person

Typ 1   Typ 2
Nennen Sie die Bedeutung   Wie oft hören Sie die folgenden Wörter?
folgender Wörter!
                                        1. Flyer   2. Bioterror
1. Flyer   *Flugblatt*   ☒ sehr oft   ☐ sehr oft
2. Bioterror   ☐ manchmal   ☐ manchmal
                                        ☐ selten   ☐ selten
                                        ☐ nie   ☐ nie

Die mündliche Befragung (durch Ton oder/und Videoaufzeichnung) ist eine weitere Möglichkeit der Datenerfassung. Geeignet ist diese Fragetechnik vor allem dann, wenn das Wortmaterial schriftlich nur schwer authentisch zu erheben ist (so z. B. bei der Jugendsprache). Die notwendige Einhaltung der rechtlichen Anforderungen an Ton- und Bildmedien ist jedoch oftmals eine kaum zu überwindende Hürde.

Eine grundlegende Testmethode in der Lexikologie ist der **Substitutionstest/Lückentest** (Wortersetzungsprobe). Identische Sätze oder Satzstrukturen dienen als Testrahmen für den Austausch von Lexemen.

Ermittlung von:

Synonymen (gleichgeordnet)	Antonymen (gegensätzlich)
(a) Die Stimmung war <u>ruhig</u>.	hungrig – satt
Die Stimmung war <u>gedämpft</u>.	durstig – –
Die Stimmung war <u>leise</u>.	
(b) Das Wasser ist <u>still</u>.	**Hyperonymen (übergeordnet)**
Das Wasser ist <u>leise</u>.	Notebook – Computer
Das Kind ist <u>still</u>.	Desktop – Computer
Das Kind ist <u>leise</u>.	PC – ? Computer

Außerdem gibt es die Testmethode des **Semantischen Differentials (SD)**. Dieses Verfahren ermöglicht es, in einem Experiment die Konnotationen zu Wortbedeutungen herauszufinden. Die Probanden geben Auskunft über ihre emotionalen Konzepte. Sie erhalten zu jedem Lexem eine siebenstufige Skala, auf der sie dann ihre Bewertung abgeben. Neben den Konnotationen können so auch interkulturelle Bedeutungsunterschiede aufgedeckt werden.

Evaluierung des Konzepts *Lehrer*:

jung   alt
    1 2 3 4 5 6 7
gerecht   ungerecht
    1 2 3 4 5 6 7
zugänglich   distanziert
    1 2 3 4 5 6 7
tolerant   intolerant
    1 2 3 4 5 6 7
verständlich   unverständlich
    1 2 3 4 5 6 7

Zu den empirischen Methoden der lexikologischen Materialgewinnung gehört auch der **Korpusaufbau** als zentrales Verfahren. Die erste Überlegung gilt der Frage, wie bereits existierende Daten ermittelt werden können. Die Wortdaten werden auf zweierlei Art erhoben. Zum einen werden sie aus gedruckten oder geschriebenen und zum anderen aus digitalen Quellen erhoben. Die digitale Wortgewinnung nimmt rasant zu. Die Grundlage bilden: Textkorpora, Wortsammlungen, Wörterbücher und das Internet.

Die Textkorpora, Wortsammlungen und Wörterbücher liegen in Buchform und als digitale Datenbanken vor. Historische Texte stellen an die digitale Aufbereitung mitunter höchste Ansprüche (uneinheitliche Graphie, Qualität der Drucke), sodass auf diesem Feld die Datenerhebung bisher nur bedingt effizient durchführbar ist. Wenn es um eine große Materialbasis geht, sind die digital verfügbaren Daten unerreicht. Deshalb sollte am Beginn einer jeden Untersuchung überprüft werden, ob das Material digital zur Verfügung steht.

Ein umfangreiches **Textkorpus**, mit dem online Wortmaterial gesammelt werden kann, ist das **DWDS-Corpus** (Das digitale Wörterbuch der deutschen Sprache des 20. Jahrhunderts). Eine Suchanfrage zu dem Wort *Feierabend* ergibt folgende Konkordanzliste (Zusammenstellung der Belegstellen):

Fig. 2   Belege zu *Feierabend* (DWDS-Corpus)

(http://www.dwds.de/)

Wortsammlungen sind zunächst ganz allgemein Ergänzungssammlungen zu den großen Wörterbüchern des Gesamtwortschatzes. Diese Wortsammlungen können dann wiederum die Form eines Wörterbuchs haben, wie das elektronisch verfügbare **Neologismenwörterbuch** des IDS Mannheim. Hier ist es möglich, eine Zusammenstellung und weiterführende Informationen zu Wortneubildungen zu erhalten.

Fig. 3 Lexikologische Angaben zu *abhängen*

(http://www.owid.de/pls/db/p4_anzeige.artikel?v_id=121196&v_modulsuche=j)

Digital verfügbare **Wörterbücher** bieten die Möglichkeit, gezielte Suchanfragen zu bestimmten Markierungen der Sprachebenen zu stellen. So können spezifische Wortlisten digital erstellt werden. Zum Beispiel gibt es in der Suchmaske des **Duden – Das große Wörterbuch der deutschen Sprache** die Markierung *gehoben*.

Empirie innerhalb der Lexikologie   23

Fig. 4   Suchanfrage zu der Markierung „gehoben"

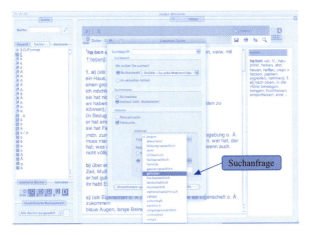

(Duden Bibliothek, CD-ROM)

Im **Internet** stellt die Suchmaschine Google das Analysetool **Google Sets** unter „Google Labs" zur Verfügung. Damit können Wortfelder (in Form von Wortlisten) ermittelt werden, und zwar durch die Verknüpfung zusammengehöriger Begriffe im Internet. Bisher gibt es dieses Tool nur in Englisch, was für die deutschsprachige Suche aber keine Schwierigkeit darstellt.

Fig. 5   Suchanfrage zu *ehrgeizig*

(http://labs.google.com/sets)

2.2 Auswertung von Datenmaterial und Textkorpus

Es gibt zwei Formen der Auswertung lexikologischer Daten und Textkorpora. Die **quantitative Auswertung** dient dazu, die Vorkommenshäufigkeit von Wörtern zu erfassen, und die **qualitative Auswertung** beschreibt das vorliegende Datenmaterial. Die quantitativen Angaben abstrahieren von Einzelvorkommen und helfen, Regularitäten festzustellen. Zur Auswertung wird Statistiksoftware (z. B. SPSS) eingesetzt. Auf der qualitativen Auswertungsebene wird versucht, die lexikologischen Muster zu erkennen und zu erklären.

Die **Grundlage für eine Auswertung** bilden zwei Typen von Korpora. Bei Typ (A) gehen die Daten auf unterschiedliche Quellen zurück und bei Typ (B) stammen sie aus einem größeren Textkorpus. Für die Daten des Korpus-Typs (B) spielt der Kontext, in dem ein Wort vorkommt, allgemein eine größere Rolle.

Die Auswertung der Datenmengen richtet sich generell nach den lexikologischen Fragestellungen. Die folgende Zusammenstellung bildet das **Arbeitswerkzeug:**

> **Zeitliche Fragestellungen** (synchron und diachron):
> Seit wann ist das Wort belegt?
> Ist das Wort durchgängig belegt?
> Wie häufig ist das Wort zu welchem Zeitpunkt belegt?
> **Antworten darauf führen in die Bereiche:**
> Okkasionalismus, Neologismus, Archaismus, Produktivität, Wortgeschichte
>
> **Räumliche Fragestellungen:**
> Wo ist das Wort belegt?
> Ist das Wort eine regionale Variante der Standardsprache?
> Ist das Wort eine regionale ererbte Form?
> **Antworten darauf führen in die Bereiche:**
> Nationale Varietät (Austriazismus, Helvetismus), Regionalismus, Anglizismus (Entlehnung)
>
> **Inhaltliche Fragestellungen:**
> Was bedeutet das Wort?
> Auf welches Merkmal bezieht sich die Bedeutung?
> Warum wird ein bestimmtes Wort zur Benennung gewählt?
> **Antworten darauf führen in die Bereiche:**
> Motivation, Bedeutungsvariation durch Persönlichkeiten (Luther, Goethe), Bedeutungswandel
>
> **Funktionale Fragestellungen:**
> Wie lautet die „normale" (unmarkierte) Wortvariante?
> Welche Funktion hat die Wortvariante?
> Welche Faktoren führen zur Wahl einer Wortvariante?

Antworten darauf führen in die Bereiche:
Brisante Wörter, Spezialwörter, Euphemismus, Dysphemismus, Synonymie, Stilschicht

Strukturelle Fragestellungen:
Welcher Zusammenhang besteht zwischen bestimmten Wörtern?
Wie lassen sich die zusammenhängenden Wörter gliedern?
Welches Organisationsprinzip liegt den Wörtern zugrunde?
Antworten darauf führen in die Bereiche:
Wortfeld, Prototyp, Stereotyp, Wortfamilie, Polysemie, Onomasiologie, Antonymie, Hyponymie, syntagmatische Restriktion, feste Wortverbindung

Neben der eigenständigen Materialerhebung und Auswertung gibt es die ergänzende Möglichkeit, auf Lexika und Wörterbücher zuzugreifen, die schon eine Vorarbeit in dieser Hinsicht geleistet haben (genaue Nachweise siehe Bibliographie; Kap. 15.1).

Mithilfe der allgemeinsprachigen Wörterbücher (GWDS und DWB), der etymologischen Wörterbucher (Kluge und Pfeifer) und der historischen Wörterbucher ist es möglich, Hinweise zur **Produktivität**, **Motivation**, **Wortgeschichte** und zum **Bedeutungswandel** zu erhalten.

Angaben zur Funktion von Wortbedeutungen (**Stilschicht**) finden sich im GWDS. **Bedeutungsvariationen**, zurückgehend auf **große Persönlichkeiten** wie Luther und Goethe sind in individualsprachlichen Wörterbüchern aufgenommen. Informationen zu Bedeutungsbeziehungen stehen in Wörterbüchern zur **Onomasiologie**, **Wortfamilie** und **Wortfeldern**.

26 Arbeitsweisen in der Lexikologie

LEXIKA/WB WORTTYPEN	Spezial-wb.	Duden-GWDS	DWB-Grimm	Kluge/Pfeifer	Mund-artwb.	Phraseo-logische Wb.	Fremd-wortwb.	Synonym-wb.	Historische Wb.
Anglizismus	+	+						+	+
Antonym	+								
Archaismus		+	+	+				+	
Austriazismus	+	+	+		+	+		+	+
Brisantes Wort	+	+					+		
Dysphemismus	+	+	+			+		+	
Euphemismus	+	+				+		+	
Fachwort	+	+	+				+		
Feste Wortverbindung		+		+		+			
Fremdwort	+	+					+		
Gruppensprachliches Wort	+	+	+			+		+	
Helvetismus		+	+		+				+
Hyponym	+	+							
Neologismus	+	+					+		
Okkasionalismus		+			+				
Regionalismus	+	+				+	+		
Synonym		+	+					+	

Fig. 6 Angaben in Lexika und Wörterbuchern zu speziellen Worttypen (genaue Bibliographie Kap. 15.1)

2.3 Bestimmung von Wortbedeutungen

Die Festlegung von Wortbedeutungen ist für die Lexikologie grundlegend und nicht ohne Schwierigkeiten. Für die Bedeutung eines Wortes ist zunächst ausschlaggebend, was sich der Sprecher bei der Bildung gedacht hat. Es ist also vom beschreibenden Standpunkt aus unerheblich, ob eine Bedeutung sachlich richtig begründbar ist oder nicht, wie das Beispiel *Bleistift* zeigt. Das Material zum Schreiben in diesem Stift ist nämlich keineswegs Blei, wie irrtümlich angenommen, sondern Graphit (vgl. Kluge/Seebold 2002: 132). Entscheidend ist die **Verwendungsweise des Wortes** unter den Sprechern.

Demgegenüber stehen Wörter, deren Bedeutung sich so geändert hat, dass es eigentlich schon „neue" Wörter sind. Die Veränderung der Bedeutung folgt nur teilweise gewissen Regeln. Das Schwierige daran ist, überhaupt erst zu erkennen, dass ein komplexer Bedeutungszusammenhang besteht. So ist zum Beispiel die Bedeutung ‚Kindertagesstätte' des Worts *Hort* neu und in Beziehung zu setzen zu der alten Bedeutung ‚(verborgener) Schatz' (vgl. Kluge/Seebold 2002: 423). Das Wort *Hort* wurde, nachdem es ausgestorben war, in gewisser Weise mit einer neuen Bedeutung wiederbelebt. Hier ist es wesentlich, die **verschiedenen Bedeutungen des Wortes** zusammenzufügen.

Auch wenn es keine starr festgelegte Vorgehensweise zur Beschreibung von Wortbedeutungen geben kann, so lassen sich doch einzelne Schritte ansetzen, die jeweils zu einem Muster der Bedeutungsbildung führen.

Schritt 1: Muster der Systematik (Lexem und Bedeutung)

> Die grundlegende Form der Bedeutungsbestimmung ist zunächst die Überprüfung, inwieweit eine systematische Bedeutung infrage kommt. Für das Lexem *Eigenbrötler*, eine Zusammenbildung aus *eigen* und *Brot* plus Suffix *-ler* lässt sich die systematische Bedeutung ‚einer, der sein eigenes Brot bäckt' ansetzen (Kluge/Seebold 2002: 231). Darauf aufbauend hat sich dann die Bedeutung weiterentwickelt zu ‚Sonderling'.

Schritt 2: Muster der Entsprechung I (Lexem und Bedeutung)

> Um Bedeutungen bestimmen zu können, sollte als Nächstes geprüft werden, ob für die Benennung ein bestimmtes herausragendes Merkmal verantwortlich gewesen sein kann. Solche Merkmale betreffen (a) die **Form**: Die Bedeutung ‚Kuchen' für *Stollen* zeigt sich in der einem Gang im Bergwerk ähnelnden Form des Kuchens (vgl. Kluge/Seebold 2002: 886) und (b) die **Funktion**: Die Bedeutung ‚Schreibgerät' für *Feder* liegt in der Funktion, mit dem Kiel von Vogelfedern zu schreiben (vgl. Kluge/Seebold 2002: 281).

Schritt 3: Muster der Entsprechung II (Lexem und fremdes Äquivalent)

Bedeutungen können weiterhin durch Sprachvergleiche festgestellt werden: Vor allem ältere, seltene, lehnübersetzte Bildungen benötigen für die Feststellung der Bedeutung die fremdsprachige Grundlage. Zum Beispiel hat Goethe die Phrase *blaue Märchen* lehnübersetzt von frz. *conte bleu* ‚blaue erfundene Geschichten'.

Darüber hinaus ist es möglich, durch Sprachvergleiche die Motivation einer Bedeutung besser zu verstehen: Der Ausdruck *blauer Brief* ‚Brief mit unangenehmem Inhalt' findet sein Äquivalent im Englischen *blue letter* ‚unehrenhafte Entlassung aus dem Militärdienst'.

Schritt 4: Muster des Zusammenhangs (zwei Lexeme und Bedeutung)

Das Erfassen der Bedeutung kann schließlich durch das Heranziehen paralleler Fallbeispiele gelingen. Die Verbindung zwischen einem Lexem und seiner Bedeutung kann dann als Folie für die Bedeutungsbestimmung eines anderen Lexems dienen. Bei dem Verb *sagen* steht geschichtlich die Bedeutung ‚folgen' am Anfang. Wie bei dem Verb *erzählen* (paralleler Fall) kann nun die Ausgangsbedeutung ‚einer Reihe folgen' angesetzt werden (vgl. Kluge/Seebold 2002: 780).

2.4 Übungsaufgaben

1. Welche empirischen Testmethoden gibt es in der Lexikologie?

2. Wie lässt sich ein Korpus für lexikologische Untersuchungen aufbauen?

3. Auf welche Weise können lexikologische Daten ausgewertet werden?

4. Wann ist deutlich zu erkennen, dass die Verwendungsweise eines Wortes entscheidend für seine Bedeutungsbestimmung ist?

3 Theorien zur Wortbedeutung

3.1 Strukturalistische Beschreibungsansätze

Die Frage, wie die Wortbedeutungen strukturiert sind, geht zurück bis in die Antike. In dieser Zeit bildet **Aristoteles** (384–322 v.Chr.) das Konzept der **klassischen Begriffsdefinition** heraus. Der Ausgangspunkt ist der übergeordnete **Gattungsbegriff** (lat. *genus proximum*). Zu dem möglichst wenig abstrakten Oberbegriff treten dann die besonderen, die **artbildenden Merkmale** (lat. *differentia specifica*). Nach diesem Konzept lässt sich die Bedeutung z. B. des Wortes *Vogel* beschreiben mit dem Gattungsbegriff „Wirbeltier" und den artbildenden Merkmalen „zweibeinig", „gefiedert", „mit Schnabel". Diese Form der Bedeutungsbestimmung bezeichnet man als **Realdefinition**, da eigentlich der Objektbereich und nicht die Wortbedeutung beschrieben wird. Auch wenn diese Vorgehensweise für die Bestimmung der Wortbedeutung nicht immer hilfreich ist, so hat sie doch in der Lexikologie ihren festen Stellenwert.

In Anlehnung an dieses Beschreibungsmuster hat sich das **Konzept der Merkmalsanalyse** (auch **Komponentenanalyse**) entwickelt. Die Wortbedeutung wird hier als eine Summe von artunterscheidenden Merkmalen beschrieben. Der dänische Strukturalist **Louis Hjelmslev** (1899–1965) hat die diesem Konzept zugrundeliegende Theorie entwickelt. Anhand des Wortpaares *Stier* und *Kuh* zeigt er, dass sich bei diesen beiden Wörtern nur ein Teil der Bedeutung ändert, und zwar der Inhalt ‚männlich' und ‚weiblich'. Der Inhalt ‚Rind' bleibt gleich. Von beiden **Inhaltsfiguren** (1. männlich/weiblich, 2. Rind) findet nur der Austausch bei der ersten Inhaltsfigur statt.

Der Ansatz von Hjelmslev ist methodisch von dem französischen Semantiker **Bernard Pottier** in dem Konzept der **gemäßigten Merkmalsanalyse** fortgeführt worden. Anders als bei Hjelmslev müssen bei Pottier die Merkmale nicht so allgemeingültig und dadurch entsprechend in ihrer Zahl beschränkt sein. Viel wichtiger ist es Pottier herauszufinden, nach welchen Merkmalen sich die Objekte voneinander unterscheiden lassen. So nimmt Pottier keine Klassifikation von Objekten im eigentlichen Sinn vor. Er will die Oberbegriffe möglichst nicht analysieren, sondern sich auf die Unterschiede konzentrieren (Analyse für „Sitzgelegenheiten": Was unterscheidet einen Hocker von einem Stuhl? Antwort: Die Rückenlehne).

Mit Pottier sind wir bei dem strukturalistischen Grundprinzip der Bedeutungsbestimmung angelangt: Es wird nicht mehr von Einzelwörtern ausgegangen, sondern von Wortfeldern (vgl. Kap. 3.2).

Die Bedeutungsmerkmale von z. B. *Stuhl, Sessel, Hocker, Bank* und *Sofa* und sind die **distinktiven** (differenzierenden) Merkmale. Ein **Sem** (distinktives Merkmal) von *Stuhl* ist z. B. ‚Rückenlehne'. Die Bedeutung von *Stuhl* ist aber erst durch die Summe der Seme bestimmt (Sem 1, 3 und 5). Und diese Summe nennt Pottier **Semem**. Den Gattungsbegriff, das **Archisemem**, gewinnt man dann durch die Abstrahierung von

Merkmalen. In dem vorliegenden Fall ergibt sich dementsprechend der Begriff *Sitzgelegenheit*.

Fig. 7 Analyse des Wortfeldes *Sitzgelegenheiten*

	Sem¹ Rückenlehne	**Sem² Armlehne**	**Sem³ 1 Person**	**Sem⁴ Polsterung**	**Sem⁵ Sitzmöbel**
Stuhl	+	-	+	0	+
Sessel	+	+	+	+	+
Hocker	-	-	+	0	+
Bank	0	0	-	0	+
Sofa	+	+	-	+	+

+ = Merkmal enthalten; - = Merkmal nicht enthalten; 0 = Merkmal nicht distinktiv
(adaptiert nach Pottier 1978: 404)

Der Beschreibungsansatz von **Eugenio Coseriu** (1921–2002) zur Strukturierung von Bedeutungen unterscheidet, welche Wörter miteinander lexikalisch kombinierbar sind und welche nicht. Auf **syntagmatischer** (**linearer**) **Ebene** ergeben sich damit die **lexikalischen Solidaritäten**. Hinter diesem Konzept steht die Idee, dass ein Wort kontextabhängig ein bestimmtes anderes Wort verlangen kann: Das Nomen *Zähne* ist mit dem Verb *putzen* zu kombinieren. Dies ist aber nur eine konventionelle Festlegung, wie die weitaus seltenere Kombination von *Zähne* mit *bürsten* zeigt. Allerdings beruht die synonyme Verwendung mit *bürsten* wohl auf einer Lehnübersetzung des englischen Äquivalents: *to brush one's teeth*. Schwierig wird es aber bei Wörtern, die kein weiteres Wort fordern, da ein solches Wort bereits mit gemeint ist. So reicht es aus zu sagen: *X liest*. Das Verb *lesen* fordert nicht das Nomen *Augen*, da diese Information schon im Verb mit enthalten ist. Das Nomen *Augen* wird nur dann hinzugezogen, wenn es noch modifiziert wird: *X liest mit feuchten Augen*. In gewisser Weise sind die beiden Fälle (*Zähne putzen* vs. *lesen*) ähnlich, da jeweils ein bestimmtes weiteres Wort gefordert ist, nur dass in dem Fall von *lesen* das Wort *Augen* nicht extra genannt werden muss.

3.2 Inhaltsbezogene Beschreibungsansätze

Der strukturellen Beschreibung von Bedeutungen steht die Analyse der Inhaltsstrukturen gegenüber. Die Erfassung der Inhaltsstrukturen ist keine leichte Aufgabe und stellt hohe Anforderungen an die bisher entwickelten Theorien. Eine zentrale Rolle spielen die **Wortfeld-**, **Prototypen-** und **Stereotypen-Theorie**. Diese Konzepte sind komplex und im Lauf der Zeit modifiziert und ausgebaut worden. Strukturalisten wie Pottier und Coseriu haben Ideen dieser Theorien für ihre Überlegungen aufgegriffen.

Der erste inhaltsbezogene Beschreibungsansatz ist die **Wortfeld-Theorie** von **Jost Trier** (1894–1970). Im Zentrum seiner Theorie (begründet 1931) steht, wie der Name schon sagt, das **Wortfeld**, worunter die Gliederung eines Bedeutungsbereichs (bei Trier *Sinnbezirk* genannt) durch die in ihm enthaltenen Wörter gemeint ist. So enthält der Bedeutungsbereich der Schulnoten in Deutschland die Wörter: *sehr gut, gut, befriedigend, ausreichend, mangelhaft, ungenügend*. Das Besondere ist nun, dass sich die Bedeutung der Wörter aus deren Stellung im Wortfeld ergibt. Die Bedeutung beruht also weniger auf bestimmten Merkmalen als vielmehr auf der Abgrenzung gegenüber den anderen Wörtern im Wortfeld. Um die genaue Bedeutung der Schulnoten verstehen zu können, ist es nötig zu wissen, wie viele Notenstufen es überhaupt gibt. Ein Vergleich der Notensysteme in verschiedenen Ländern zeigt, dass es unterschiedlich viele Noten gibt.

Fig. 8 Wortfeld Notensystem

Stufen	4 Noten (Deutschland) teilweise in Grundschulen	5 Noten (Österreich)	6 Noten (Deutschland)
1	sehr gut (1)	sehr gut (1)	sehr gut (1)
2	**gut (2)** ←	→ **gut (2)** ←	→ **gut (2)**
3	befriedigend (3)	befriedigend (3)	befriedigend (3)
4	unbefriedigend (4)	genügend (4)	ausreichend (4)
5		nicht genügend (5)	mangelhaft (5)
6			ungenügend (6)

Eine Gegenüberstellung der unterschiedlichen Schulnotenstufen zeigt, dass die Note *gut* in den drei Systemen eine unterschiedliche Bedeutung trägt. Wesentlich für die Bedeutung einer Note ist die Anzahl der Noten im System. In einem 6er-System ist die Note *gut* besser als in einem 5er- oder 4er-System.

Unabhängig von der Anzahl der einzelnen Gliederungsstufen in einem Wortfeld (vgl. Schulnoten) geht Trier in seiner Theorie von der Lückenlosigkeit der Wortfelder aus. Im Weiteren schließen sich dann die einzelnen Wortfelder wiederum zu größeren Wortfeldern zusammen. So würde z. B. das Feld der Schulnoten Teil eines umfassenderen Feldes der Bewertung werden. Am Ende schließlich wäre nach Triers Vorstellung der Wortschatz einer Sprache eine in sich geschlossene Feldstruktur. Diese Annahme war von ihrem Ansatz her zu universal und hat sich deshalb nicht aufrechterhalten lassen.

Erheblichen Widerspruch hat auch die Idee der Lückenlosigkeit der Wortfelder hervorgerufen. Das führt zu der Frage, wie denn eine **Lücke im Wortfeld** überhaupt aussehen könnte. Eigentlich sollte es doch möglich sein, alles sprachlich zu benennen. Lücken im Wortfeld zeigen sich deshalb in besonderer Weise, wenn bereits bestehende Wörter aufgegeben werden. Bei solchen Wörtern hat sich eine störende Nebenbedeutung entwickelt.

Sprachgeschichtlich gesehen ist in dem **Wortfeld Personenbezeichnungen** eine Lücke entstanden, als das Wort *Jungfrau* aus dem Feld entfernt wurde. Der Grund dafür liegt darin, dass das Wort *Jungfrau* immer häufiger verwendet wurde, um „geschlechtlich reif, aber sexuell noch unberührt" auszudrücken. Die ursprüngliche Bedeutung ‚weibliche Heranwachsende' konnte deshalb dann nicht mehr verwendet werden, wenn man keine peinlichen Missverständnisse riskieren wollte. Somit ist für eine gewisse Zeit eine Art Ungleichgewicht im Wortfeld entstanden, da eine passende Bezeichnung für weibliche Heranwachsende fehlte. In diese Lücke sind dann *Mädchen* (übernommen von der jüngeren Altersstufe) und die Anglizismen *Teenager/Teenie/Girl* sowie *Twen* getreten, wobei zu diskutieren wäre, ob dieser Ersatz wirklich passend ist.

Fig. 9   Lücke im Wortfeld „weibliche Personenbezeichnungen"

Frau	Frau	Frau
Jungfrau		Mädchen/Frau/Teenager/Teenie/Girl/Twen
Mädchen	Mädchen	Mädchen

Die Lücke im Wortfeld ist geschlossen worden, obwohl die mehr oder weniger als Kompromiss empfundenen Ersatz-Bezeichnungen die Lücke auch weiterhin sichtbar machen. Neben *Mädchen* hat sich dann noch *Frau* durchgesetzt. Die große Wahlmöglichkeit für diese Lücke ist ein Beleg dafür, dass die Unsicherheiten in der Benennung nach wie vor geblieben sind.

Es kann aber auch zu Lücken in Wortfeldern kommen, die eigentlich gar keine sind, weil der Sprecher die ersatzlos verlorengegangenen Wörter nicht weiter vermisst. Ein Beispiel dafür sind die historischen Veränderungen im Wortfeld „Elterngeschwister". So gab es differenzierte Benennungen, je nachdem, ob es sich um den Bruder oder die Schwester des Vaters oder der Mutter handelt. Dieses komplexe System wurde dann aber vereinfacht, da die Notwendigkeit zu solch einer Feindifferenzierung nicht mehr gegeben war. In der darauffolgenden Zeit ist *Vetter* und *Base* noch in der Bedeutung ‚Cousin' und ‚Cousine' verwendet worden.

Fig. 10 Strukturwandel im Wortfeld „Elterngeschwister"

Vetter	(Bruder des Vaters)	Onkel
Base	(Schwester des Vaters)	Tante
Oheim	(Bruder der Mutter)	Onkel
Muhme	(Schwester der Mutter)	Tante

Anders als bei dem Wortfeld „weibliche Personenbezeichnungen" sind die Veränderungen bei dem Wortfeld „Elterngeschwister" in dem Wunsch nach Vereinfachung der Verwandtschaftsbenennungen zu sehen. Deshalb gibt es auch keine Unsicherheiten bei der Verwendung der neuen Benennungen.

Dass die Einschränkung der Unterscheidungsmöglichkeiten nicht automatisch mit einer Lücke im Wortschatz gleichzusetzen ist, zeigen die unterschiedlich fein strukturierten Wortfelder in den verschiedenen Sprachen. Die Komplexität der Abgrenzung innerhalb eines Wortfeldes richtet sich also nach den Benennungswünschen der Sprecher.

Fig. 11 Unterschiedliche Komplexität von Wortfeldern (Sprachvergleich)

Triers Wortfeldtheorie ist schließlich in der **ersten Stufe** von **Leo Weisgerber** (1899–1985) ausgebaut worden. Im Jahr 1954, genau 20 Jahre nach den letzten Veröffentlichungen Triers zur Wortfeldtheorie, hat Weisgerber das Konzept der Wortfelder aufgegriffen und fortgeführt. Er hat die Wortfeldtheorie in einen größeren Zusammenhang der Sprachbetrachtung gestellt. Das Fundament dazu bilden **Wilhelm von Humboldts** (1767–1835) Überlegungen zur Verschiedenheit der Weltsicht, die sich in der Unterschiedlichkeit der Sprachen widerspiegelt.

Weisgerber bezeichnet diesen Prozess als „Worten der Welt". Mit seinem Ansatz präzisiert er Triers Theorie, indem er eine Typologie der Wortfelder erstellt und die Begriffe *Sinnbezirk* und *sprachliches Feld* gegeneinander abgrenzt.

In der **zweiten Stufe** wurde die Wortfeldtheorie dann von den Strukturalisten weiterentwickelt. Coseriu hat sich dabei auf die Strukturform von Wortfeldern konzentriert. Sein Konzept stellt das Prinzip der Austauschbarkeit und der Opposition von Wörtern in den Mittelpunkt (vgl. Kap. 3.1).

Die bisher vorgestellten Überlegungen gehen bei der Erfassung der Wortbedeutung von der mehr oder weniger gleichen Beschaffenheit des Beschriebenen aus. In der Realität ist es aber oft anders. Bestimmte Gegenstände oder Lebewesen können erhebliche Unterschiede aufweisen. Und um diese Unterschiede und ihre Relevanz für die Bedeutungsbestimmung angemessen berücksichtigen zu können, ist das Konzept der Prototypentheorie entwickelt worden.

Die Anfänge der **Prototypentheorie (Standardversion)** gehen auf die Kognitionspsychologin **Eleanor Rosch** zurück. Im Jahr 1973 veröffentlicht sie ihren bahnbrechenden Aufsatz (*Natural Categories*), in der psychologische und linguistische Forschungsergebnisse in Beziehung gesetzt werden.

Als **Prototyp** wird der typische Vertreter einer Klasse von Lebewesen oder Gegenständen verstanden. Ein bekanntes Beispiel für eine Prototypenbestimmung ist die Kategorisierung des Wortes *Vogel*. Basis der Bestimmung ist erst einmal die Erkenntnis, dass es typische und weniger typische Vögel gibt. Die Einordnung als typisch kann sich dabei geographisch in den einzelnen Sprechergemeinschaften unterscheiden. Der typische Vogel für Mitteleuropa ist das Rotkehlchen und für Südamerika der Tukan. Der Prototyp (typische Vertreter einer Klasse) steht im Zentrum (oberste Ebene) und die weniger typischen Vertreter sind mit entsprechender Entfernung davon angeordnet.

Fig. 12 Prototypen-Diagramm für das Wort *Vogel*

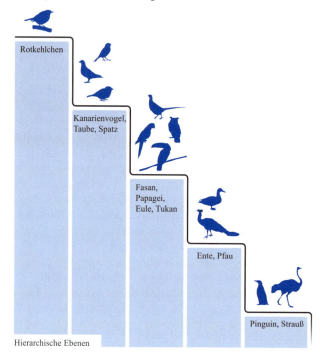

Je nach dem Abstand zum Prototyp wird von einem „guten" oder „schlechten" Vertreter einer Kategorie gesprochen. So ist das Rotkehlchen ein guter Vertreter, weil es alle an einen Vogel gestellten Kriterien erfüllt: Es kann fliegen und singen, es hat Federn, Flügel, zwei Beine und einen Schnabel.

Rosch erhebt in Experimenten die Prototypikalität nach einem 7-stufigen Bewertungsmodell:

1. Sehr gutes Beispiel   Rotkehlchen
2. Gutes Beispiel   Spatz/Taube/Kanarienvogel
3. Ziemlich gutes Beispiel   Eule/Tukan/Papagei
4. Mäßig gutes Beispiel   Ente/Pfau
5. Ziemlich schwaches Beispiel   Pinguin/Strauß
6. Schlechtes Beispiel   ?Fledermaus
7. Sehr schlechtes bzw. kein Beispiel   Oder: ?Fledermaus

Auf der 5., 6. und 7. Bewertungsstufe befinden sich die Fälle, in denen es Unterschiede in der Akzeptanz gibt. Das heißt, es gibt Sprecher, für die ein Pinguin, ein Strauß oder eine Fledermaus noch ein Vogel ist, und aber auch Sprecher, für die diese Tiere keine Vögel mehr sind. Besonders zwischen Stufe 6 und 7 wird selten noch ein Unterschied gemacht, weshalb *Fledermaus* zu beiden Stufen genannt werden kann. Bei der Prototypenbestimmung gibt es einen sicheren Kernbereich (Stufen 1–2) mit hoher **cue validity** (Unterscheidungskraft) und einen weiter vom Kernbereich entfernten vagen Außenbereich (Stufen 3–7), den sogenannten **Vagheitsbereich**.

Wie lassen sich nun die vagen Außenbereiche für eine Bedeutungsbeschreibung erfassen? Eine Möglichkeit, die in Betracht gezogen wird, ist der Rückgriff auf das Konzept der **Familienähnlichkeiten**, das der Philosoph **Ludwig Wittgenstein** (1889–1951) entwickelt hat. Der Auslöser war das Problem mit der Genauigkeit von Fachwörtern. Als Beispiel hat er die Bedeutung des Wortes *Spiel* analysiert.

Fig. 13 Gemeinsame und unterscheidende Merkmale von Spielen

Spiele	Kartenspiele		Ballspiele	
MERKMALE	Poker	Patience	Fußball	Ballspiel (allein spielend)
gewinnen	+	-	+	-
verlieren	+	-	+	-
mehrere Personen	+	-	+	-
nur zum Spaß	+ aber: Glücksspiel	+	+ aber: professionell	+

Die Bedeutung des Wortes *Spiel* lässt sich nicht zufriedenstellend mit Merkmalen abgrenzen. Es gibt zentrale Merkmale, die nicht auf alle Spiele zutreffen. Das Merkmal „nur zum Spaß" würde das Fußballspiel ausschließen, da es auch professionelles Fußballspiel gibt. Angemessen ist in diesem Fall die Abgrenzung durch Ähnlichkeiten, genauer durch **Familienähnlichkeiten**. Mit diesem Terminus greift Wittgenstein das Bild auf von den möglichen Ähnlichkeiten in Familien, wie z. B. in der Körperstatur, in der Haarfarbe oder der Verhaltensweise. Der Zusammenhang zwischen *Poker* und *Patience* (gehören der Familie „Spiel" an) ist folglich über die Ähnlichkeit herzustellen. In diesem Fall gibt es dann noch eine gewisse Vagheit.

Wittgensteins Konzept ist von den Linguisten aufgegriffen und adaptiert worden. Auf die Prototypentheorie angewendet, kann man sagen, dass zwischen dem zentralen Vertreter (Poker) der Kategorie Kartenspiel und dem Vertreter des Randes (Patience) kein hoher Grad an Familienähnlichkeiten besteht. Nach Wittgenstein handelt es sich bei den verschiedenen Bedeutungen von *Spiel* um ein komplexes **Netz von Ähnlichkeiten**, die ineinandergreifen.

Der **Vagheitsbereich** in der Bedeutungsbestimmung ist von dem Soziolinguisten **William Labov** experimentell untersucht worden. Auf dieser Grundlage diskutiert er die Zweckmäßigkeit zweier Verfahren der Bedeutungsbeschreibung. Labov unterscheidet zwischen dem **strukturalistischen Verfahren** (I) einer Merkmalsanalyse und dem **lexikalischen Verfahren** (II).

Diese beiden Verfahren testet Labov mit seinem Tassen-Experiment. Er präsentiert jedem Probanden jeweils nacheinander eine schematisierte Abbildung einer „Tasse" und fragt, wie sie dieses Gefäß benennen. Im Standardbereich (Abb. 1) wählen alle Probanden ohne Zögern die Bezeichnung *Tasse*. Bei Abb. 2 weichen die Angaben der Probanden voneinander ab. Einige bezeichnen das Gefäß als *Tasse* und andere wiederum als *Schüssel*. Wird den Probanden jedoch gesagt, dass sich im Gefäß (Abb. 2) Kaffee befindet, dann wird nur noch die Bezeichnung *Tasse* verwendet. Bei einer weiteren Abwandlung werden die Gefäße ohne Henkel abgebildet. Hier korrelieren Henkel und Höhe des Gefäßes. So wird Abb. 3 als *Tasse* bezeichnet, während Abb. 4 schon als *Glas* benannt wird.

Fig. 14 Gefäße-Experiment nach Labov

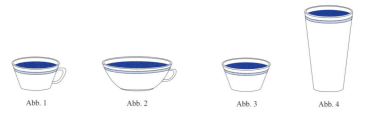

Abb. 1   Abb. 2   Abb. 3   Abb. 4

Labovs Experiment zeigt, dass mit dem strukturalistischen Verfahren (I) das Verhalten der Sprecher nicht zufriedenstellend erfasst werden kann, da sich der Sprecher bei der Benennung an einer Kombination von Merkmalen orientiert. Der Kontext des Vorkommens ist ebenfalls bedeutend. Das lexikalische Verfahren (II) dagegen ist dem Sprachgebrauch gegenüber flexibler. Die Bedeutungsangabe ‚mit und ohne Henkel' für das Wort *Tasse* zeigt diese Flexibilität, indem darauf hingewiesen wird, dass eine Tasse zwar typischerweise einen Henkel besitzt, aber auch ohne Henkel eine Tasse sein kann, wenn sonst alle Merkmale zutreffen. Eine Bestimmung des Kernbereichs und des Vagheitsbereichs aber leistet das lexikalische Verfahren (II) nicht.

Aus den Kritikpunkten an der Standardversion der Prototypentheorie hat sich **die erweiterte Version** entwickelt. Die Überlegungen Wittgensteins zu den Familienähnlichkeiten von Ausdrücken (vgl. *Spiel* weiter oben) waren mit ausschlaggebend. Die These von dem Prototyp als dem besten Vertreter einer Kategorie wird mittlerweile so nicht mehr aufrechterhalten. Das Konzept der Prototypen erfährt eine Erweiterung, indem nun auch **Bedeutungsübertragungen** (Metaphern) berücksichtigt werden.

George Lakoff hat mit seiner Theorie zum Metaphersystem im menschlichen Denken entscheidend zu der Herausbildung eines erweiterten Prototypenkonzepts beigetragen. Ausgangspunkt der Überlegung ist das Konzept der Ähnlichkeiten. Die Metapher wird als abkürzender Vergleich verstanden. Um das gesamte Konzept „Vogel" zu erfassen, ist es auch wichtig die übertragenen Bedeutungen ‚sonderbarer Mensch', ‚Flugzeug' mit aufzunehmen. Wie schon in der Standardversion unterscheiden sich die Konzepte auch regional: *Vogel* (*bird*) hat z. B. im Englischen darüber hinaus die übertragene Bedeutung ‚junge Frau'. Die Bedeutungsstruktur beruht auf dem Konzept der graduellen Zugehörigkeit. Begleitende Ausdrücke (**Hecken-Ausdrücke**) wie *eine Art* oder *übertragen gesprochen* sind Indikatoren dafür. Sie haben die Funktion eines qualifizierenden Modifikators. Lakoff entwickelt schließlich in den 1980er-Jahren ein siebenstufiges Modell der Prototypen, das in der Wissenschaft diskutiert wird (Kritik: zum Beispiel Abgrenzung von Stufe 1 und 2).

1. Soziale Stereotype (Social sterotypes)   Mutter → Hausfrau
2. Typische Beispiele (Typical examples)   Vogel → Rotkehlchen
3. Ideale (Ideals)   Ehemann → stark
4. Repräsentanten (Paragons)   Einstein
5. Entwickler (Generators)   Natürliche Zahlen
6. Untermodelle (Submodles)   Primärfarben
7. Markante Beispiele (Salient examples)   Naturkatastrophe → Erdbeben

Das Konzept der **Stereotypen-Theorie** betrachtet die Bedeutungen aus einem neuen Blickwinkel. Es geht um die Vorstellungen der Sprecher über das Bezeichnete. Ihren Ursprung hat die Theorie in den Überlegungen des Sprachphilosophen **Hilary Putnam**. Er hat die These aufgestellt, dass der normale Sprecher die Bedeutungen eines Wortes nur in begrenztem Umfang kennt und dabei auch nicht in kommunikative Schwierigkeiten gerät. Der Sprecher hat stereotype Vorstellungen von den Bedeutungen eines Wortes (z. B. *Klimakatastrophe*).

Putnam stellt die Annahme auf, dass die **Intension**, der Bedeutungsgehalt eines Wortes, den Vorstellungen der Sprecher von einer Sache gleicht. Diese Vorstellungen begrenzen dann die **Extension** des Wortes. Der Sprecher hat z. B. von Gold die Vorstellung, dass es ein wertvolles, gelbes und glänzendes Metall ist. Und diese Vorstellung wird als **Stereotyp** bezeichnet. Sie entspricht aber nicht dem Expertenwissen eines Chemikers.

Die Vorurteile der Sprecher auf konnotativer Ebene erlaubt das Stereotypenkonzept mit einzubeziehen. Ein Beispiel dafür ist das Stereotyp zu dem Berufsstand Professor: weißes zerzaustes Haar, zerstreut. Diese Stereotype haben Einfluss auf den Wortgebrauch und die Wortbedeutung. Inwieweit die Stereotype Teil der Wortbedeutung sind, wird noch erforscht.

Das Konzept der Stereotype sollte in eine differenzierte semantische Theorie eingearbeitet werden. **Hans-Jörg Schmid** schlägt vor, die Stereotype in einem gegliederten Modell auf der untersten, detailliertesten Ebene anzusetzen. Wie diese Ebene konkret aussieht, hat er anhand des Beispiels *Antenne* gezeigt.

Fig. 15 Modellebene zu den Stereotypen des Wortes *Antenne*

Konkret					Abstrakt
Stereotyp 1	Stereotyp 2	Stereotyp 3	Stereotyp 4	Stereotyp 5	Stereotyp 6
Körperteil Insekten Krustentiere	Gerät am Radio	Gerät am Fernseher	Gerät auf dem Dach	Gerät am Auto	Empathie Sensibilität

(nach Schmid 2002: 295)

Fazit: Die Wortbedeutung hat meistens einen Kernbereich und einen Vagheitsbereich (vgl. **Prototypen**). Dann ist die Wortbedeutung begrenzt durch die Stellung des Wortes im **Wortfeld**. Dazu kommen die Vorstellungen der Sprecher zu einem Wort, die **Stereotype**. Eine einzige Theorie oder ein einziges Verfahren mit dem die Wortbedeutung zufriedenstellend erfasst werden kann, gibt es bisher nicht.

3.3 Übungsaufgaben

1. Wie lässt sich anhand der Merkmalsanalyse eine Bedeutungsangabe erstellen?

2. Bestimmen Sie die Entwicklungen im Wortfeld „weibliche Personenbezeichnungen"!

3. Was unterscheidet die Wortfeldtheorie von der Prototypentheorie?

4. Wie verhalten sich die Theorien zur Wortbedeutung gegenüber dem Vagheitsbereich?

4 Benennungsbildung und Bedeutungsbildung

4.1 Okkasionalismus und Akzeptanz

Der Prozess der Bedeutungsbildung lässt sich bei den **Okkasionalismen** (von lat. *occāsio* dt. Gelegenheit) gut nachvollziehen. Die Gründe für die Bildung dieser nur sehr selten gebrauchten Wörter beruhen ganz allgemein auf dem Wunsch des Sprechers, in einer aktuellen Situation möglichst schnell eine treffende Benennung zur Verfügung zu haben. In den synonymen Termini **Ad-hoc-Bildung** und **Augenblicksbildung** zeigt sich dies ganz deutlich. Auslöser für diese Form der Bedeutungsbildung sind:

1. Neue oder nicht benannte Gegebenheiten (lexikalische Lücke, vgl. Kap. 3.2)
2. Das Bedürfnis die Sprechereinstellung auszudrücken
3. Das Ziel der Sprachökonomie

Die Kennzeichen der Okkasionalismen sind ihre starke **Kontextabhängigkeit**, ihre **seltene Verwendung** und ihre **Kurzlebigkeit**. Wortschatzbereiche, in denen es häufig zur Bildung von Okkasionalismen kommt, sind die **Mediensprache**, die **Jugendsprache** und die **Sprache der Dichtung**. Die Sprecher dieser Bereiche setzen ihre sprachliche Kreativität bewusst ein.

Um Neubildungen zu identifizieren, ist die Überprüfung der geforderten Kriterien nützlich. Der Grad der Gebundenheit der Okkasionalismen ist auf diese Weise bestimmbar. Die Bildung *Schnüffel-Bilanz* z. B. weist einen hohen Grad der Gebundenheit auf, besonders durch ihr einmaliges Vorkommen.

Okkasionalismus:	*Schnüffel-Bilanz*
Motivation zur Bildung	
Neue Gegebenheit:	nein
Sprechereinstellung:	Sprachwitz
Sprachökonomie:	ja, ersetzt eine Umschreibung
Frequenz	
Kontextabhängigkeit:	über Spürhunde des Zolls auf der Suche nach Drogen
Verwendungshäufigkeit:	einmal
Kurzlebigkeit:	ja
Wortschatzbereich	
Mediensprache	Bildzeitung (14. 3. 2006: 8)
Jugendsprache	nein
Dichtersprache	nein

Die Bildung von Okkasionalismen ist ein produktiver Vorgang und folgt bestimmten Mustern. Wie lässt sich ihre Bildungsweise beschreiben? Dabei werden neue

Wörter auf der Grundlage vorhandener Wörter gebildet (vgl. Kap. 5). Bildungen aus neuen Lautfolgen, wie Zufallswörtern von Kindern, sind marginal.

Ein Bereich mit hoher Verbreitung von Okkasionalismen stellen die journalistischen Texte dar. Anhand der Betrachtung einer repräsentativen Auswahl von Okkasionalismen aus dem Wochen-Magazin *Der Spiegel* von 2006 (bekannt für seine zahlreichen Gelegenheitsbildungen) lassen sich tieferliegende Muster gut erkennen. Weit verbreitet ist die Bildung von zusammengesetzten Wörtern (Komposita). Die Bedeutung dieser Neuschöpfungen ist zum einen kontextabhängig und zum anderen frei erschließbar. Die **kontextabhängigen Komposita** haben gemeinsam, dass ihre Gesamtbedeutung spezifiziert ist und weit über die Bedeutungen der einzelnen Wörter hinausgeht:

Thermoskarre ‚Lkw, der Energie in Containern transportiert'
(Spiegel-Online: 25. 4. 2006)
Rasenschönling ‚„Schöner" Fußballer, der auf Rasen spielt'
(Spiegel-Online: 15. 5. 2006)

Frei erschließbar sind Bildungen, deren Gesamtbedeutung sich aus den Einzelbedeutungen der Konstituenten ergibt.

Mischgestank ‚Gestank, der entsteht, wenn sich unterschiedlich schlechte Gerüche mischen' (Spiegel-Online: 26. 6. 2006)
Falschklickerei ‚Vorgang, bei dem jmd. „falsch" klickt'
(Spiegel-Online: 29. 6. 2006)

Es gibt aber auch Bildungen, deren Bedeutung zwar potentiell, aber nicht sicher von allen Sprechern frei erschließbar ist, wie *Plaudervolumen* ‚Zeitspanne zum Sprechen am Handy' (Spiegel-Online: 23. 3. 2006).

Bildungen mit **Namen berühmter Persönlichkeiten** oder bekannter **Marken** sind in der Weise semantisch transparent, dass Sprecher mit dem nötigen Hintergrundwissen zumindest grob die Bedeutung erschließen können.

Habermas-haft ‚in der Art von Habermas'
(Spiegel-Online: 23. 6. 2006)
Sony-Eigengewächs ‚Produkte, die von Sony entwickelt wurden'
(szene.digitalkamera.de/forums (2005))

Wie häufig und lange ein neues Wort verwendet werden darf, bevor es seinen Status als Okkasionalismus verliert, ist nur schwer für die Gegenwartssprache zu bestimmen. Für die historischen Sprachstufen und die Dichtersprache ist dies leichter. Dort gibt es Wörter, die nur einmal schriftlich belegt sind, die **Hapax legomena** (griech. ‚das nur einmal Gesagte'). Der englische Philologe Walter William Skeat (1835–1912) hat diese, wie er meint, eigentlich gar nicht wirklich existierenden Wörter sehr passend als **Geisterwörter** (engl. *ghost words*) bezeichnet. Ein Beispiel für solche Wörter ist mhd. *snelmeiden* ‚Kurierpferd'. Ob ein Wort seine „Einmaligkeit" verliert, hängt auch von dem sozialen Einfluss desjenigen ab, der es gebildet hat. Schriftstellern wie Goethe (1749–1832) ist es gelungen etliche Neubildungen (z. B. *Urphänomen*) zu etablieren.

Der Aspekt der Einmalverwendung ist aber kein zwingendes Kriterium. Okkasionalismen können auch häufiger verwendet werden. Schwierig zu entscheiden ist, wie Bildungen einzustufen sind, die zwar zahlreich, dafür aber nur kurzzeitig im Sprachgebrauch sind. Kann das Unwort des Jahres, z. B. *Herdprämie* ‚Kinderbetreuungsgeld' (2007), ein Okkasionalismus sein? Da neue Wörter dieses Typs teils hoch emotionalisiert sind und in der öffentlichen Diskussion stehen, werden sie meist nicht weiter verwendet und treten rückblickend gesehen in den Status einer Gelegenheitsbildung. Die Akzeptanz der Okkasionalismen bei den Sprechern entscheidet letztendlich darüber, ob sie in den Status eines Neologismus übertreten.

Die **Erhebung von Okkasionalismen** gestaltet sich schwierig. Wörter, die selten, wenn nicht sogar nur einmal verwendet werden, haben kaum die Chance in einem Wörterbuch aufgenommen zu werden. Aufgrund ihres einmaligen Vorkommens werden sie meist aussortiert. Eine Ausnahme bildet das „Deutsche Wörterbuch" von Jacob und Wilhelm Grimm (1854–1960) (DWB). Dort finden sich eine ganze Reihe poetischer Okkasionalismen, wie die des Dichters Jean Paul (1763–1825), der berühmt ist für seine Vorliebe Hapax legomena zu bilden (z. B. *Ehrbankbruch* ‚Bankrott der Ehre').

Ein möglicher Weg der Erhebung von Wortmaterial zu Gelegenheitsbildungen wäre das Durchsuchen von Literatur und Medientexten sowie digitaler Kommunikationsforen. Auf diese Weise ließe sich ein umfangreiches Wort-Korpus zusammenstellen.

Ein ganz alltäglicher Fall, in dem Okkasionalismen gebildet werden, ist die Benennung von Dingen, die keine allgemein gebräuchliche Bezeichnung besitzen. Es sind **Dinge ohne Namen** oder zumindest bekannten Namen. Vor allem handelt es sich um Gegenstände aus dem Alltag, deren fehlender Bezeichnungen sich der Sprecher normalerweise nicht bewusst ist. Meistens sind es die unbedeutenden, kleineren Gegenstände über die man selten spricht. Das führt zu dem Problem, eine Ad-hoc-Benennung überhaupt durchführen zu müssen.

Fig. 16 Dinge ohne (bekannten) Namen: Gegenstände

Bild 1   Bild 2   Bild 3   Bild 4

Bild 1: Wie heißen die bunten „Dinger" aus Plastik, um Papiere abzuheften? Bild 2: Welches Wort gibt es für das kleine Metallteil, das den Radiergummi umschließt?

Bild 3: Wie heißt das kleine Stück Plastik am Ende des Schnürsenkels? Bild 4: Welche Bezeichnung trägt der Drahtverschluss an der Sektflasche?

Den angeführten Beispielen ist gemeinsam, dass sie alle eine Fachbezeichnung tragen, die in der Allgemeinsprache so gut wie unbekannt ist. So werden diese Alltagsgegenstände für die überwiegende Mehrheit der Sprecher zu „Dingen ohne Namen". Den Fachnamen ist ein Muster gemeinsam, und zwar das der Benennung nach der Form und Funktion.

Fig. 17 Dinge ohne (bekannten) Namen: Wörter

FACHWORT	OKKASIONALISMUS
Bild 1: Heftstreifen	Schnellhefterstreifen, Heftlaschen etc.
Bild 2: Ferrule	Hülse, Radiergummihalter etc.
Bild 3: Nadel	Endhülsen, Schnürsenkelende etc.
Bild 4: Agraffe	Drahtkörbchen, Drahtgeflecht etc.

Die genannten Okkasionalismen sind eine Auswahl möglicher Benennungen. Bei den Entlehnungen *Ferrule* (engl. ‚Hülse') und *Agraffe* (frz. ‚Haken') wird entweder das deutsche Äquivalent genannt (vgl. *Hülse*) oder eine semantisch präzise Zusammensetzung. Auffallend ist, dass die Gelegenheitsbildungen im Unterschied zu den Fachtermini meist komplexe Zusammensetzungen sind. Dies ist ein deutlicher Beleg dafür, dass der Sprecher das „Ding" genau umschreibt. Meist nimmt der Benennungsvorgang auch nicht viel Zeit in Anspruch. Die alternativen Benennungen sind schon von Beginn ihrer Bildung an eigentlich für den Einmalgebrauch konzipiert. Sollte sich erneut die Situation ergeben, dass eine Bezeichnung gebraucht wird, dann ist es nicht selten, dass der Sprecher eine Variante bildet, da für ihn seine vorherige Bildung nicht verbindlich ist.

4.2 Neologismus und Konkurrenz

Wortneubildungen, die eine gewisse Haltbarkeit zeigen, verlassen die Stufe des Okkasionalismus und werden zum **Neologismus** (griech. *néos* ‚neu' + *lógos* ‚Wort'). Die Entstehungszeit dieser neuen Wörter ist genau bestimmbar und die Motivation ihrer Bildungsweise sehr häufig sicher nachvollziehbar. Von bereits existierenden Wortbenennungen unterschieden sich die Neologismen darin, dass sie neu sind, und zwar entweder in der Wortform und Wortbedeutung (**neues Lexem**) oder nur in der Wortbedeutung (**neue Bedeutung**). Den weitaus größten Teil der Neologismen bilden die neuen Lexeme gegenüber den Neubedeutungen, wie das IDS-Projekt „Neologismen der 90er Jahre" nachweisen kann.

Fig. 18 Neologismustypen

NEOLOGISMUS = NEUES LEXEM	NEOLOGISMUS = NEUE BEDEUTUNG
Jobmaschine ‚das, was Arbeit schafft'	Lichterkette ‚Protestform'
Turbokapitalismus ‚rücksichtsloser Kapitalismus'	abhängen ‚sich ausruhen'

Strittig ist, wie weit der Begriff *Neologismus* zu fassen ist: also ob auch neue Entlehnungen mit zu den Neologismen zählen. Die zeitliche Dimension wäre in dem Punkt „Neuheit der Entlehnungen in die aufnehmende Sprache" erfüllt. Bei dieser weiten Definition hätten folglich die neuen Entlehnungen ebenfalls den Status von Neologismen.

Der Weg der Neologismen von Neubildungen zu Wörtern des Standardwortschatzes geht von der *Usualisierung* (Verbreitung der Neubildung) über die *Akzeptierung* bis zur *Integrierung* der Neubildung. Die **Dauer** der einzelnen Phasen kann unterschiedlich lang sein. Ganz generell stellt sich die Frage: Wie lange ist eine Neubildung ein Neologismus? Sind es zehn oder zwanzig Jahre? Können es weniger oder auch mehr Jahre sein? Vollständig abgeschlossen ist der Prozess, wenn die Neubildung im Wörterbuch nicht mehr als solche gekennzeichnet ist.

Die **Vorkommenshäufigkeit** einer Neubildung ist das zweite entscheidende Kriterium für die Ansetzung eines Neologismus. Die Frequenz der Neubildung muss über die Jahre stark zunehmen. Der Informatiker Uwe Quasthoff hat über 2000 Neologismen (in den Jahren 2000 bis 2006) digital erfasst und für jedes Wort ein Säulendiagramm von der Gebrauchshäufigkeit generiert (vgl. *Deutsches Neologismenwörterbuch*).

Die **Erfassung von Neologismen** hat sich in den letzten Jahren stark gewandelt. Heutzutage werden die Neubildungen digital erfasst. Zugänglich sind die Daten über Lexika (*Neologismen der 90er Jahre*, *Deutsches Neologismenwörterbuch* sowie Markierung von Neologismen in gegenwartssprachlichen Wörterbüchern) und die dazugehörigen Internetseiten.

Äußerst umfassend und interaktiv ausgerichtet ist die Internetdatenbank *Wortwarte* (http://www.wortwarte.de/Projekt/neu.html). Dort sind im Rahmen des *Digitalen Wörterbuchs der Deutschen Sprache* Forscher „auf der Suche nach Neuwörtern von morgen" und werben für die Online-Mitarbeit von Interessenten. Ab dem Jahr 2000 sind alle neuen Lexeme thematisch und alphabetisch verzeichnet.

Auf dem Weg zur Erforschung von Neologismen ist trotz der technischen Suchmöglichkeiten eine Hürde geblieben, die nur schwer zu nehmen ist. So ist es dem *Wortwarte*-Team nicht möglich, aktuelle Neubildungen des Typs „neue Bedeutung bei bereits existierendem Wort" in größerem Stil zu erfassen. Wie soll man auch ohne formalen Hinweis eine Bedeutungsveränderung digital feststellen können? Dies ist ein Problem, an dem noch gearbeitet wird.

Wenn dann die Neubildungen der letzten 5 bis 15 Jahre zusammengestellt sind, beginnt die Trennung zwischen Okkasionalismus und Neologismus. Einige Neubildungen können schon frühzeitig als Okkasionalismus erkannt werden (vgl. Kap. 4.1), während andere erst rückblickend als Gelegenheitsbildungen zu identifizieren sind.

Bei welchen Bildungen lässt sich mit einigem zeitlichen Abstand feststellen, dass es doch Neologismen und keine Gelegenheitsbildungen sind? Und warum ist es bei diesen Wörtern nur im Nachhinein möglich, eine klare Zuordnung zu treffen?

Fig. 19 Neologismusidentifizierung (2000–2009)

NEUES LEXEM	BEDEUTUNG	ZUORDNUNGSGRUND
Kompetenzsog	‚ausgeweitete Entscheidungsbefugnis'	regelmäßige Verwendung
Kultmarke	‚Marke mit hohem Prestige'	häufige Verwendung
wegtherapierbar	‚heilbar durch Therapie'	breite Verwendung

Nicht nur neue Bildungen, die eine hohe Vorkommensfrequenz aufweisen, haben eine Chance, zu einem Neologismus mit eigenem Eintrag im Wörterbuch zu werden. Vielmehr ist ausschlaggebend, inwieweit das neue Wort eine gewisse Konstanz im Vorkommen zeigt und wie hoch seine Abnutzung einzuschätzen ist.

Das Wort *Kompetenzsog* lässt sich gut den Neologismen zuordnen, obwohl sein Vorkommen gar nicht so hoch ist. Entscheidend sind seine regelmäßige Verwendung und sein weiterer Benutzerkreis (z. B. Zeitungen wie *Die Zeit*, verschiedene Universitätsmitteilungen). Das Wort *Kultmarke* hingegen zeigt eine hohe Frequenz, doch war zur Zeit der Bildung schwer einschätzbar, inwieweit es ein Wort des Zeitgeists ist. Mit einigem zeitlichen Abstand lässt sich jetzt aber feststellen, dass es noch nicht „verbraucht" wurde. Das Wort *wegtherapierbar* weist eine mittlere Frequenz auf und wird breit verwendet.

Dann wiederum gibt es Neubildungen, die schon eine längere Zeit im Gebrauch sind, bei denen aber dennoch ein gewisser Vorbehalt bei der Aufnahme in gegenwartssprachliche Wörterbücher besteht. Ein Beispiel dafür ist *multimediafähig* (2000–2009). Hier könnte der Sachverhalt bald verschwinden und mit ihm die Benennung, wenn die technischen Möglichkeiten für Multimedia in allen Bauwerken geschaffen sind. Da das Nomen *Multimedia* schon in den Wörterbüchern verzeichnet ist, sind die Lexikographen mit der Aufnahme des Adjektivs zurückhaltend.

Ein weiterer Unsicherheitsfaktor sind die **Konkurrenzbildungen** bei den Neubenennungen. Hier muss abgewartet werden, welche neue Bildung die Kraft hat, sich durchzusetzen. Da gibt es z. B. die Konkurrenzbildungen *verenglischt* vs. *verdenglischt*. Beide tragen die Bedeutung ‚Deutsch/Englisch gemischt' in Bezug auf die starke Beeinflussung des Deutschen durch das Englische. Bis jetzt wird *verenglischt* häufiger verwendet, aber die Form *verdenglischt*, eine Ableitung von *Denglisch*, scheint sich mehr und mehr durchzusetzen. Deshalb ist es nicht ganz unwahrscheinlich, dass die Sprecher eines Tages die expressive Variante (*verdenglischt*) vorziehen.

Bei der Festsetzung von Neologismen stellt sich die grundsätzliche Frage, wie man sich gegenüber neuen Wörtern, die in aller Munde sind, verhalten soll. Können Trendwörter, die keine allzu lange Haltbarkeit haben, zu Neologismen werden?

Im Prinzip ist es möglich, dass **Trendwörter** zu den Neologismen weiterwandern. Trendwörter werden gebildet, um **gesellschaftliche Neuerungen** benennen zu können, wie z. B. *Euro*. Das Trendwort des Jahres 2009 ist *Nachhaltigkeit*. Dieses Wort wird zunächst im Zusammenhang mit Umweltfragen gebraucht und dann ausgedehnt auf ökonomische und soziale Nachhaltigkeit. Da das Wort *Nachhaltigkeit* fast zu „oft" in anderen Kontexten eingesetzt wird, ist es auf dem besten Weg zum „Unwort".

Zu Beginn werden Trendwörter sehr häufig verwendet und um diese Zeit herum entscheidet es sich dann, ob ein Trendwort „verbraucht" wurde und damit nur ein Okkasionalismus war oder ob es sich dauerhaft im Sprachgebrauch behaupten kann.

Ein Trendwort kann aber auch einfach in Vergessenheit geraten. So ist es geschehen bei dem Wort *Mauerspecht* ‚jmd., der sich zur Erinnerung ein kleines Stück aus der Berliner Mauer gehackt hat'. Das Wort war zunächst ein Trendwort, das als Neologismus im gegenwartssprachlichen Wörterbuch aufgenommen wurde. Als die Sprecher anfingen *Mauerspecht* nicht mehr zu verwenden, fiel es z. B. aus dem Rechtschreib-Duden.

Eine zweite Gruppe von kurzlebigen Wörtern, die Modewörter, kann ebenfalls teilweise zu Neologismen werden. **Modewörter**, im Unterschied zu Trendwörtern, dienen hauptsächlich dazu die **Aktualität der Sprechereinstellung** zu demonstrieren (z. B. *To-do-Liste*). Wörter wie *grenzwertig*, sind für nicht wenige Sprecher durch die inflationäre Verwendung mit der Zeit abgenutzt. Die Benutzer dieser Wörter werden dann gerne als „Wichtigtuer" charakterisiert.

Fig. 20 Wandel der Trend- und Modewörter im Deutschen

Da ein Großteil der Wortneubildungen Trend- und Modewörter sind, sollte diese Neologismusquelle berücksichtigt werden. Schmal ist der Grad zwischen Neologismus und „verbrauchtem" Wort.

Die Trennung der Neubildungen in aufzunehmende Neologismen und in „verbrauchte" Wörter fällt nicht leicht. Bei der Kategorisierung ist es nur möglich sich an der Bewertung der Sprecher zu orientieren. Da Neubildungen teilweise zu häufig auch in anderen Kontexten verwendet werden, kann es schnell zu Abnutzungserscheinungen kommen. So wird das Wort *Abwrackprämie* nicht nur für die Bezuschussung beim Autokauf verwendet, sondern z. B. auch bei der Prämiengewährung eines Optikers. Ein Wort wie *Bespaßung* verbraucht sich schnell, da diese unübliche Wortbildung für eine häufige Verwendung zu markant ist.

4.3 Produktivität und Überlappung

Die Bildung von Wörtern dient der Wortschatzerweiterung. Um aber Wörter bilden zu können, ist es nötig, die zur Verfügung stehenden **Bildungsmuster** zu kennen. Diese Muster sind produktiv und erlauben es, problemlos neue Wörter zu produzieren. Der **Produktivitätsgrad** der Bildungsmuster unterscheidet sich darin, wie häufig sie in der Gegenwartssprache anzutreffen sind (Frequenzmethode). Hochproduktive Muster sind dementsprechend sehr häufig anzutreffen, während die unproduktiven Muster nicht mehr zum Einsatz kommen. Für genaue Angaben zur prozentualen Verteilung der einzelnen Muster sind große Korpora aktuell auszuwerten.

Die **Benennungsbildung** geschieht auf der formalen Ebene und die **Bedeutungsbildung** auf der semantischen Ebene. Auf welchen produktiven Mustern die Bildungen beruhen, zeigt das unten angeführte Belegmaterial (von 2009) der Datenbank „Die Wortwarte".

BENENNUNGSBILDUNG

Produktive Muster der Stufe I:

Komposition (Zusammensetzung zweier Wörter)
Maultaschenkündigung = *Maultaschen* + *kündigung*
Erinnerungsevent = *Erinnerung(s)* + *event*
zwischenregeln = *zwischen* + *regel(n)*

Partikelkompositum (vorderes Wort (Partikel) umstellbar)
aufriestern = *auf* + *riester(n)*

Präfixoidkompositum (vorderes Wort in steigernder Bedeutung)
ultrarotzig = *ultra* + *rotzig*

Derivation (Wörter mit Affixen (unselbständigen Elementen))
Unwahlkampf = *Un-* + *wahlkampf*

Cappuccinisierung	= *Cappuccin(o)*	+ *-(isier)ung*
vershutteln	= *ver-*	+ *shutteln*

Zusammenbildung (Wortgruppe zu einem Wort umformen)

Paketschubser	= *Paket(e) schubs(en)*	+ *-er*
Vaterversteher	= *Vater versteh(en)*	+ *-er*

Produktive Muster der Stufe II:

Kürzung (Wörter werden gekürzt)

Curryadel	= *Curry(wurst)*	+ *adel*

Kontamination (Wortkreuzung)

Doktorhütchenspieler	= *Doktor(hut)*	+ *(Hütchen)spieler*

Wortdopplungen (meist mit Vokalwechsel)

Twittertwatter (Anglizismus)	= *Twitter*	+ *twatter* (engl. *twat* ‚Trottel')

Wortbildung mit Akronym (Anfangsbuchstabenkürzung)

verCDUlern	= *ver-*	+ *CDUler* + *n*

Zu den unproduktiven Bildungsmustern zählen Bildungen mit Affixen, die in der Gegenwartssprache keine aktive Verwendung mehr finden, wie z. B. die Suffixe *-nis* (*zerwerfen – Zerwürfnis*) und *-t* (*gebären – Geburt*).

Die Bedeutungsbildung ist teilweise komplexer als die Benennungsbildung. Häufig ist die Bedeutung nicht aus den einzelnen Elementen rekonstruierbar. Ohne weiterführende Kenntnisse kann die realisierte Bedeutung dann nicht bestimmt werden. Die Muster hinter den verschiedenen Typen der Bedeutungsbildung veranschaulichen die vielschichtigen Möglichkeiten, aus denen der Sprecher ohne Probleme auswählt.

BEDEUTUNGSBILDUNG

Muster der Systematik (erschließbar mit dem Weltwissen)

ultrarotzig	→ ‚sehr „rotzig"/unverschämt'
Unwahlkampf	→ ‚kein Wahlkampf im eigentlichen Sinn'
verCDUlern	→ ‚etwas [SPD] fast zur CDU machen'

Muster des Kontextes und der Analogie

Cappuccinisierung	‚starke Verbreitung italienischen Cappuccinos in den USA' ← *Hispanisierung* (Analogie: kulturelle Beeinflussung)
Paketschubser	‚Paketbote' ← *Saftschubse* ‚Stewardess' (Analogie: abwertend)
Vaterversteher	‚Sohn, der seinen Vater versteht' ← *Frauenversteher* ‚Mann, der die Frauen versteht' (Analogie: spöttisch)

Twittertwatter	‚unbedeutende („dumme") Twittereinträge' ← *(Twit)ter+(twat)ter* (dt. ähnlich *(Geschn)atter*) (Analogie: spöttisch abwertend)

Muster des Kontextes und der Verdichtung

Maultaschenkündigung	‚Kündigung wegen Mitnahme restlicher Maultaschen vom Arbeitsplatz'
Erinnerungsevent	‚Event (Ereignis) zur Erinnerung an den Mauerfall'
aufriestern	‚Unternehmer, der nachträglich in die Riesterrente (Vorsorge) einzahlt'
vershutteln	‚Schüler per (Bus)Shuttle von einer Schule zur anderen schicken'
Curryadel	‚Berliner Bildungsbürger, die „bewusst" Currywürste essen'
zwischenregeln	‚eine Regel (Bestimmung) zwischen den bestehenden Regeln einführen'
Doktorhütchenspieler	‚„Doktorhut" durch Betrug ähnlich dem Hütchenspiel erhalten (auch Wortspiel)'

Die Bedeutung neuer Wörter ist häufig **kontextgebunden**. Bei einem hohen Grad der Verbreitung können solche neuen Wörter mit der Zeit auch ohne Hintergrundinformationen verstanden werden, wenn das Kontextwissen zu Weltwissen geworden ist. Sollte z.B. die Bildung *Maultaschenkündigung* von einer großen Zahl der Sprecher verwendet werden, um unverhältnismäßige Kündigungen zu benennen, dann wäre die Kontextabhängigkeit dieses Wortes bald aufgehoben.

Wie verläuft nun der **Prozess der Benennungsbildung**, wenn der Sprecher auf formale und semantische Muster zurückgreift? Am Anfang steht der Benennungswunsch für etwas Unbenanntes. Es folgt die Überlegung, was das charakteristische Merkmal der neuen Sache oder Gegebenheit ist. Dieses Merkmal wird dann sprachlich benannt. Bei dem Wort *Maultaschenkündigung* ist das Merkmal die Lappalie, dass eine Altenpflegerin übriggebliebene Maultaschen mit nach Hause genommen hat, was dann zum Kündigungsgrund geworden ist.

Die **Überlappung** zeigt sich bei Wörtern, die eine weitere Bedeutung erhalten. Die neuen Bedeutungen knüpfen an die ursprüngliche systematische Bedeutung an. Die Bedeutungsbildungen gehen von dem schon vorhandenen Einzelwort aus. Es gibt zwei Arten dieser Bildungsweise: (a) der Sachverhalt kann schon eine Benennung haben und (b) der Sachverhalt ist neu:

(a)	*einwerfen*	‚schlucken' vs. *schlucken*
	Klatsche	‚Niederlage' vs. *Niederlage*
(b)	*brennen*	‚CD mit Daten beschreiben'
	Nesthocker	‚jüngerer bei den Eltern wohnender Erwachsener'

4.4 Übungsaufgaben

1. Wann ist ein Wort als Okkasionalismus zu klassifizieren?

2. In welchem Verhältnis stehen Modewörter, Trendwörter und Neologismen zueinander?

3. Wieso kann das neue Wort *Brückentechnologie* ‚Übergangstechnologie' beim Wechsel zu neuen alternativen Technologien zum Unwort werden?

4. Wie lässt sich das Muster der Verdichtung auf der Ebene der Bedeutungsbildung beschreiben?

5 Innovation und Bedeutungsentwicklung

5.1 Gründe der Bedeutungsveränderung

Die Veränderung einer Wortbedeutung ist das Ergebnis des Wortgebrauchs. Der Sprecher nimmt mit seinem Sprachverhalten Einfluss auf die Bedeutungsentwicklung. Die entscheidende Frage ist folglich: **Welche Interessen verfolgt der Sprecher bei der Verständigung?** Die Antwort darauf führt direkt zu den vier wesentlichen Gründen der Bedeutungsveränderung:

1. Abgrenzung von anderen Sprechern
2. Wirkung auf andere Sprecher
3. Eindeutigkeit des Ausdrucks
4. Emotionalisierung des Ausdrucks

1. Abgrenzung von anderen Sprechern: Der Wunsch des Sprechers, sich von anderen Sprechern auf dem Gebiet der Lexik zu unterscheiden, offenbart sich in Gruppensprachen wie der **Jugendsprache** (altersabhängige Zugehörigkeit) und der **Szenesprache** (Zugehörigkeit zu einer Subkultur). Die Gruppenzugehörigkeit wird durch die Verwendung von **Antiwörtern** (Wörter, die ungenau und verwirrend sind) gestärkt. Solche Wörter sind kurzlebig und für Außenstehende nur schwer zu erfassen. Nicht selten werden Wörter dieser Art konstruiert, die dann nie Teil einer Gruppensprache sind. Die Angehörigen von Gruppensprachen beschweren sich deshalb häufig, dass ein großer Teil der offiziell verzeichneten Wörter ihnen unbekannt ist. In dem laufenden DFG-Projekt „Jugendsprache im Längsschnitt" (FU Berlin) wird durch die Erstellung eines empirisch abgesicherten Korpus dieser Kritik vorgebeugt. Die Antiwörter haben die Funktion, originell und wertend zu sein.

Originelle Bedeutungsveränderung

Jugendsprache		Szenesprache	
Trachtengruppe	‚Verkehrspolizei'	*Troll*	‚Saboteur von Internetbeiträgen'
Strampelanzug	‚Trainingsanzug'	*Moorwasser*	‚Mischgetränk'

Wertende Bedeutungsveränderung

Jugendsprache		Szenesprache	
Dinosaurier	‚alter Mensch'	*Toy*	‚Neuling unter Sprayern'
Freizeitkiller	‚Streber'	*Bremser*	‚Praktikumsbetreuer'

Durch die **originelle Bedeutungsveränderung** werden häufig Situationen, Personen oder Gegenstände auf unpassende Weise mit assoziierten Entsprechungen verglichen: Das einzig Gemeinsame zwischen der Polizei und einer Trachtengruppe ist die grüne Farbe der Uniform und bei einem Trainingsanzug und einem Strampelanzug liegt die Verbindung in der Einheit von Jacke und Hose. Der Reiz solcher Benennungen liegt in der Absurdität des Vergleichs. Die Originalität der Benennungen *Troll* und *Moorwasser* liegt in der kreativen Wahl des sprachlichen Bildes für die Neubenennung.

Mit der **wertenden Bedeutungsveränderung** wird ein Punkt besonders negativ herausgestellt. Auf diese Weise benannte Personen sind teilweise bewusst der Lächerlichkeit preisgegeben: Wenn alte Menschen als *Dinosaurier* bezeichnet werden, dann wird damit auf ihre Unzeitgemäßheit, verbunden mit dem Aspekt des „Aussterbens" angespielt. Die Benennung *Freizeitkiller*, normalerweise nur für negative zeitabsorbierende Aktionen verwendet, wird verkehrt, wenn die positiven Handlungsweisen eines strebsamen Schülers zu dieser Benennung führen. Die Benennungen *Toy* und *Bremser* heben ein Charakteristikum heraus: Der neue Sprayer, der wie ein Spielzeug (Toy) herumgestoßen wird, und der immer etwas „ausbremsende" Praktikumsbetreuer.

Kennt der Sprecher die Bedeutung der Antiwörter, kann er die Motivation der Benennung normalerweise sofort erfassen. Bei den sogenannten Geheimsprachen, wie dem **Rotwelschen** (eine alte Gaunersprache) und der **Drogensprache**, verhält es sich anders. Die Abgrenzung der Sprecher und die damit verbundene Veränderung der Bedeutung ist ganz pragmatisch zu sehen. Die Außenstehenden sollen auf gar keinen Fall die Lexik verstehen können. Deshalb kann im Rotwelschen ein Wort zwei veränderte Bedeutungen erhalten, wie bei *Eisbär* (1) ‚Silbermünze' und (2) ‚Geizhals'. Es ist aber auch möglich, wie in der Drogensprache, zwei so unterschiedlichen Wörtern wie *Schokolade* und *Schimmel* dieselbe Bedeutung ‚Haschisch' zu geben.

2. Wirkung auf andere Sprecher: Die Veränderung von Wortbedeutungen in der Allgemeinsprache kann darauf beruhen, dass der Sprecher die Wirkung des Gesagten erhöhen möchte. Dies gelingt meist durch Verstärkungen in Form der **Übertreibung (Hyperbel)**. Bei diesen Übertreibungen geht es aber nicht um feste Werte, sondern allein um die verstärkende Bedeutung, weshalb die Wörter auch synonym verwendet werden können.

ZAHLENHYPERBEL
hundert ‚sehr oft' → *Der Film ist im TV hundert(mal) gelaufen.*
tausend ‚sehr oft' → *Der Film ist im TV tausend(mal) gelaufen.*
Million ‚sehr viel' → *Millionen waren (zum Fest) gekommen.*

ENTFERNUNGSHYPERBEL
Kilometer ‚sehr weit' → *Der Stadtteilpark ist Kilometer entfernt.*
Lichtjahre ‚sehr weit' → *Der Stadtteilpark ist Lichtjahre entfernt.*

ZEITHYPERBEL
Jahr(hundert)e ‚sehr lange' → *Das Abspeichern dauert Jahr(hundert)e.*
Stunde ‚sehr lange' → *Das Abspeichern dauert Stunden.*

Es gibt weiterhin die kontextbedingten Verstärkungen, mit denen die Veränderung der Wortbedeutung zum extremen Gegenteil, ins Ironische führt:

Genie ‚Dummkopf' → *Peter ist ein Genie.*
Wunde ‚Kratzer' → *Diese Wunde muss der Arzt sehen.*

Mit der **Untertreibung**, dem Gegenpol zur Übertreibung, kann indirekt eine sprachliche Wirkung erzielt werden. **Diminutivbildungen** in dieser Funktion setzen ein morphologisches Zeichen der Bescheidenheit. Das sprachliche Herunterspielen von Erfolg und Besitz kann aber auch schnell zum Vorwurf der Scheinheiligkeit führen: *Häuschen* ‚Villa' → *Wie gefällt dir mein Häuschen?* Eine andere Form der Untertreibung ist die **Abschwächung eines Wortes** (**Litotes**), um dann genau die gegenteilige Bedeutung zu erhalten: (a) einfache Verneinung wie *nicht wenig* ‚viel' → *Ich habe nicht wenig gearbeitet* und (b) doppelte Verneinung wie *nicht unwahrscheinlich* ‚sicher'→ *Das Bestehen der Prüfung ist nicht unwahrscheinlich.*

3. Eindeutigkeit des Ausdrucks: Für eine eindeutige Kommunikation ist der automatisierte Zugriff auf Wortbedeutungen die zentrale Voraussetzung. Bei einigen **Synonymen** (eine Bedeutung für verschiedene Wörter) ist diese Bedingung jedoch nicht erfüllt. Um aber eine **Eindeutigkeit im Wortgebrauch** gewährleisten zu können, ist es notwendig, eine Bedeutungsveränderung in Form einer **Bedeutungsdifferenzierung** durchzuführen.

Ein aktuelles Beispiel zeigt sich bei Unsicherheit im Gebrauch der Synonyme *Laptop* vs. *Notebook*. Die Geschichte dieser beiden Wörter ist noch recht jung. Die Bezeichnung *Laptop* = auf dem Schoß (*lap*) wurde ca. 1958 im Amerikanisch-Englischen geprägt und später in das Deutsche entlehnt (vgl. Kluge/Seebold 2002: 558). Es ist eine Gegensatzbezeichnung zu *Desktop* = auf dem Tisch (*desk*). Gegen Ende der 1980er-Jahre wurde dann die „Konkurrenzbezeichnung" *Notebook* eingeführt, um damit neue kompakte und leichte Geräte (ähnlich einem Notizbuch) besser vermarkten zu können. Die feine Bedeutungsdifferenzierung von *Laptop* = ‚schwer und groß' gegenüber *Notebook* = ‚leicht und klein' ist mit den Jahren verlorengegangen.

Beide Benennungen werden heutzutage parallel benutzt und die Sprecher sind dementsprechend verunsichert. In den Internetforen finden sich viele Diskussionen zu diesen Benennungen. Im Englischen wird die Bezeichnung *Laptop* präferiert, da *Notebook* ‚Computer, Notizbuch' polysem ist und die Bedeutungen, weil sie so dicht beieinander liegen, zu Missverständnissen führen können. Vielleicht wird im Deutschen die Bezeichnung *Laptop* für den tragbaren Computer ebenfalls bevorzugt werden. Bis jetzt aber ist der Prozess der Bedeutungsdifferenzierung noch offen.

Ein historisches Beispiel für eine abgeschlossene Bedeutungsdifferenzierung ist das Wort *Gift*. Zunächst bedeutete *Gift* ab dem 11. Jahrhundert ‚Gabe'. In der Folgezeit kommen dann noch die Bedeutungen ‚Arzneigabe' und ‚Giftgabe' hinzu. Um Missverständnisse zu vermeiden, wird ab dem 16. Jahrhundert eine Genusdifferenzierung durchgeführt: *die (Mit)gift* ‚Gabe' und *das Gift* ‚Giftstoff'. Die feminine

Form stirbt schließlich im Deutschen aus. Somit ist die Eindeutigkeit des Ausdrucks *Gift* wieder hergestellt worden.

4. **Emotionalisierung des Ausdrucks:** Um Emotionen auszudrücken, werden durch Bedeutungsveränderungen (vgl. Kap. 7) aus bereits existierenden Benennungen **emotive Wörter** gebildet. Auf diese Weise erhalten Tierbezeichnungen und Bezeichnungen aus dem Fäkalbereich eine *Emotionsbedeutung*. Die Emotion zeigt sich in der Sprechereinstellung. Der Hörer bekommt einen Einblick in die Seelenlage des Sprechers. Eng verbunden mit der Emotion ist die Wertung: negativ bei den **Schimpfwörtern** und positiv bei den **Kosewörtern**. Einige emotive Wörter können zugleich Schimpfwort als auch Kosewort sein, wie z. B. *Zicke*. Dieser Wechsel ist in der Jugendsprache beliebt.

Fig. 21 Emotional begründete Bedeutungsveränderungen

Bezeichnung	TIERLEBEN	FÄKALBEREICH
Blutsauger negativ	‚Vampir-Fledermaus' → ‚ausnutzender Mensch'	
Maus positiv	‚Nagetier/Schädling'→ ‚geliebter Mensch'	
Scheiße negativ		‚Kot' → ‚unliebsame Sache oder Situation'
Zicke negativ	‚junge Ziege' → ‚eingebildete weibliche Person'	
Zicke positiv	‚junge Ziege' → ‚selbstbewusstes Mädchen'	

5.2 Standardisierung neuer Wortbedeutungen

Der Prozess der Verbreitung neuer Wortbedeutungen mit anschließender Standardisierung ist nur schwer erfassbar. Die sich stellende Frage lautet: Wie findet die Übernahme der neuen Wortbedeutungen statt? Eine vielbeachtete Erklärung gibt **Rudi Keller**, genannt **Invisible-Hand-Theorie** (Theorie der unsichtbaren Hand). In seiner Argumentation stützt sich Keller auf den schottischen Moralphilosophen Adam Smith (1723–1790). Der Terminus *invisible hand* ist eine im 18. Jahrhundert verbreitete Metapher für das Ergebnis menschlichen Handelns im Unterschied zur Durchführung eines zielgerichteten Plans.

Keller veranschaulicht seine Theorie mithilfe der Analogie zur Entstehung eines Trampelpfads. Gehen viele Menschen einen abkürzenden Weg über eine Rasenfläche, dann entsteht mit der Zeit ein sogenannter Trampelpfad. Dadurch, dass der Rasen verlorengeht, bildet sich ein nicht beabsichtigter Weg heraus. Dieser Weg ist gewissermaßen wie von unsichtbarer Hand geleitet entstanden.

Auf die Sprache übertragen zeigt sich nach Keller die Entstehung eines „Trampelpfads" z. B. bei der vom Sprecher nicht beabsichtigten **Pejorisierung** (Bedeutungsverschlechterung) unmarkierter Wörter (vgl. Kap. 7.4). Zunächst neutrale Wörter wie *Weib* erhalten eine negative Bedeutung, ohne vom Sprecher eigentlich intendiert zu sein. Nach Keller beruht dies auf dem Wunsch, Frauen gegenüber „galant" zu sein, ähnlich dem Wunsch, einen kürzeren Weg zu benutzen. So kommt es dann, dass das höher stehende Wort *Frau* zum neutralen Ersatz für *Weib* wird.

Kritiker der *Invisible-Hand-Theorie* geben zu bedenken, dass die Sprecher die Sprache durchaus bewusst verändern. Die Annahme, dass Bedeutungsveränderungen unbeabsichtigt ablaufen, greife ihrer Meinung nach zu kurz.

Um die Standardisierung neuer Wortbedeutungen verfolgen zu können, ist es notwendig zu verstehen, warum bestimmte Neuerungen von vielen Sprechern akzeptiert werden. Relevante Punkte sind in diesem Zusammenhang:

1. der Einfluss bedeutender Personen
2. der Einfluss von Sprechergruppen
3. die Rolle des medialen Sprachgebrauchs: Internet, TV, Printmedien

Die Verbreitung neuer Wortbedeutungen spielt sich auf der sozialen Ebene ab. Die Neuerungen werden konventionalisiert, wenn die Sprechergemeinschaft sie aufgreift und verwendet. Es ist attraktiv, mit der Verwendung von Neuerungen Aufgeschlossenheit gegenüber Weiterentwicklungen zu signalisieren. Die Neuerung hat die Kraft, dem Sprecher Geltung zu verleihen, und führt dann zur Standardisierung neuer Wortbedeutungen.

Wie verlaufen die **Verbreitungswege semantischer Neuerungen** nun genau? Diese Wege lassen sich am besten anhand von Wort-Beispielen detailliert verfolgen.

Den Einfluss bedeutender Personen zeigt die Standardisierung des Wortes *Umwelt* (vgl. Kluge/Seebold 2002: 940). Der Biologe **Jakob Johann Baron von Uexküll** (1864–1944) hat für das Wort *Umwelt* ungefähr um 1909 die neue Bedeutung ‚Wechselwirkung zwischen Lebewesen und Umgebung' geprägt. Uexküll wollte einen neuen Sachverhalt benennen und hat dafür ein bereits vorhandenes Wort gewählt und dann „nur" die Bedeutung verändert.

Das Wort *Umwelt* lässt sich seit dem 19. Jahrhundert nachweisen. Zuerst ist es bezeugt bei dem dänischen Dichter Jens Immanuel Baggesen (1764–1826) in der deutschsprachigen Ode „Napoleon" (1800). Dort bedeutet *Umwelt* ‚Umgebung'. In einem nächsten Schritt wurde das französische Wort *milieu* mit *Umwelt* übersetzt. Ausschlaggebend dafür war die „Milieu"-Theorie des französischen Philosophen Hippolyte Taine (1828–1893). Taine sieht frz. *milieu* ‚Umgebung' neben den historischen Gegebenheiten und den Erbanlagen als einen wichtigen Faktor, der den Menschen bestimmt.

Nachdem Uexküll darauf für *Umwelt* die neue Wortbedeutung geprägt hatte, setzte der Prozess der Standardisierung ein. Das Wort *Umwelt* in seiner neuen, heutigen Bedeutung wurde von anderen Wissenschaften wie der Soziologie aufgegriffen. Dann ist *Umwelt* weitergewandert zur Ökologiebewegung der 1970er-Jahre. Verantwortlich dafür ist ein Beitrag des Wochen-Magazins „Der Spiegel" aus dem Jahr 1969 (Nr. 48) mit dem Titel „Wir sind dabei, den Planeten Erde zu ermorden". Für diese letzte Stufe der Konventionalisierung ist der mediale Sprachgebrauch verantwortlich. Die Macht der medialen Verbreitung wird besonders deutlich, wenn man bedenkt, dass es eigentlich schon das Wort *Natur* und auch *Naturschutzbewegung* gab.

Warum war das Wort *Umwelt* mit seiner neuen Bedeutung so attraktiv, dass es *Natur* verdrängen konnte? Sicherlich eignete sich aus der Sicht der Umweltaktivisten ein neues Wort besser zur Benennung eines neuen Konzeptes. Der Beginn der Standardisierung der neuen Wortbedeutung liegt bei dem Biologen Uexküll und die erfolgreiche Etablierung hat die Ökologiebewegung erreicht.

Der Einfluss von Sprechergruppen wird unter anderem im Bereich des Sports und dort besonders beim Fußball deutlich. Fachliche Bedeutungsspezialisierungen aus diesem Bereich finden häufig den Weg in die Standardsprache. Oftmals bestehen die Neubildungen dieser Sprachform aus einer geänderten Wortbedeutung. Wie die Verbreitung solcher Neubildungen aussehen kann, verdeutlicht die Partizipialbildung *aufgestellt*, die mit dem Adjektiv *gut* in der Phrase *gut aufgestellt* verwendet wird. In der eigentlichen Bedeutung heißt *gut aufgestellt* so viel wie ‚etwas steht gut': *Die Kegel sind gut aufgestellt.*

In der Sprache des Fußballs bedeutet *gut aufgestellt* ‚der Trainer hat für eine Fußballmannschaft gute Spieler ausgewählt': *Die Fußballmannschaft ist gut aufgestellt.* Die neue Wortbedeutung ist in ihrer Bildlichkeit durchsichtig. In einem nächsten Schritt wurde die Neubildung aus dem Bereich des Fußballs in die Wirtschaftssprache aufgenommen. Die Herstellung von Verbindungen zwischen Fußball und Wirtschaft ist sehr beliebt, wie auch der Buchtitel „Gut aufgestellt. Fußballstrategien für Manager" von Reinhard Sprenger (2008) zeigt. In der Wirtschaftssprache bedeutet *Gut aufgestellt* so viel wie ‚gut positioniert (für den Wettbewerb)': *Der BDI sieht die ostdeutsche Wirtschaft gut aufgestellt.*

Von der Fußball- und Wirtschaftssprache ausgehend ist dann die Verbindung *gut aufgestellt* in den allgemeinen Sprachgebrauch eingegangen, so z. B.: *Hochschulförderer: Erfurt gut aufgestellt, Gesetz gut aufgestellt.* Der Standardisierungsweg der neuen Bedeutung hat also ausgehend von der Sprache des Fußballs über die weiterentwickelte abstrahierte Bedeutung in der Sprache der Wirtschaft in die Allgemeinsprache geführt.

Die Rolle des medialen Sprachgebrauchs wird vor allem dann offensichtlich, wenn eine neue Wortbedeutung für ein emotionales Ereignis geprägt wird. Ein bis dahin „neutrales" Wort bekommt eine spezielle Bedeutung, wie bei dem Wort *Lichterkette* (vgl. Kap. 4.2). Im Jahr 1992 hatten sich etwa 400.000 Münchner mit Kerzen in der Hand versammelt, um damit gegen ausländerfeindliche Ausschreitungen in Deutschland zu protestieren. Von dieser Aktion ausgehend hat das Wort *Lichterkette* die neue Bedeutung ‚stiller Protest' erhalten.

Durch die intensive Berichterstattung wurde das Wort *Lichterkette* in seiner neuen Bedeutung verbreitet. Da sich diese neue Form der Demonstration etabliert hat, ist die Wortbedeutung ‚stiller Protest' standardisiert worden. Mittlerweile gibt es nicht nur Lichterketten gegen Gewalt, sondern auch gegen Atommüll, Häuserabriss oder für den Erhalt von Schulen.

Für eine erfolgreiche Standardisierung neuer Wortbedeutungen ist es wesentlich, dass die Neuerung eine Breitenwirkung erfährt, sei es durch den Schlagwortcharakter wie bei *Umwelt* und *Lichterkette* oder durch die Beliebtheit von Fußballausdrücken wie bei *gut aufgestellt*.

5.3 Mechanismen der Archaisierung

Wenn alte Wörter nur noch von wenigen Sprechern aktiv verwendet werden, dann werden sie als **Archaismus** (von griech. *archaīos* ‚altertümlich') bezeichnet. Diese Wörter sind meistens noch im passiven Wortschatz verankert. Die Archaismen sind das Ergebnis der **Archaisierung**, des Veraltens von Wörtern. Am Ende dieses Prozesses, wenn dann das Wort ausstirbt, steht der Wort-Tod. Das veraltete Wort ist also immer in Gefahr, aus dem aktuellen Standardwortschatz aussortiert zu werden. Im Unterschied zum *Oxford English Dictionary* mit seiner Funktion als Sprachspeicher kann der *Duden* Archaismen herausnehmen.

Der *Duden* unterscheidet bei seiner Bestimmung der Archaisierung zwischen „veralteten" Wörtern, also Wörter, die schon zu Archaismen geworden sind, und „veraltenden" Wörtern, die sich auf dem Weg zum Archaismus befinden. Die folgenden Beispiele aus der Duden-Unterteilung (GWDS) sollen die Klassifizierung veranschaulichen:

Veraltete Wörter

Abend	‚Westen'
Christfest	‚Weihnachten'
Feindesland	‚Land des Feindes'
Gleisnerei	‚Heuchelei'
Hausgesinde	‚Hauspersonal'
Krautjunker	‚Landedelmann'
Tageblatt	‚Tageszeitung'
Türhüter	‚Wachmann'

Veraltende Wörter

Abendmahl	‚Abendessen'
Bauchgrimmen	‚Bauchschmerz'
deinethalben	‚deinetwegen'
Dienstmann	‚Gepäckträger'
Flamme	‚Freundin'
lustwandeln	‚spazieren'
Mundtuch	‚Serviette'
vermählen	‚verheiraten'

Die Auswahl der Wörter belegt, wie schwer die genaue Grenzziehung für ein Wort zwischen veraltet und veraltend ist. Ist das Wort *Abendmahl* in der Bedeutung ‚Abendessen' nicht schon lange für die kirchliche Bedeutung aufgegeben worden? Und ist das Verb *lustwandeln* wirklich gebräuchlicher als *Feindesland*? Wie verhält mach sich gegenüber archaischen Wörtern, die noch als Teil eines Namens im aktuellen Sprachgebrauch sind, wie *Tageblatt* in *Göttinger Tageblatt*?

Damit die „sterbenden Wörter" eine Lobby haben, gibt es eine Reihe von Aktivitäten wie Archaismensammlungen (*Lexikon der bedrohten Wörter* von Bodo Mrozek, Reinbek 2005), interaktive Netzseiten (*Wortpatenschaft* (www.wortpatenschaft.de) und die *Rote Liste bedrohter Wörter* (www.bedrohte-woerter.de).

Die Aktion „Wortpatenschaft" befindet sich unter dem Dach des „Vereins Deutsche Sprache e.V." und bietet an, gegen Geld die Patenschaft für ein deutsches Wort zu übernehmen. Die Archaismen sind Teil der dort angebotenen Wörter. Der Wunsch ist, dass die Wortpaten helfen, den Gebrauch auch aussterbender Wörter auf kreative Weise zu verbreiten (z. B. durch Erhöhung der Google-Trefferzahl eines Archaismus).

Bei der „Roten Liste" werden Interessenten aufgefordert, bedrohte Wörter zu melden, um sie aufzunehmen. Verzeichnet sind dort z. B.: *Kleinod* ‚Kostbarkeit', *Dreikäsehoch* ‚kleines Kind', *bauchpinseln* ‚schmeicheln'.

Um Archaismen genauer bestimmen zu können, ist eine Abgrenzung zu den Begriffen *Sprachfossilien* und *Historismen* zweckmäßig.

Der Terminus *Sprachfossilien* ist von dem Linguisten Dieter Cherubim gebildet worden, um damit veraltete Wörter zu benennen, die in gewisser Weise Historisches fossilisiert haben, wie in der phraseologischen Einheit *zu Kreuze kriechen* ‚unter demütigenden Umständen nachgeben' und *Abc-Schütze* ‚Schulanfänger' (*Schütze* ‚junger Schüler').

Als *Historismen* werden veraltete Wörter bezeichnet, die sich auf historische Gegebenheiten beziehen:

Feuerglocke	‚Alarmglocke für Schadenfeuer'	veraltete Gegenstände
Fürstendiener	‚jmd., der dem Fürsten die Wünsche erfüllen will'	veraltete soziale Verhältnisse
Angebinde	‚Gegenstand, der dem Beschenkten an den Arm gebunden wurde'	veraltete Tradition

Die Trennung der Termini *Archaismus, Sprachfossil* und *Historismus* wird in der Praxis nicht immer vorgenommen. Meist wird *Archaismus* als Oberbegriff verstanden, unter den die veralteten Wörter allesamt eingeordnet werden. Eine Differenzierung zeigt aber, dass ein Unterschied besteht zwischen veralteten Wörtern aus einem historischen Umfeld und veralteten Wörtern für nach wie vor aktuelle Gegebenheiten. Wörter wie *Armgeige* ‚Bratsche', *Bauersmann* ‚Bauer' und *Bedenklichkeit* ‚Zweifel, Einwände' sind für den gegenwärtigen Sprecher noch durchsichtig und verstehbar.

Die Trennung von *Archaismus* und *Historismus* führt zu der Frage, ob es sinnvoll wäre, auch eine Unterscheidung in der Verweildauer im aktuellen Wortschatz zu treffen. Sollten Historismen überhaupt noch aufgenommen werden, wenn schon der bezeichnete Sachverhalt für den Gegenwartssprecher nicht mehr relevant ist? Der stilistisch bewusst gewählte Einsatz dieser markierten Wörter bleibt an dieser

Stelle unberücksichtigt. Eine Hilfestellung für die Antwort kann die Graduierung der **Usualität** (Gebräuchlichkeit) geben:

	Grad 1	→ Grad 2	→ Grad 3
Bedeutung	bekannt	bekannt	unbekannt
Gebrauch	selten	keinesfalls	keinesfalls

Die Archaismen können im Standardwortschatz auf Grad 1 (*Bauchgrimmen*), Grad 2 (*lustwandeln*) und Grad 3 (*Abendmahl*) stehen. Die Historismen nehmen Grad 2 (*Hausgesinde*) und Grad 3 (*Angebinde*) der Usualität ein. Die Verwendungsfrequenz und der Bekanntheitsgrad der Wortbedeutung sind dabei abhängig vom Alter der Sprecher und der Beherrschung bildungssprachlichen Wortguts. Für die Beibehaltung ungebräuchlicher Wörter im Wortschatz sollte die Graduierung der Usualität ausschlaggebend sein. Ein sinnvolles Ausschlusskriterium wäre Grad 3 der Archaismen und Historismen, während Historismen wie *Hausgesinde* (Grad 2) noch aufgenommen werden sollten.

Die **Ursachen**, die zur Archaisierung von Wörtern führen, sind vielfältig. Es lassen sich vor allem fünf Gründe dafür ausmachen:

1. Verlorengehen von Gegebenheiten
2. Umbenennung durch Perspektivwechsel
3. Wunsch nach Eindeutigkeit
4. Wunsch nach Kürze
5. Präferenzwechsel zwischen deutschen und fremden Wörtern

Grund 1 ist die Hauptursache für den Beginn des Archaisierungsprozesses. Wenn Dinge oder Sachverhalte nicht mehr relevant sind, dann sind auch die Benennungen für die Sprecher ohne Nutzen. Wie dieser Prozess abläuft, lässt sich deshalb auch leicht für Wörter prognostizieren, die am Anfang dieses Prozesses stehen. In nicht allzu ferner Zukunft wird das Wort *Schreibmaschine* zu einem unbekannten und ungebräuchlichen Historismus (Grad 3) werden. Ausnahmen bilden Wörter wie *Kutsche*, die kulturgeschichtlich wesentliche Dinge benennen, über die auch ohne große Benutzung (abgesehen bei Hochzeiten und Rundfahrten) weiterhin gesprochen wird.

Grund 2 betrifft die Verdrängung ehemals neutraler Wörter wie *Weib* durch *Frau* oder *taubstumm* durch *gehörlos*. Die Perspektive der Sprecher hat sich gewandelt, sodass die Wörter zu einer pejorativen Bedeutung gekommen sind. Die Archaisierung liegt in der „Unmöglichkeit" die alte Bezeichnung zu verwenden. Sie veralten, weil ihre Neutralität veraltet ist (vgl. Kap. 13.3).

Grund 3 spiegelt den Wunsch nach Eindeutigkeit in der Sprache wider. So veraltet z. B. das Wort *Abendmahl* in der Bedeutung ‚Abendessen', da es sonst zu Verwechslungsmöglichkeiten mit *Abendmahl* in der Bedeutung ‚religiöse Feier' kommen kann. Erst wenn Wörter in ihrer Bedeutung weit genug voneinander entfernt sind, wie bei *Schloss* ‚Gebäude' vs. *Schloss* ‚Vorrichtung zum Verschließen', dann bleiben beide Bedeutungen erhalten.

Grund 4 bezieht sich auf die Sprachökonomie, also die Kürze des Ausdrucks. Häufig wird statt einer Komposition wie *Bauersmann* die entsprechend kürzere Variante gewählt. In diesem Fall wäre dies *Bauer*. So veraltet die längere Variante und stirbt schließlich aus.

Grund 5 ist in den wechselnden Vorlieben für deutsche oder fremde Wörter zu finden. Viele französische oder französisierende Bildungen gelten heutzutage als veraltet, da ihre deutschen Äquivalente den Vorzug erhalten haben. Zum Beispiel wurde *Veloziped* von frz. *vélocipède* zugunsten der deutsche Benennung *Fahrrad* aufgegeben. Teilweise können wiederum neue Entlehnungen einer anderen Sprache zur Konkurrenz für das deutsche Wort werden, wie das englische Wort *Bike* für *Fahrrad*. Ein weiteres Mal werden fremde Wörter beibehalten und die deutschen Wörter veralten: Das aus dem Italienischen stammende Wort *Bratsche* hat sich gegenüber *Armgeige* durchgesetzt.

Die Verwendung von Archaismen in der Gegenwartsprache ist markiert und erfüllt auch eine bestimmte **Funktion**. Eine Ausnahme bilden ältere Sprecher, die sich der Archaisierung bestimmter Wörter nicht bewusst sind. In der **Literatur** werden Archaismen gerne verwendet, um historische Vorgänge glaubwürdig wiederzugeben. Archaismen können auch einen **pragmatischen Wert** besitzen, indem sie Höflichkeit ausdrücken, wie z. B. *Bonvivant* anstelle von *Lebemann*.

Ist erst einmal der Prozess der Archaisierung abgeschlossen, dann sind die betroffenen Wörter bald vergessen. In seltenen Fällen setzt dann aber die **Revitalisierung**, also die Wiederbelebung, der ausgestorbenen Wörter ein. Nicht weit zurück liegt die Revitalisierung der Wörter *Tageblatt* und *Dienstmann*. Das Wort *Tageblatt* wurde „entdeckt" für die Benennung einer Internettageszeitung (*Tageblatt-online*) und *Dienstmann* ist mit der Wiedereinführung der Gepäckträger am Bahnhof in die Sprache zurückgekehrt. Es können aber auch schon länger ausgestorbene Wörter ihren Weg zurück in die Sprache finden, wie mhd. *hort* ‚Schatz' in *horten* ‚etwas als Vorrat sammeln', *Kinderhort* ‚Kindertagesstätte' oder *Drachenhort* (Fantasy-Literatur) (vgl. Kap. 2.3).

5.4 Übungsaufgaben

1. Wieso bereitet die Benennung *Notebook* Schwierigkeiten im Hinblick auf die Forderung nach Eindeutigkeit des Ausdrucks?
2. Wie lässt sich der Einfluss bedeutender Personen auf die Standardisierung neuer Wortbedeutungen gewichten?
3. Welche Erklärung gibt es für die Standardisierung des Wortes *Nesthocker* ‚bei den Eltern wohnender Erwachsener'?
4. Ist eine Trennung zwischen „veraltet" und „veraltend" bei den Archaismen sinnvoll?

6 Strukturierung der Wortbedeutungen

6.1 Muster der Polysemie

Der Begriff **Polysemie** (griech. *polýs* ‚viel' + *sēma* ‚Zeichen') bezeichnet die Mehrdeutigkeit von Lexemen. Geprägt hat diesen Terminus der französische Philologe **Michel Bréal** (1832–1915) in seinem richtungsweisenden *Essai de semantique* (1897). Da die genaue Abgrenzung des Begriffs *Polysemie* schwerfällt, wird er als kontrovers eingestuft. In der heutigen theoretischen Forschung richtet sich der Blick verstärkt auf die Trennung der Polysemie von der Homonymie. Die **Homonymie** (griech. *homōnymía* ‚Gleichnamigkeit') zeigt sich bei Wörtern gleicher Graphie und Lautung. Sie sind oft von unterschiedlicher Herkunft und ihre Bedeutungen stehen nicht in Beziehung zueinander, wie bei ¹*Kiefer* (fnhd. *kiver*) ‚Schädelknochen mit Zähnen' und ²*Kiefer* ‚Nadelbaum' (fnhd. *kienfer*).

Die **lexikalische Polysemie** liegt vor, wenn ein Wort mehr als eine Bedeutung besitzt. Ein solches Wort bekommt eine oder mehrere zusätzliche neue Bedeutungen durch den Wandel der Ausgangsbedeutung (**Polysemierung**). Ein Beispiel dafür ist das noch in mittelhochdeutscher Zeit **monoseme** Wort *Wurzel*. Erst seit dem 17. Jahrhundert sind durch Bedeutungswandel weitere Bedeutungen hinzugekommen.

Die Polysemie von Wörtern kann aber auch in gewisser Weise wieder rückgängig gemacht werden. Dieser Prozess der Bedeutungsreduzierung wird als **Depolysemierung** bezeichnet. Eine oder mehrere Bedeutungen gehen verloren. Bei dem Wort *Abenteuer* hatten sich in frühneuhochdeutscher Zeit insgesamt 17 Bedeutungen (z. B. ‚Preis/Gewinn beim Wettschießen') ergeben, die zum Neuhochdeutschen dann wieder auf 4 Bedeutungen reduziert wurden.

Abenteuer	POLYSEMIERUNG	➡	DEPOLYSEMIERUNG
	17 Bedeutungen (Fnhd.)		4 Bedeutungen (Nhd.)

Das Konzept der *Monosemie*, dass heißt die Beibehaltung nur einer Wortbedeutung, verfolgen die Fachsprachen bei der Terminologiebildung. Damit ist eine größtmögliche Einheitlichkeit und Genauigkeit der Fachwörter gewährleistet. Ein Beispiel für ein solches monosemes Fachwort ist der wissenschaftliche Terminus *Phonem* ‚kleinste bedeutungsunterscheidende lautliche Einheit'.

Die **Monosemie** spielt darüber hinaus auch in den theoretischen Überlegungen, wie Wortbedeutungen analysiert werden können, eine Rolle. Vertreter der Monosemie lehnen das Konzept der Polysemie ab, da ihrer Meinung nach eine **Polysemie-Inflation** stattfindet. Uriel Weinreich (1926–1967) argumentiert dementsprechend, dass z. B. allein schon das Verb *essen* unterschiedliche Bedeutungen in den Phrasen *Brot essen* vs. *Suppe essen* haben müsste. Der Grund dafür ist, dass die Suppe mit und das Brot ohne Löffel gegessen wird. Diese Ansicht wird von den Befürwortern des Polysemieansatzes als überspitzt zurückgewiesen. Es gibt für die Untersuchung der Polysemie-Muster drei mögliche Wege:

1. Ansetzung einer zentralen abstrakten Bedeutung

    Schule
    Das Lernen und Unterrichten (zentrale Bedeutung)
    statt: 1. ‚Lehranstalt', 2. ‚Schulgebäude', 3. ‚Unterricht', 4. ‚Ausbildung', 5. ‚Lehrer- und Schülerschaft', 6. ‚künstlerische/wissenschaftliche Richtung', 7. ‚Übungsbuch'

2. Ansetzung von Hauptbedeutung und Nebenbedeutungen

    Wurzel
    ‚Wurzel von Gewächsen'   (Hauptbedeutung)
    ‚Ursprung, Ursache, Urform eines Wortes,   (Nebenbedeutungen)
    Wurzel einer Zahl'

3. Ansetzung aller konventionalisierten Bedeutungen

    Ring
    ‚kreisförmiges, am Finger zu tragendes Stück Schmuck' (bester prototypischer Vertreter) verknüpft mit der abstrakteren Bedeutung ‚kreisförmige Entität', periphere Bedeutung ‚Arena' (Netzwerkstruktur im Sinne der Prototypentheorie), vgl. Langacker (1986)

Welches dieser Verfahren ist am vielversprechendsten? Wie werden diese Strategien in der Forschung aufgenommen?

Das **erste Verfahren**, die Idee der zentralen Bedeutung, wird für ihre Rigidität kritisiert. Wörter mit einem aufgefächerten Bedeutungsspektrum werden durch die Ansetzung einer abstrakten Bedeutung lexikalisch stark reduziert. Martin Haspelmath gibt schließlich zu bedenken, dass eine allgemeine Bedeutungsanalyse unzweckmäßig ist, wenn man untersuchen möchte, inwieweit Sprachen sich voneinander unterscheiden.

Das **zweite Verfahren**, das „Haupt- und Nebenbedeutungen-Modell" hat ebenfalls Kritik erfahren, und zwar für die Schwierigkeit, die Hauptbedeutung von den Nebenbedeutungen sicher abzugrenzen. Von der Praktikabilität her ist dieses Verfahren weithin akzeptiert.

Das **dritte Verfahren**, das „Prototypen-Modell", erfährt Kritik für die Festlegung der semantischen Kategorien (Warum ist z. B. bei *Ring* die periphere Kategorie ‚Arena' keine eigenständige Kategorie?). Um ein breites Bedeutungsspektrum bei einem Wort zu erfassen, empfiehlt es sich generell, die gesamten Bedeutungen, kontextlos und kontextgebunden, zu ermitteln, wofür sich Verfahren 2 und 3 eignen.

Die Wechselbeziehung zwischen den einzelnen Wortbedeutungen lässt sich mit Verfahren 2 hierarchisch gut ausdifferenzieren in Hauptbedeutung und Nebenbedeutungen. Für das Wort *Wurzel* ist die Ausgangsbedeutung die Hauptbedeutung und die abgeleiteten Bedeutungen sind die Nebenbedeutungen. Der Begriff *Nebenbedeutung* wird noch in einem anderen Zusammenhang verwendet, und zwar in Verbindung mit Assoziationen, die ein Wort auslösen kann. Es sind **Konnotationen** und keine lexikalischen Bedeutungen. Das Wort *Junggeselle* z. B. hat die **Denotation** (Grundbedeutung) ‚unverheirateter Mann' und die Konnotation ‚frei, sorglos, einsam'.

Die Polysemie wird verschiedentlich mit dem Begriff **lexikalische Ambiguität** in Verbindung gebracht. Das betrifft die Besonderheit von Wörtern, mehrdeutig/ambig (lat. *ambiguus* ‚zweideutig') sein zu können. Man spricht dann auch von *Doppeldeutigkeiten* oder *Zweideutigkeiten* (bei sexuellen Anspielungen). Diese Art der Mehrdeutigkeit entsteht, wenn ein Wort weit voneinander entfernte Bedeutungen trägt, wie z. B. *Schimmel* mit den Bedeutungen ‚Pferd' und ‚Pilz'. Diese Art der Ambiguität kann kontextabhängig zu (un)freiwilliger Komik führen: *Hanf* ‚Droge' vs. *Hanf* ‚Dämmstoff (Rohstoff)'.

Der Ambiguität gegenüber steht der Begriff der **lexikalischen Vagheit**. Der Bedeutungsumfang (Extension) eines Wortes ist vage, wenn sich die Bedeutungen nur unscharf voneinander abgrenzen lassen. Ein klassisches Beispiel für Vagheit sind die Farbadjektive. Bei ihnen besteht ein fließender Übergang zwischen den Bedeutungen. Die Bedeutungsunterschiede verlaufen gradweise. So hat *blau* keine klare, sondern eher eine verschwimmende Grenze z. B. zu *grün*.

6.2 Onomasiologische Wortbeziehungen

Das Konzept der **Onomasiologie** (griech. *onomasía* ‚Benennung' + *-logía* ‚Lehre') fragt: **Wie lässt sich dieser Begriff oder diese Sache bezeichnen?** Als Antwort darauf erhält man mehrere weitestgehend gleichwertige Wörter/Namen. Zum Beispiel gibt es auf die Frage nach der Benennung für Geld unter anderem die Wörter *Moos, Kröten, Knete, Kies, Schotter, Groschen, Bares, Asche, Mäuse*. In enger Verbindung mit der Onomasiologie steht die entgegengesetzte Sichtweise, die **Semasiologie** (griech. *sēmasía* ‚das Bezeichnen') mit ihrer Frage: **Welche Bedeutung trägt dieses Wort?**

Beide Begriffe stehen in Beziehung zu **Ferdinand de Saussures** (1857–1913) Zeichentheorie:

Signifikant (frz. *signifiant*   vs.   Signifikat (frz. *signifié*
‚Zeichenausdruck')   ‚Zeicheninhalt')
Onomasiologie (Name)   vs.   Semasiologie (Bedeutung)

Der Romanist **Adolf Zauner** (1870–1940) hat den Terminus *Onomasiologie* um 1902 geprägt. Hinter diesem Begriff steht die Idee, dass Sprachgeschichte eng mit Kulturgeschichte verbunden ist. **Rudolf Meringer** (1859–1931) und **Hugo Schuchardt** (1842–1927) haben in der Folge zu Beginn des 20. Jahrhunderts die Forschungsrichtung **Wörter und Sachen** ins Leben gerufen. Die Areallinguistik ist die zweite Forschungsrichtung, die auf der Onomasiologie aufbaut. In Wortatlanten sind die geographischen Verteilungen von Bezeichnungen einer Sache auf teilweise großen Karten eingetragen. Im Jahr 1934 hat dann **Franz Dornseiff** (1888–1960) das bis heute maßgebliche onomasiologische Wörterbuch **Der deutsche Wortschatz nach Sachgruppen** veröffentlicht. Der Anthropologe **Brent Berlin** und der Linguist **Paul Kay** haben 1969 eine bahnbrechende onomasiologische Studie mit dem Titel „Basic Color Terms: Their universality and evolution" durchgeführt. Dort haben sie die Farbbezeichnungen der Grundfarbwörter (basic color terms) in 98 Sprachen untersucht. Sie zeigen, dass die Palette der Grundfarbwörter für die verschiedenen Sprachen von 2 Bezeichnungen (weiß und schwarz) bis zu 11 Bezeichnungen (in der Reihenfolge: weiß, schwarz, rot, grün, gelb, blau, braun, violett, orange, rosa, grau) reicht. Mit der onomasiologischen Vorgehensweise lässt sich die unterschiedliche sprachliche Aufteilung des Farbenspektrums nachweisen.

In den 1990er-Jahren ist an der Universität Tübingen unter der Leitung des Romanisten **Peter Koch** das auf kognitiver Onomasiologie beruhende sprachvergleichende Wörterbuch **DECOLAR** (Dictionnaire Etymologique et Cognitif des Langues Romanes) entstanden. **Joachim Grzega** befasst sich aktuell auf theoretischer und praktischer Ebene umfassend mit der Onomasiologie. Er ist Hauptinitiator der Homepage **Onomasiology Online (OnOn)** (http://www.onomasiology.de).

Die onomasiologische **Arbeitsweise** besteht zum einen in der **Auswertung** von Sprachatlanten, historischen und gegenwartssprachlichen Wörterbüchern des Deutschen sowie fremder Sprachen. Zum anderen ist die **Sprecherbefragung** eine wichtige Methode, um onomasiologische Daten zu erheben. Mittels der Befragung von Probanden lassen sich neueste soziolinguistische Entwicklungen berücksichtigen.

In einer Umfrage aus dem Jahr 2002, unter Schülern aus Bayern durchgeführt, hat Grzega die Begrüßungs- und Verabschiedungsformeln onomasiologisch abgefragt.

Sein Ergebnis gliedert er soziologisch:

Gruppe A: Freunden und Gleichaltrigen gegenüber
    Begrüßung
        Platz 1: Hi
        Platz 2: Hallo
        Platz 3: Servus
    Verabschiedung
        Platz 1: Tschüs
        Platz 2: Tschau
Gruppe B: Erwachsenen Bekannten gegenüber
    Begrüßung
        Platz 1: Grüß Gott
        Platz 2: Hallo
    Verabschiedung
        (Auf) Wiedersehen
Gruppe C: Erwachsenen Fremden gegenüber
    Begrüßung
        Grüß Gott
    Verabschiedung
        (Auf) Wiedersehen

Die Onomasiologie im **engeren Sinn** sammelt Bezeichnungen von Umfragen zu einem Begriff und klassifiziert sie räumlich und zeitlich. Erst die Onomasiologie im **weiteren Sinn** bezieht die kommunikative Funktion der verschiedenen Bezeichnungen mit ein. Gerade die Abfrage von Sprachformeln (vgl. oben) gibt Einblicke in die onomasiologische Kompetenz.

6.3 Bedeutungsrelationen: Antonymie und Hyponymie

Für bestimmte Wörter ergibt sich die Bedeutung aus der **Bedeutungsrelation** (lat. *relatio* ‚Beziehung') zu benachbarten Wörtern des Wortschatzes. Dabei ist zu trennen in die binären Kontraste (Antonymie) und die nichtbinären Kontraste (Hyponymie).

Die **binären Kontraste** sind bestimmt durch semantische Gegensatzrelationen. Diese Bedeutungsbeziehungen werden mit dem Oberbegriff der **Antonymie** (griech. *antí* ‚gegen' + *ónoma* ‚Name') bezeichnet. Unter einem Antonym versteht man also ein sogenanntes Gegenwort. Die Antonyme treten paarweise auf und besetzen die beiden Pole eines Gegensatzes. Der Terminus **Polarität** im Zusammenhang mit Antonymie ist von dem britischen Linguisten **John Lyons** eingeführt worden. Dabei lassen sich vier Antonymiepaare voneinander abgrenzen:

Bedeutungsrelationen: Antonymie und Hyponymie

1. Konträre Antonymie
Die konträren Gegensatzwörter schließen sich nicht gegenseitig aus. Es besteht noch ein mittlerer Grad zwischen beiden Polen.

```
         kalt       lauwarm     warm
Pol +  [████████████░░░░░░░░░░░░░░░░]  Pol -
```

kalt	vs.	*warm*	→	mittlerer Grad: *lauwarm*
Liebe	vs.	*Hass*	→	mittlerer Grad: *Verbundenheit*
gut	vs.	*schlecht*	→	mittlerer Grad: *mittel(mäßig)*

2. Kontradiktorische (auch komplementäre) Antonymie
Die kontradiktorischen Gegensatzwörter schließen sich gegenseitig aus (Inkompatibilität). Es besteht kein mittlerer Grad zwischen beiden Polen.

```
         anwesend    abwesend
Pol +  [████████████░░░░░░░░░░]  Pol -
```

anwesend	vs.	*abwesend*	→	mittlerer Grad: nicht vorhanden
Inland	vs.	*Ausland*	→	mittlerer Grad: nicht vorhanden
möglich	vs.	*unmöglich*	→	mittlerer Grad: nicht vorhanden

3. Konverse Antonymie
Die konversen Gegensatzwörter bezeichnen denselben Sachverhalt aus entgegengesetzter Perspektive. Es ist eine Richtungspolarität.

```
         kaufen      verkaufen
Pol +  [░░░░░░░░░░░░░░░░░░░░░░]  Pol -
```

kaufen	vs.	*verkaufen*	→	Perspektive: Käufer vs. Verkäufer
fragen	vs.	*antworten*	→	Perspektive: Interviewer vs. Interviewte
vorne	vs.	*hinten*	→	Perspektive: Sprecherblickwinkel

4. Reversive Antonymie
Die reversiven (‚umgekehrten') Gegensatzwörter beziehen sich auf Prozesse. Sie bezeichnen den Anfangszustand eines ersten Geschehens (z.B. *aufsperren*), der zum Endzustand eines zweiten Geschehens (z.B. *zusperren*) wird und umgekehrt (der Endzustand des ersten Geschehens wird zum Anfangszustand des zweiten Geschehens) (vgl. Lutzeier 1995). Meist wird diese Gegensatzrelation durch den Austausch von Partikeln (*auf-* vs. *zu-*) oder Präfixe (*be-* vs. *ent-*) erreicht.

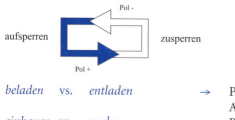

beladen vs. *entladen*	→	Perspektive: Anfang/Ende vs. Ende/Anfang
einbauen vs. *ausbauen*	→	Perspektive: Anfang/Ende vs. Ende/Anfang
Abfahrt vs. *Ankunft*	→	Perspektive: Anfang/Ende vs. Ende/Anfang

Die Unterscheidung zwischen der konträren und kontradiktorischen Antonymie kann mitunter sehr heikel sein. So wird das Gegensatzpaar *verheiratet* vs. *unverheiratet/ledig* als kontradiktorische Antonymie klassifiziert, obwohl es eigentlich doch noch etwas dazwischen gibt, nämlich *geschieden*. Fällt *geschieden* nun unter die Einheit *unverheiratet*?

Bei der konträren Antonymie gibt es die Besonderheit, vereinzelt den negativen Pol mit zwei Gegenwörtern zu differenzieren. Bei dem Adjektivpaar *gut* vs. *schlecht* kann *gut* mit dem Negationspräfix *un-* zu *ungut* abgeleitet werden. Es ist eine Frage des Blickwinkels, ob *ungut* als eine Variante zu *schlecht* anzusehen ist oder ob es ein abgeschwächtes Gegenwort sein kann.

Die konverse Antonymie ist eine besondere Form der lexikalischen Opposition. Diese Gegensatzrelation bezieht sich auf die Sprecherperspektive. Bei Verben wie *kaufen* vs. *verkaufen* richtet sich die polare Verteilung nach der Perspektive unterschiedlicher Sprecher (Käufer → *kaufen* vs. Verkäufer → *verkaufen*). Es kann aber auch die Perspektive eines einzelnen Sprechers über die Umkehrbeziehung entscheiden, wie bei den Adverbien *vorne* vs. *hinten*. So zum Beispiel bei einem Rucksack, dessen Außenfach entweder mit „vorne" oder „hinten" bezeichnet wird. Wenn der Sprecher den Rucksack auf dem Rücken trägt, dann ist das Außenfach für ihn hinten, da dieses Fach von seinem Rücken weiter entfernt ist. Ist der Rucksack abgestellt, dann ist das Außenfach für den Sprecher vorne.

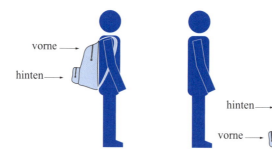

Eine Besonderheit, die sich bei der Bestimmung von Antonymiebeziehungen ergeben kann, ist die sogenannte **Antonymengabel**. Einem Wort stehen am gegenüberliegenden Ende der Skala zwei Wörter gegenüber:

Die Gegensatzrelationen lassen sich in umfassendem Maß (mit Belegen) in dem 3-bändigen **Wörterbuch des Gegensinns im Deutschen** von Peter Lutzeier nachschlagen. Band 1 (A-G) dieses Wörterbuchs ist 2007 erschienen und die beiden anderen Bände werden folgen. Es ist nicht das Ziel dieses Wörterbuchs, gegensätzliche Wortpaare anzugeben, sondern die Gegensatzrelationen innerhalb der Bedeutungen eines Wortes zu bestimmen, wie der Eintrag unter dem Lemma *abbinden* verdeutlicht:

abbinden ⟶ Bedeutung 1 ‚lösen, losbinden; aufbinden'
　　　　　⟶ Bedeutung 2 ‚fest abschnüren'

Prinzip des Gegensatzes:　etwas lockerer machen vs. etwas fester machen/ Lockerung vs. Festigung
Typ des Gegensatzes:　reversible Art

Unter die **nichtbinären Kontraste** der Bedeutungsbeziehungen fallen die *Hyponymie* (griech. *hypó* ‚unter' + *ónoma* ‚Name') und die *Meronymie* (griech. *méros* ‚Teil' + *ónoma* ‚Name').

Der Terminus **Hyponymie** ist von Lyons geprägt worden, um die lexikalische Beziehung der Unterordnung benennen zu können. Je nach der Betrachtungsweise der Unterordnungsverhältnisse gibt es Differenzierungen bei den Termini:

Hyperonym　　(Oberbegriff)　　　　　　　　→ Vogel
Hyponym　　　(Unterbegriff)　　　　　　　 → Spatz
Kohyponyme　(mindestens zwei Hypony-　 → Spatz, Amsel, Taube
　　　　　　　　me zu einem Hyperonym)
Inklusion　　　(Enthaltensein in einer　　　→ Spatz (enthalten in *Vogel*)
　　　　　　　　Menge)

Das Hyponymie-Konzept dient zur Beschreibung sprachlicher Relationen. Fehlt ein Hyperonym, entsteht eine **lexikalische Lücke**, wie bei dem Wortpaar *Tante* und *Onkel*. Anders als bei den Wörtern *Mutter* und *Vater* (Kohyponyme) mit ihrem Hyperonym *Eltern*, fehlt für *Tante* und *Onkel* ein Hyperonym. Deshalb ist es nur konsequent, wenn Lyons den Begriff **Quasi-Hyponyme** für Wörter ohne Oberbegriff bildet.

Mit dem Begriff **Meronymie** (oder auch **Partonymie**) wird ein Unterordnungsverhältnis genauer spezifiziert, indem die Teil-Ganzes-Relation einer lexikalischen Beziehung markiert wird. Im Bereich der Nomen ist diese Untergruppierung gut durchführbar. Auch bei diesem Begriff wird je nach der Perspektive eine feine Unterscheidung vorgenommen:

Holonym/Parteronym (Ganzes)   → Vogel
Meronym/Partonym   (Teil)   → Schnabel, Feder

Inkonsistenzen in der Kodierung von Bedeutungsrelationen und somit bei der Strukturierung des Wortschatzes sind eine Herausforderung für die Erstellung von Wortdatenbanken wie z. B. *WordNet* (http://wordnet.princeton.edu/). Aufbauend auf *WordNet* ist an der Universität Tübingen *GermaNet* (http://www.sfs.uni-tuebingen.de/GermaNet/) entwickelt worden. In dieser Datenbank sind deutsche Wörter in ihren lexikalischen Beziehungen erfasst. Die semantischen Netze von Nomen, Adjektiven und Verben werden dort abgebildet. Die Hierarchisierung steht nicht im Zentrum. Vielmehr ist die Berücksichtigung möglichst unterschiedlicher Relationstypen beabsichtigt. Auf diese Weise wird die Vernetzung wesentlich dichter. Es werden die Antonymie, Hyponymie sowie die Meronymie verzeichnet.

6.4 Syntagmatische Restriktionen

Die **syntagmatischen Relationen** zeigen sich in der linearen Abfolge von syntaktisch zusammengehörigen Wörtern oder Wortgruppen. Zuerst hat sich **Walter Porzig** (1895–1961) mit dieser Thematik befasst. Er wählt für die syntagmatischen Relationen den Begriff der **wesenhaften Bedeutungsbeziehungen**. Anhand von Beispielen weist er die lexikologische Zusammengehörigkeit von Wörtern nach, und zwar inwiefern sie syntaktisch und vor allem aber semantisch kombinierbar sind. In diesem Ansatz stehen nicht die Merkmale, sondern die Zusammengehörigkeit von Wörtern im Mittelpunkt.

Zum Beispiel kann das Nomen *Hund* nur mit dem Verb *bellen* verbunden werden. Es ist nicht möglich, *bellen* gegen *rufen* oder *krähen* auszutauschen. Ein Wort wie *bellen* fordert das Nomen *Hund*. Bei Verben wie *greifen* ergibt sich eine implizite (mit gemeinte) Bedeutungsbeziehung. Das Nomen *Hand* wird dementsprechend nicht genannt. Erst wieder wenn *Hand* modifiziert wird, kommt es zu einer gemeinsamen Nennung mit *greifen*.

Der Hund bellt.   vs. **Der Hund ruft.*
Paul greift den Brief. vs. **Paul greift den Brief mit der Hand.*
                               Aber: *Paul greift den Brief mit der schmutzigen Hand.*

Neben den Begriffen *wesenhafte Bedeutungsbeziehungen* und *lexikalische Solidaritäten* (Kap. 3.1) konnte sich für die syntagmatischen Relationen der Begriff der **Kollokation** (lat. *collocātio* ‚Anordnung')/**Kookkurrenz** etablieren. Kollokationen bilden gehäuft vorkommende Wortpaare wie *Hund* und *bellen*. Die Kollokationen lassen sich automatisch mit digitalen Datenanalysen berechnen. Für das Nomen *Hund* ergibt sich aus dem DWDS-Kernkorpus (vgl. Kap. 2.1) folgende kompakte Kollokationsstatistik:

Fig. 22 Kollokationsberechnung von *Hund* im DWDS-Kernkorpus

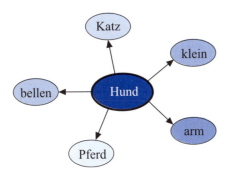

Die Erstellung von Kollokationsstatistiken ist auch kommerziell von Interesse. In diesem Umfeld bedeutet Kollokation so viel wie Wortzuordnung durch Bewertung (z. B. durch das Suchvolumen). Zum Beispiel gibt es bei Google die Suchfunktion „Keyword Crossing" (http://www.keywordcrossing.com/de/), durch die Verknüpfungen von Wörtern mit starken Verbindungen angezeigt werden können. Auf diese Weise lassen sich Zielgruppenkeywords erstellen.

Fig. 23 Tagcloud für *Deutschland* (ohne Marken)

Die **syntagmatischen Restriktionen** zeigen sich in den verschiedenen Bedeutungen, die ein Wort in unterschiedlichen syntaktischen Konstruktionen realisieren kann. Dieser Bereich wird aktuell am IDS Mannheim unter der Leitung von **Stefan Engelberg** in dem Projekt „Polysemie und konstruktionelle Varianz" erforscht. Im Bereich der Verben werden dort auch feine semantische Veränderungen in sich ändernden

Satzkonstruktionen analysiert. Anhand des Verbs *waschen* zeigt Engelberg, inwieweit unterschiedliche Satzkonstruktionen unterschiedliche Verbbedeutungen offenlegen:

Satzbeispiel 1 *waschen*

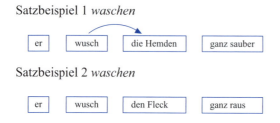

Satzbeispiel 2 *waschen*

| er | wusch | den Fleck | ganz raus |

Für *waschen* ist in Satzbeispiel 1 die Bedeutung ‚von Schmutz befreien' und in Satzbeispiel 2 die Bedeutung ‚von einem Fleck befreien' anzusetzen. Das Akkusativ-Objekt (*die Hemden*) ist in Satzbeispiel 1 Argument des Verbs *waschen* (Test: *Er wusch die Hemden*) während in Satzbeispiel 2 das Akkusativ-Objekt (*den Fleck*) nicht Argument des Verbs *waschen* ist (Test: **Er wusch den Fleck*).

Syntagmatische Kontrastverfahren dienen dazu herauszufinden, wie weit die **Verknüpfung** bestimmter Wörter und Wortgruppen **noch akzeptabel** ist und ab wann es sich um Kombinationsverstöße handelt. Es gibt verschiedene Typen von der Norm abweichender, aber tolerierter syntagmatischer Verbindungen.

Typ I (Bedeutungswandel)

Das Seminar geht in den Biergarten.

Die lexikalische Beziehung zwischen *Seminar* und *gehen* ist „nur" möglich aufgrund einer Bedeutungsveränderung (vgl. Kap. 7.3). Das Nomen *Seminar* wandelt sich zu der Bedeutung ‚alle am Seminar Beteiligten'. Sogar eine doppelte Bedeutungsveränderung kann noch akzeptierbar sein, wie bei *farblose grüne Politik* ‚uninspirierende Umweltpolitik', da *farblos* und *grün* eine veränderte Bedeutung aufweisen.

Typ II (Pleonasmus)

Könntest du das noch mal wiederholen?

Die lexikalische Beziehung zwischen *noch mal* und *wiederholen* ist eigentlich durch Redundanz gekennzeichnet. Toleriert wird eine solche Verbindung, wenn sie als intensivierend eingestuft wird oder wenn zuvor schon einmal eine Wiederholung stattgefunden hat. Verbindungen wie *männlicher Sänger* sind auch nur scheinbar pleonastisch, da ein Wort wie *männlich* hier ebenfalls die Funktion der Verstärkung übernommen hat.

Typ III (Paradoxon)

Paul flüsterte laut im Seminar.

Die lexikalische Beziehung zwischen *flüsterte* und *laut* drückt einen Widerspruch aus, der in diesem Fall vertretbar ist. Es gibt tatsächlich unterschiedliche Lautstärken beim Flüstern und manches Flüstern kann als störend und demnach zu laut empfunden werden.

Nicht akzeptable syntagmatische Verbindungen, die unbeabsichtigt gebildet wurden, sind z. B. in der Spiegel-Rubrik „Hohlspiegel" verzeichnet. Fehlt z. B. das Bezugsnomen, können sich die lexikalischen Bezüge ändern, wie bei *Leinenzwang gilt in Magdeburg für alle*. Das Wort *alle* spezifiziert nicht mehr *Hunde*, sondern stellt einen neuen Bezug zu *Magdeburg* her (alle Magdeburger).

6.5 Übungsaufgaben

1. Wie lassen sich Homonymie und Polysemie voneinander abgrenzen?

2. Auf welche Weise kann eine umfassende onomasiologische Untersuchung durchgeführt werden?

3. Welche Gegensatzrelationen zeigen sich bei dem Wortpaar *Start* vs. *Landung*?

4. Definieren Sie den Begriff *syntagmatische Relation* möglichst umfassend!

7 Typen des Bedeutungswandels

7.1 Spezialisierung der Bedeutung

Bei einer Klassifizierung des Bedeutungswandels ergeben sich 6 verschiedene Typen der Bedeutungsveränderungen. Von ihnen soll in diesem Kapitel der erste Typ, die Spezialisierung der Bedeutung durch Bedeutungsverengung (**quantitativer Bedeutungswandel**), besprochen werden. Gekennzeichnet ist die **Bedeutungsverengung** durch eine Konkretisierung der Wortbedeutung. Hat ein Wort eine Bedeutungsverengung erfahren, kann es nicht mehr so viel bezeichnen wie zuvor. Die Zahl der Referenzmöglichkeiten wird kleiner und der Bedeutungsumfang (Extension) hat sich somit verringert. Auf der Ebene der Wortbedeutung (Intension) hat allerdings eine Vermehrung des Bedeutungsgehalts (durch die Spezialisierung) stattgefunden, da ein Merkmal hinzugekommen ist.

Der Terminus *Bedeutungsverengung* in der heutigen Verwendungsweise geht zurück auf den Sprachhistoriker **Hermann Paul** (1846–1921). Paul versteht den Bedeutungswandel als einen geschichtlichen Prozess, an dessen Anfang die ursprüngliche Bedeutung steht. Am Ende kann die Bedeutung dann verengt werden.

Leonard Bloomfield (1887–1949) verwendet ebenfalls, Paul folgend, den Begriff der *Bedeutungsverengung* („semantic narrowing"). Für Bloomfield haben die Wörter zunächst eine zentrale Bedeutung und mehrere Randbedeutungen. Ersetzt der Sprecher die zentrale Bedeutung durch eine Randbedeutung, dann hat eine Bedeutungsverengung stattgefunden.

Die Richtung der kognitiven Semantik erlaubt eine neue Interpretation des Bedeutungswandels. Jetzt tritt die prototypische Organisation der mentalen Kategorien in den Vordergrund. Die Prototypen (vgl. Kap. 3.2) spielen dementsprechend eine große Rolle für die Erklärung des Wandels von Wortbedeutungen. Der Romanist **Andreas Blank** (1961–2001) kann nachweisen, dass Prototypen als Endpunkt einer Bedeutungsverengung dienen. So verengte sich die Bedeutung des lateinische Wortes *homo* ‚Mensch' in den romanischen Sprachen zur Bedeutung ‚Mann'. Da in patriarchalischen Gesellschaften der Mann als der prototypische Vertreter der Gattung Mensch zählt, kann die Fixierung auf den Prototypen zu dieser Bedeutungsverengung führen. Eine umfassende Untersuchung von Bedeutungsverengungen aus prototypensemantischer Perspektive könnte helfen, Einsichten in die Strukturen der Kategorien zu geben. Auf diese Weise könnte man Informationen über die „Weltsicht" der Sprecher erhalten.

Wie läuft eine Bedeutungsverengung genau ab? Eine Möglichkeit ist, Wörter aus der Standardsprache in die Fachsprache zu übernehmen (**Verfachlichung**) und ihnen dort mittels Bedeutungsspezialisierung eine neue Bedeutung zu geben, sie zu **terminologisieren**. Die Verengung der Bedeutung führt zu einem präzisen Ausdruck. In der deutschen Computerfachsprache hat z. B. das Wort *Favoriten* (kommt nur im Plural vor) eine Bedeutungsverengung erfahren. In der Standardsprache trägt *Favorit* die Bedeutungen ‚begünstigte Person' und ‚Teilnehmer an einem Wettbewerb mit den größten Aussichten auf Erfolg' (‚erfolgversprechendste Person'). In der Fachsprache ist die Bedeutung von *Favorit* und damit der Anwendungsbereich verengt worden zu ‚archivierte bevorzugte Internetseiten'. Wörter wie *Favoriten* durchlaufen eine Bedeutungsverengung und behalten gleichzeitig in der Standardsprache ihre alten Bedeutungen.

	STANDARDBEDEUTUNG	BEDEUTUNGSSPEZIALISIERUNG
Favorit(en)	‚begünstigte Person' ‚erfolgversprechendste Person'	‚bevorzugte Internetseiten'

Innerhalb der Terminologisierung gibt es dann noch die Bedeutungsverengung durch den **Wandel vom Oberbegriff (Hyperonym) zum Unterbegriff (Hyponym)**. Das Nomen *Gewehr* bedeutete zunächst ganz allgemein ‚Waffe' und ist dann auf die Bedeutung ‚Schusswaffe mit langem Lauf' verengt worden. Aus dem Oberbegriff für Waffe ist ein Unterbegriff für eine bestimmte Waffe geworden. Ein weiteres Beispiel ist die Entlehnung *Delirium*. Im 16. Jahrhundert bedeutet *Delirium* im medizinischen Fachwortschatz zuerst ‚Bewusstseinstrübung' und wird dann zu der Bedeutung ‚Bewusstseinstrübung durch Alkohol, Drogen, Fieber' verengt. Das Wort *Gewinde* hatte im 15. Jahrhundert die unspezifische Ausgangsbedeutung ‚alles, was gewunden ist', die zu der Bedeutung ‚Schraubengewinde' verengt wurde.

	BEDEUTUNGSSCHWUND	BEDEUTUNGSSPEZIALISIERUNG
Gewehr	‚Waffe'	‚Schusswaffe mit langem Lauf'
Delirium	‚Bewusstseinstrübung'	‚Bewusstseinstrübung durch Alkohol etc.'
Gewinde	‚alles, was gewunden ist'	‚Schraubengewinde'

Gemeinsam ist diesem Typ der Bedeutungsverengung, dass die systematischen und dadurch allgemeinen Wortbildungsbedeutungen der zugrundeliegenden Verben von den Nominalisierungen übernommen wurden (*Gewehr* zu *wehren*, *Delirium* zu lat. *delirare* ‚wahnsinnig sein', *Gewinde* zu *winden*).

Eine weitere Möglichkeit der Bedeutungsverengung zeigt sich in der Standardsprache durch die **Erhebung einer Teilbedeutung zur Hauptbedeutung**. Die Einschränkung umfassender Bedeutungen auf eine Teilbedeutung zeigt sich schon sehr früh, und zwar im Germanischen bei den Tierbezeichnungen. Zum Beispiel sind die Vorläuferbezeichnungen der Wörter *Kuh* und *Geiß* von der allgemeinen Benennung dieser Tierklasse auf die Bezeichnung der weiblichen Tiere eingeengt worden.

Bei dem Adjektiv *kurios* werden die ursprünglichen Bedeutungen ‚wissenswert, merkwürdig' verengt auf die Teilbedeutung ‚merkwürdig'. Die Bedeutung ‚wissenswert' wird infolgedessen aufgegeben. Das Wort *Junggeselle* hat im Unterschied dazu einen komplexen Bedeutungswandel durchlaufen. Zu Anfang der Bildung war die Bedeutung ‚jüngster Geselle im Handwerk' noch durchsichtig. Darauf wandelte sich die Bedeutung zu ‚junger Mann'. Durch Bedeutungsverengung wird dann die implizite Teilbedeutung ‚unverheiratet' zur zentralen Bedeutungskomponente. Die ursprünglich so wesentliche Bedeutung ‚jung' wird zurückgedrängt. Ähnlich verhält es sich bei dem Adjektiv *züchtig* mit der Ausgangsbedeutung ‚gute „Zucht", Erziehung besitzend'. Durch die Bedeutungsverengung wird die implizite Bedeutung ‚sexuell zurückhaltend' zur alleinigen Bedeutung.

züchtig   ‚gute Zucht = Erziehung besitzend' ➡ ‚sexuell zurückhaltend'

Die Bedeutungsverengung tritt ebenfalls ein bei der **Aufgabe kulturgeschichtlich irrelevant gewordener Hauptbedeutungen**. Das Wort *Ehe* hat zunächst ‚Recht' und ‚Sitte' bedeutet. Unter Sitte verstand man um das 8. Jahrhundert die gesellschaftlichen Regelungen und Normen, worunter auch die Eheschließung fällt. Als sich dann im 12. Jahrhundert das alte Rechtsverständnis veränderte, war die bisherige Hauptbedeutung obsolet geworden, sodass *Ehe* semantisch auf seine aktuelle Bedeutung ‚gesetzlich und kirchlich anerkannter Bund von Mann und Frau' verengt wurde.

7.2 Generalisierung der Bedeutung

Der zweite Typ der Bedeutungsveränderung ist die Generalisierung der Wortbedeutung durch **Bedeutungserweiterung** (**quantitativer Bedeutungswandel**). Bei den betroffenen Wörtern wandelt sich die Bedeutung zum Allgemeinen. Wörter mit einer ausgeweiteten Bedeutung können mehr bezeichnen und werden in ihrer Semantik abstrakter. Die Zahl der Referenzmöglichkeiten wird größer und der Bedeutungsumfang (Extension) hat sich erhöht. Auf der Ebene der Wortbedeutung (Intention) kommt es zu einer Reduzierung des Bedeutungsgehalts (durch die Generalisierung), da Merkmale verloren gehen. Den Terminus *Bedeutungserweiterung* hat Paul als Gegenbegriff zu *Bedeutungsverengung* gebildet. Auch Bloomfield verwendet den Gegenbegriff *Bedeutungserweiterung* („semantic widening"). Blank bestimmt die Bedeutungserweiterung aus der Perspektive der kognitiven Semantik. Bei dieser Art der Bedeutungsveränderung bildet der entsprechende Prototyp häufig den Ausgangspunkt des Bedeutungswandels.

Entsprechend der Verfachlichung standardsprachlicher Wörter durch die Verengung der Bedeutung(en) (vgl. Kap. 7.1) gibt es für Fachwörter auch den umgekehrten Prozess. **Die Bedeutung solcher Fachwörter wird dann erweitert und somit allgemeinsprachlich.** Diese Wörter sind wohl breiter einsetzbar, haben aber dann gleichzeitig ihre begriffliche Eindeutigkeit verloren. Die lateinische Entlehnung *Essenz* bedeutet in der Fachsprache der Alchemie ‚konzentrierte Lösung'. In der Standardsprache wird die fachliche Bedeutung erweitert zu ‚das Wesentliche'. Beide Bedeutungen von *Essenz* sind im Gebrauch.

	FACHBEDEUTUNG	BEDEUTUNGSGENERALISIERUNG
Essenz	‚konzentrierte Lösung'	‚das Wesentliche'

Es gibt aber auch Bedeutungserweiterungen, die ein Wort „entterminologisieren" und damit die fachsprachliche Bedeutung verdrängen. Das Adjektiv *drastisch* hatte zunächst in der Sprache der Medizin ‚stark wirkend' bedeutet. Diese Spezialbedeutung wurde dann für die erweiterte Bedeutung ‚direkt' aufgegeben.

	BEDEUTUNGSSCHWUND	BEDEUTUNGSGENERALISIERUNG
drastisch	‚stark wirkend' [Medizin]	‚direkt'

Die Bedeutungsverallgemeinerung kann sich auch innerhalb von Fachsprachen abspielen. Das Wort *Dekan* hat im militärischen und kirchlichen Bereich zunächst ‚Vorsteher von zehn Mann/Mönchen' bedeutet (Kluge/Seebold 2002: 186). Durch Wegfall der Zahlenangabe wurde die Bedeutung erweitert zu ‚Vorsteher [einer Fakultät]'. Ein **Teil der Bedeutung** (nämlich die Zahlangabe zehn) **ist geschwunden**.

	TEIL-BEDEUTUNGSSCHWUND	BEDEUTUNGSGENERALISIERUNG
Dekan	‚Vorsteher von 10 Mann'	‚Vorsteher'

Mit der Bedeutungserweiterung ist die **Erhebung einer Teilbedeutung zur Hauptbedeutung** möglich. Die Spezifik der Benennung geht dann aber verloren. Die lateinische Entlehnung *Kalfakter* bedeutet zunächst ‚Heizer (Person, die einheizt) in der Schule'. Von dieser speziellen Bedeutung ausgehend, wird die Bedeutung zu ‚Person, die Hilfsdienste verrichtet' ausgeweitet (Kluge/Seebold 2002: 461). Der implizite Teilaspekt der niedrigen Hierarchiestufe ersetzt die in dem Wort genannte genaue Berufsbezeichnung.

	URSPRUNGSBEDEUTUNG		BEDEUTUNGSGENERALISIERUNG
Kalfakter	‚Heizer in der Schule'	➡	‚Person, die Hilfsdienste verrichtet'

Die Generalisierung einer Wortbedeutung kann das Ergebnis einer **komplexen Bedeutungsentwicklung** sein. Das Wort *Glosse* bedeutet zuerst ‚erklärungsbedürftiges

Wort' (Stufe 1) und dann ‚erklärungsbedürftig „erscheinende" Wörter' (Stufe 2). Von Stufe 2 ausgehend wird die Semantik von *Glosse* zu der verallgemeinerten Bedeutung ‚präziser Kommentar zu einer Situation' erweitert. Die alten Bedeutungen sind noch in der Fachsprache der Linguistik gebräuchlich.

Zu einer **hochgradigen Bedeutungserweiterung** ist es bei dem Wort *Ding* gekommen: Die Ausgangsbedeutung ist ‚Versammlung' und die darauf aufbauende Bedeutung lautet ‚Sache der Versammlung (Gerichtssache)'. Mit Bezug zu der zweiten Bedeutung ist dann die unspezifische Bedeutung ‚Gegenstand' geprägt worden (vgl. Kap. 9.1).

7.3 Übertragung und Verschiebung der Bedeutung

Um die Beziehungen zwischen einer alten und einer neuen Wortbedeutung differenzieren zu können, die über die extensionale Einteilung hinausgehen, werden die Typen der *Bedeutungsübertragung* und *Bedeutungsverschiebung* (**qualitativer Bedeutungswandel**) angesetzt.

Die **Bedeutungsübertragung** (in der Terminologie der Rhetorik *Metapher* genannt) ergibt sich, wenn zwischen der Ausgangsbedeutung und der neuen Bedeutung eine Ähnlichkeitsbeziehung besteht. Diese Ähnlichkeitsbeziehung zeigt sich in einem Merkmal der Gemeinsamkeit (*tertium comparationis*). Wenn z. B. das Wort *Krone* in der Bedeutung ‚vom Astwerk gebildeter ausladender Teil eines Baumes' verwendet wird, dann hat *Krone* eine übertragene Bedeutung erhalten. Das gemeinsame Merkmal ist die Form der Königskrone und der Baumkrone. Von einer **Übertragung der Bedeutung nach der Form** wird gesprochen, wenn das sichtbare Äußere im weitesten Sinn gemeint ist.

Ein Beispiel für den weitergefassten Formbegriff ist das Wort *Schinken* in der Bedeutung ‚Buch'. Meist spricht man von *alter Schinken* ‚altes Buch'. Das gemeinsame Merkmal der Ausgangsbedeutung ‚Hinterkeule eines Schlachttiers' und der neuen

Bedeutung ‚Buch' ist: etwas vom Tier. Der Ledereinband eines Buches wird mit der Keule des Schlachttiers verglichen. Beides sind weiterverarbeitete „Produkte" von toten Tieren. In einem darauffolgenden Prozess wird die übertragene Bedeutung von den Wörtern *Ölgemälde* und *Film* übernommen (vgl. Kluge/Seebold 2002: 804). Parallel verhält es sich mit dem Wort *Schwarte*, das ebenfalls die übertragene Bedeutung ‚Buch' trägt (vgl. Kluge/Seebold 2002: 831). Bei Wörtern, die etwas Abstraktes bezeichnen, kann ebenfalls eine Übertragung nach der Form im weitesten Sinn vorkommen. Das Adjektiv *verrückt* ist auf diese Weise zu seiner Bedeutung ‚geistesgestört' gekommen. Die Ausgangsbedeutung lautet ‚von der Stelle gerückt' (vgl. Kluge/Seebold 2002: 956). Das Vergleichsmerkmal bildet die „Veränderung der Position". Die normale Denkweise verändert ihre Position, indem sie zu einer krankhaften Denkweise wird.

Die **Übertragung der Bedeutung nach der Funktion** rückt die spezifische Verwendungsweise einer Sache ins Zentrum. Das Computerwort *Speicher* ‚elektronische Vorrichtung zum Sichern von Daten' beruht auf einem Vergleich mit einem Dachboden.

Die Übertragung liegt in der ähnlichen Funktion: Der Speicher unter dem Dach und der Speicher im Computer haben die Funktion, etwas aufzubewahren. Das aus dem Französischen entlehnte Wort *Kokon* hat seine Bedeutung ‚Seidenraupengespinst' ebenfalls aus einer Übertragung nach der Funktion erhalten. Anders aber als bei dem Wort *Speicher* wird die Ausgangsbedeutung des entlehnten Wortes *Kokon* im Deutschen nicht verwendet (vgl. Kluge/Seebold 2002: 510). Die Ursprungsbedeutung ist ‚Eierschale'. Die Übertragung besteht in der Funktion der Umhüllung.

Die **Bedeutungsverschiebung** (in der Terminologie der Rhetorik *Metonymie* genannt) beruht auf dem Zusammenhang zwischen der Ausgangsbedeutung und der neuen Bedeutung. Eine Bedeutungsverschiebung ist immer an dem sachlichen Zusammenhang mit der Grundbedeutung erkennbar. Zum Beispiel hat die französische Entlehnung *Pension* mit der Grundbedeutung ‚Ruhestandsgeld' über die Bedeutung ‚Bezahlung für Kost und Logis' eine Verschiebung der Bedeutung zu ‚Unterkunft, in der man für Kost und Logis zahlt' erfahren (vgl. Kluge/Seebold 2002: 690). Der sachliche Zusammenhang besteht in der Bezahlung für Kost und Logis und dem kleinen familiären Hotel, in dem man Kost und Logis (gegen Bezahlung) erhält. Dieser Bedeutungszusammenhang erlaubt es, dass die Benennung für spezielles Geld als Benennung für ein bestimmtes Gebäude übernommen wird.

Beruht der sachliche Zusammenhang auf einer Teilbeziehung, dann besteht eine **Pars-pro-toto-Relation** (Teil für das Ganze; in der Rhetorik *Synekdoche* genannt). Ein Beispiel dafür ist das Wort *Hasenfuß* in der Bedeutung ‚Feigling' (vgl. Kluge/Seebold 2002: 395). Der Hase ist bekannt dafür, dass er schnell davon läuft, und wenn ein Mensch davonläuft, dann wird er als Feigling angesehen. Die Teil-Ganzes-Beziehung besteht in der Hervorhebung des Fußes zum Fortlaufen (Teil) für eine feige Person (das Ganze). Der umgekehrte Fall tritt bei der **Totum-pro-parte-Relation** ein, d. h., das Ganze steht für einen Teil. Zum Beispiel wird das Verb *trinken* (steht für das Ganze: Flüssigkeit zu sich nehmen) zu den Teilbedeutungen ‚Alkohol trinken': *X geht einen trinken* und ‚vom Alkohol abhängig sein': *X trinkt* verschoben.

Die Typen der Bedeutungsbeziehungen können mitunter bei der Bedeutungsentwicklung ineinandergreifen, wie es bei dem Wort *Klavier* geschehen ist (vgl. Kluge/Seebold 2002: 494). Zu Beginn bedeutete die französische Entlehnung *Klavier* ‚Tastatur'. Von dort ausgehend entwickelte sich die Pars-pro-toto-Bedeutung ‚Tastenmusikinstrument'. Abschließend trat eine Bedeutungsverengung auf ein Tasteninstrument, und zwar das Pianoforte, ein.

	AUSGANGSBEDEUTUNG	VERSCHIEBUNG	VERENGUNG
Klavier	‚Tastatur' ➡	‚Tasteninstrument' ➡	‚Pianoforte'

Die Arten des Zusammenhangs bei der Bedeutungsverschiebung lassen sich gruppieren in: (a) räumliche Beziehung, (b) zeitliche Beziehung, (c) funktionale Beziehung und (d) kausale Beziehung.

Die Bedeutungsverschiebung aufgrund der **(a) räumlichen Beziehung** zeigt sich darin, dass eine Tätigkeit oder Gegebenheit, die in bestimmten Räumen (auch im weitesten Sinn) stattfindet, zur Bezeichnung des Raumes selbst werden kann. Ein Beispiel dafür ist der Bedeutungswandel des Wortes *Kreuzgang* (vgl. Kluge/Seebold 2002: 538 f.). Die Ausgangbedeutung lautet: ‚Prozession, bei der ein Kreuz vorangetragen wird'. Diese Bedeutung wird dann von der Prozession (Tätigkeit) zu dem Ort, an dem die Prozession stattfindet (‚Innenhof von Klöstern') verschoben. Die Bedeutungsverschiebung aufgrund der **(b) zeitlichen Beziehung** liegt vor, wenn durch den Bedeutungswandel ein neuer Zeitabschnitt benannt wird. Das Beispiel dafür ist *Feierabend* (vgl. Kluge/Seebold 2002: 283). Ursprünglich bedeutet *Feierabend* ‚Ruhe am Abend vor einer Feier'. Diese Bedeutung wurde dann verschoben zu ‚Beginn der Ruhezeit von der Arbeit (an jedem Arbeitstag)'. Die Bedeutungskomponente ‚Beenden der Arbeit' war so zentral geworden, dass sich die bezeichnete Zeitspanne ausgedehnt hat. Die Bedeutungsverschiebung aufgrund der **(c) funktionalen Beziehung** zeigt sich, wenn die neue Bedeutung die Funktion von etwas benennt, wie bei dem Wort *Polizei* (vgl. Kluge/Seebold 2002: 711). Die Ausgangsbedeutung ist ‚Staatsverwaltung' und diese Bedeutung ist dann verschoben worden zu ‚ausführendes Organ der Staatsverwaltung'. Die Polizei hat die Funktion, die Anordnungen der Staatsverwaltung umzusetzen. Die Bedeutungsverschiebung aufgrund der **(d) kausalen Beziehung** zeigt sich, wenn ein Ursache-Wirkung-Verhältnis zum Ausdruck kommt, wie bei der englischen Entlehnung *Joker* (vgl. Kluge/Seebold 2002: 453). Ursprünglich bedeutet *Joker* ‚spaßbereitende Karte' und dieser „Spaß" (Ursache) wird umgesetzt in der spezialisierten Bedeutung ‚für jede andere Karte einsetzbare Spielkarte' (Wirkung).

Bedeutungsverschiebungen, die nicht auf den genannten Bedeutungsbeziehungen beruhen, sind die Verschiebungen der Sprecherperspektive und Verschiebungen in der Begriffsbildung. Die **Verschiebungen der Sprecherperspektive** zeigen sich in der Möglichkeit, zwischen verschiedenen Wörtern für ein und dieselbe Sache wählen zu können: Das Bordell kann je nach Perspektive als *Freudenhaus* oder *Schandhaus* (im Frühneuhochdeutschen verbreitet) bezeichnet werden. Die **Verschiebungen in der Begriffsbildung** bewirken die Festlegung einer ursprünglich freien Wortbedeutung. Das Wort *Abendmahl* hatte zunächst seine systematische Bedeutung ‚Mahl (Essen) am Abend', die dann erweitert wurde mit der zusätzlichen Bedeutung ‚Abendmahl Christi'. Die systematische Bedeutung wurde daraufhin zurückgedrängt, sodass sich durch die Bedeutungsverendung die semantische Komplexität von *Abendmahl* erhöht hat.

7.4 Verschlechterung und Verbesserung der Bedeutung

Die Klassifizierung des Bedeutungswandels unter den Gesichtspunkten der *Bedeutungsverschlechterung* und der *Bedeutungsverbesserung* erfolgt auf der Ebene der Bewertung des Sprechers. Der Romanist **Karl Jaberg** (1877–1958) hat 1901 diese Differenzierung vorgenommen. Bei einer **Bedeutungsverschlechterung** wird ein Wort von seiner Bedeutung her abgewertet und bei der **Bedeutungsverbesserung** wird das Wort aufgewertet. Diese Typen der Bedeutungsveränderung gehören wie die Übertragung und Verschiebung der Bedeutung dem **qualitativen Bedeutungswandel** an. Die Verwendung des Begriffs der *Konnotation* (Nebenbedeutung) im Zusammenhang mit der Verbesserung oder Verschlechterung von Wortbedeutungen ist umstritten, da meist die vormals neutrale, positive oder negative Bedeutung komplett verdrängt wird.

Die **Bedeutungsverschlechterung** ist in der Sprache verbreitet. Die Bedeutungsverschlechterung eines Wortes aufgrund seiner Verwendung als verhüllender Ausdruck wird in Kapitel 8.1 thematisiert. Im Folgenden sollen Bedeutungsverschlechterungen besprochen werden, die sich beim Wortgebrauch ergeben haben und dann auf die Veränderung der Wortbedeutung auswirken.

Die Verschlechterung der Bedeutung kann eintreten, wenn es möglich ist, zwischen der **Ausgangsbedeutung** und der **neuen Bedeutung** eine **Brücke** zu schlagen. Der Weg zu einer neuen **negativen Bedeutung** ist dann nicht mehr weit. Das Wort *einfältig* ist ein Beispiel dafür. Es hat die neutrale Ausgangbedeutung ‚einfach' und diese Bedeutung verschlechtert sich dann zu der negativen Bedeutung ‚geistig etwas beschränkt'. Der Bezug zwischen ‚einfach' und ‚geistig etwas beschränkt' ist leicht herstellbar: Auf Menschen bezogen ist jemand, der einfach denkt, geistig beschränkt. Weitere Beispiele für einen Brückenschlag zwischen der neutralen Ausgangsbedeutung und der neuen verschlechterten Bedeutung sind die Wörter *abstrus* (von ‚verborgen' zu ‚absonderlich': wenn etwas verborgen gehalten wird, kann es leicht absonderlich sein) und *banal* (von ‚normal' zu ‚nichtssagend': wenn etwas normal ist, kann es auch leicht nichtssagend werden).

	AUSGANGS-BEDEUTUNG	BRÜCKE	VERSCHLECHTERUNG
einfältig	‚einfach'	einfach = geistig „einfach"	‚geistig etwas beschränkt'

	AUSGANGS-BEDEUTUNG	BRÜCKE	VERSCHLECHTERUNG
abstrus	‚verborgen'	verborgen = absonderlich	‚absonderlich'
banal	AUSGANGS-BEDEUTUNG ‚normal'	BRÜCKE normal = nichtssagend	VERSCHLECHTERUNG ‚nichtssagend'

Die **geschichtlichen Entwicklungen** sind ein weiterer Faktor, der Bedeutungsverschlechterungen auslösen kann. Hat sich die **Einstellung der Sprecher zu einer Sache geändert**, kann sich das negativ auf die Wortbedeutung auswirken. So bedeutet das Wort *Despot* zunächst ‚Fürst'. Erst durch die Französische Revolution ergibt sich die Bedeutungsverschlechterung zu ‚gewaltsamer Herrscher, der rücksichtslos agiert'(vgl. Kluge/Seebold 2002: 192). Bei dem Wort *Dämon* ist die Bedeutungsverschlechterung auf veränderte religiöse Wertevorstellungen zurückzuführen. Zunächst bedeutet *Dämon* ‚Wirken von Gott (der nicht genannt werden darf)'. Im Christentum verschlechtert sich die Bedeutung dann zu ‚Teufel' und schließlich ‚böser Geist'(vgl. Kluge/Seebold 2002: 179).

	AUSGANGS-BEDEUTUNG	SACHGESCHICHTE	VERSCHLECHTERUNG
Despot	‚Fürst'	Französische Revolution	‚gewaltsamer Herrscher'
Dämon	AUSGANGS-BEDEUTUNG ‚Wirken von Gott'	SACHGESCHICHTE Christentum	VERSCHLECHTERUNG ‚böser Geist'

Die Bedeutungsverschlechterungen können sich auch über einen **längeren Zeitraum hinstrecken**, wie es bei dem Adjektiv *billig* der Fall ist. Zunächst hat *billig* im 11. Jahrhundert ‚angemessen' bedeutet. Diese Bedeutung wurde dann in der Gegenwartssprache durch die Phrase *billige Preise* ‚angemessene Preise' zu ‚niedrige Preise' verändert. Und von der Bedeutung ‚niedrig' ausgehend ist die Bedeutungsverschlechterung kaum noch aufzuhalten. In der Phrase *billiger Ramsch* bedeutet *billig* schon ‚wertlos'. Die Verwendung eines Wortes innerhalb einer bestimmten Phrase hat die Kraft, seinen Bedeutungswandel auszulösen. In der Fachsprache des Rechts ist die Ausgangbedeutung ‚angemessen' auch in der Gegenwartssprache erhalten.

	AUSGANGS-BEDEUTUNG	PHRASENBEDEUTUNG	VERSCHLECHTERUNG
billig	‚angemessen'	‚angemessen' → ‚niedrig'	‚wertlos'

Eine **Bedeutungsverbesserung** wird im Unterschied zur Verschlechterung relativ selten durchgeführt. Trägt ein Wort erst einmal eine negative Bedeutung, dann ist es relativ schwer, diese ins Positive zu wenden, weil die ursprünglich „schlechte" Bedeutung dem Wort auch weiterhin anhaften wird. Ein Bedeutungswandel in die positive Richtung gelingt nur, wenn sich besondere Bedingungen für die Wortentwicklung ergeben.

Eine dieser besonderen Bedingungen liegt vor, wenn eine **positive Bedeutung entlehnt** wird, die dann die schlechtere Vorgängerbedeutung verdrängt. Ein Beispiel dafür ist die lateinische Entlehnung *Minister* (vgl. Kluge/Seebold 2002: 621 f.). Zunächst hat das Wort ‚Diener' bedeutet. Im 17. Jahrhundert wurde dann von dem französischen Wort *ministre*, das ebenfalls auf das Lateinische zurückgeht, die Bedeutung ‚Regierungsmitglied' ins Deutsche entlehnt. So wurde die neue positive Bedeutung auf die im Deutschen schon vorhandene Wortform *Minister* übertragen. Die Vorgängerbedeutung ‚Diener' wurde damit dann aufgegeben.

	AUSGANGS-BEDEUTUNG	AUSTAUSCH	VERBESSERUNG
Minister	‚Diener'	Neu: ‚Regierungsmitglied'	‚Regierungsmitglied'

Eine weitere Möglichkeit der Bedeutungsverbesserung ist gegeben, wenn bei einem Wort sowohl **eine positive als auch eine negative Bedeutung zur Auswahl** stehen. Dies ist der Fall bei dem aus dem Französischen entlehnten Wort *Prestige* (Kluge/Seebold 2002: 720). Es konnte sowohl ‚Blendwerk' als auch ‚Nimbus' bedeuten. Die positive Bedeutung ‚Nimbus → Ansehen, Geltung' konnte sich gegenüber der negativen Bedeutung ‚Blendwerk' durchsetzen. Da die negative Bedeutung eigentlich zuerst da war (Ausgangbedeutung im Lateinischen), kann von einer Bedeutungsverbesserung gesprochen werden.

	AUSGANGS-BEDEUTUNG	AUSWAHL	VERBESSERUNG
Prestige	‚Blendwerk'	‚Blendwerk' vs. ‚Ansehen'	‚Ansehen'

Dann gibt es noch die Möglichkeit, dass ein Wort seine Bedeutung verbessert, indem eine **einflussreiche Persönlichkeit das Wort in einer positiven Bedeutung verwendet**. Ein bekanntes Beispiel dafür ist das Wort *Arbeit*, dass sich durch die Verwendung von **Martin Luther** (1483–1546) in seiner Bedeutung verbessert hat. Die negative Ausgangsbedeutung ‚Mühe, Last, Drangsal' wird durch Luther zu der vorherrschend positiven Bedeutung ‚produktive Tätigkeit zur Sicherung des Lebensunterhalts' verbessert. Hinter dieser Bedeutungsverbesserung steht bei einem solch zentralen Wort wie *Arbeit* ein kulturpolitisches Konzept.

7.5 Übungsaufgaben

1. Welche Möglichkeiten der Bedeutungsverengung gibt es?
2. Inwiefern wird bei einer Generalisierung der Bedeutung die Semantik erweitert?
3. Wie lassen sich Bedeutungsübertragung und Bedeutungsverschiebung voneinander abgrenzen?
4. Warum tritt eine Bedeutungsverschlechterung schneller ein als eine Bedeutungsverbesserung?

8 Funktion von Wortbedeutungen

8.1 Euphemismus und Dysphemismus

Die Bedeutungen von Wörtern können von außersprachlichen Faktoren abhängen. Um sich in bestimmten Situationen sprachlich entsprechend ausdrücken zu können, gibt es die Möglichkeit der Wahl zwischen Wortvarianten. Dies zeigt sich in besonderem Maße bei Wörtern, die zur Verhüllung eines Tabubereichs gewählt werden, und Wörtern, die wiederum Tabus brechen wollen. Solche Wörter werden bezeichnet als *X-phemismen* (Oberbegriff), genauer *Euphemismen* und *Dysphemismen* (Unterbegriffe).

Euphemismus (griech. *euphēmía* ‚das Wohlreden') ist ein gutes, beschönigendes Wort für etwas, das der Sprecher nur ungern direkt benennt. Neben dem Begriff *Euphemismus*, der zurück bis in die Antike geht, gibt es den seltener verwendeten deutschen Terminus *Hüllwort*. Die grundlegende Frage ist: **Ab wann wird ein „gutes Wort" zum Euphemismus?** Die Vermeidungswörter kommen zum Einsatz, sobald aufgrund einer gesellschaftlichen Übereinkunft die vorhandenen direkten Wörter aus den Tabubereichen wie Sexualität, Ausscheidungsvorgänge, Krankheit und Tod in bestimmten Kontexten zur Verlegenheit des Sprechers führen können. Dieser Typ der Alternativbenennung wird als **konventioneller Euphemismus** bezeichnet.

Fig. 24 Konventionelle Euphemismen

Tabubereich	Ausgangsbenennung	konventioneller Euphemismus
Sexualität	Geschlechtsverkehr	*Beischlaf*
Ausscheidungsvorgänge	Menstruation	*Migräne*
Krankheit	Geschlechtskrankheit	*Liebesandenken*
Tod	töten (bei Tieren)	*einschläfern*

Bei der Wahl der konventionellen Euphemismen zeigt sich, dass vor allem bereits vorhandene Wörter „neu" verwendet werden. Eigens gebildete Wörter wie *Beischlaf* sind seltener. Einige dieser Euphemismen wie *einschläfern* haben sich in der Standardsprache für etwas Bestimmtes derart durchgesetzt, dass es keine weiteren Alternativbenennungen gibt.

Andere Euphemismen wie *Migräne* für ‚Menstruation' haben einen Variantenstatus, da es sehr viele Alternativbenennungen gibt: *Tage*, *Regel* und heute nicht mehr gebräuchlich *roter König*. Neben einzelnen Wörtern stehen häufig auch Mehrwortverbindungen zur Wahl, so für Toilette: *stilles Örtchen, wo der Kaiser zu Fuß hingeht*. Als Euphemismen werden gerne Wörter gewählt, die entweder ein weites Bedeutungsspektrum aufweisen, wie *Liebesandenken* ‚Geschlechtskrankheit' oder im Gegensatz dazu eine enge, zum Teil fachsprachliche Bedeutung, wie bei *Migräne* ‚Menstruation'.

Nun gibt es den Fall, dass ein Euphemismus nach einiger Zeit der Verwendung selbst zum Tabuwort wird, das man vermeiden möchte. Diesen Prozess bezeichnet der Kognitionswissenschaftler **Steven Pinker** als **Euphemismus-Tretmühle**. Einst „neutrale" Wörter haben den negativen Sachverhalt derart in sich aufgenommen, dass es immer wieder zu einer Bedeutungsverschlechterung kommt, wie bei dem Wort *Toilette*. Zunächst war dieses Wort selbst ein Euphemismus für *Abort*, das wiederum ein Euphemismus für *Abtritt* war.

Fig. 25 Euphemismus-Tretmühle (*Toilette*)

Euphemismus	Verwendungszeitraum	Systematische Bedeutung
Abtritt	16. Jh.	‚Weggang'
Abort	16. Jh. bis 18. Jh.	‚ab(gelegener) Ort'
Toilette	18. Jh. bis heute	frz. ‚Tüchlein'
Wasserklosett, Klosett, Klo	19. Jh. bis 20. Jh.	engl. *water-closet* ‚Geruchsabschluss durch Wasser'
WC	19. Jh. bis heute	Abkürzung: *water-closet*

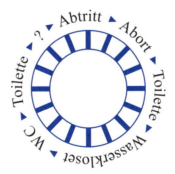

Die Euphemismus-Tretmühle für *Toilette* ist zurzeit im Deutschen stehengeblieben. Es wird entweder die englische Abkürzung *WC* oder die frz. Entlehnung *Toilette* verwendet, wobei die französische Variante bevorzugt wird. Im Amerikanisch-Englischen haben sich mittlerweile die neuen Euphemismen *bathroom* und *restroom* für *toilet* gebildet.

Neben den ein Tabu benennenden Euphemismen gibt es den Typ der **pragmatisch motivierten Euphemismen**. Der Sprecher versucht damit unangenehme Wahrheiten zu beschönigen. Vor allem in der Politik und Wirtschaft werden die verschleiernden Wörter zahlreich verwendet. Die Ungenauigkeit des Ausdrucks ähnelt den Bedeutungsveränderungen. Aber anders als bei den Übertragungen und Verschiebungen der Bedeutung, wird bei den Euphemismen nicht etwas fokussiert und hervorgehoben, sondern verdeckt. Die Verwendung pragmatischer Euphemismen wird im Unterschied zum Gebrauch der konventionellen Euphemismen skeptisch betrachtet und als Teil der **Sprachmanipulation** und **Sprachlenkung** eingestuft und bisweilen in die Nähe der Lüge gerückt.

Fig. 26 Pragmatische Euphemismen

Ausgangsbenennung	pragmatischer Euphemismus	Lexik
entlassen	*freisetzen, freistellen*	positiv
arbeitslos	*erwerbslos, stellungslos*	positiv + negativ (*-los*)
Stagnation	*Null-, Minuswachstum*	negativ (*Null/Minus*) + positiv
Müllkippe	*Entsorgungspark*	positiv

Die neu gewählten und gebildeten Wörter können durchweg positiv konnotiert sein wie bei *freisetzen* und *Entsorgungspark*. Dies ist aber nicht zwingend notwendig, wie die Kompositionen aus einem negativen und einem neutralen/positiven Wort deutlich machen (vgl. *erwerbslos* und *Nullwachstum*). Auf der **Phrasenebene** kann es durch den Wechsel der Perspektive zu Euphemismen kommen: *Rückgang der Beschäftigtenzahl* statt *Erhöhung der Arbeitslosenzahl*. Pragmatische Euphemismen sind nicht immer offensichtlich. Sie können, wie bei den Arbeitszeugnissen, zur bewussten Verschleierung von Kritik eingesetzt werden: *Sorgfalt, Fleiß, bemüht* (negativ konnotiert).

Der Aspekt der Verschleierung kann bei den pragmatischen Euphemismen auch entfallen, wie bei *Agentur für Arbeit* statt *Arbeitsamt*. Der Bezeichnungswechsel beruht primär auf einem geänderten Konzept und die positive Konnotation ist mehr ein Nebeneffekt. Bestimmte Euphemismen werden von den Sprechern gebildet, um eine gewisse **Ironie** einer negativen Situation auszudrücken, so bei *Beschäftigungstherapie* für sinnlose Arbeit. Wörter, wie *freisetzen* für *entlassen* werden als „**verletzende**" **Euphemismen** empfunden. In ihnen drückt sich eine zynische Haltung des Sprechers aus. Solche Euphemismen sind in kürzester Zeit so negativ konnotiert, dass sie nicht mehr zu verwenden sind.

Der **Dysphemismus** (griech. *dysphēmía* ‚das Schlechtreden') ist ein schlechtes Wort, dass darauf abzielt, eine Gegebenheit oder eine Person negativ erscheinen zu lassen. Der Sprecher drückt seine Einstellung sehr direkt und abwertend aus. Dieser Terminus steht in Opposition zu dem Begriff des Euphemismus.

Ist es möglich, sich mit neutralen Wörtern negativ auszudrücken? Es gibt eine Reihe von Wörtern, die in ihrer Ausgangsbedeutung keine negative Komponente enthalten. Diese Wörter können Teil eines Fachwortschatzes sein. Erst die Verwendung dieser Wörter in einem unpassenden Vergleich macht sie und ihre neue Bedeutung zu einem Dysphemismus.

Fig. 27 Dysphemismen durch Bedeutungswandel

Dysphemismus	Neue Bedeutung (beim Menschen)	Ausgangsbedeutung
besteigen	‚Geschlechtsverkehr'	‚Geschlechtsverkehr beim Tier'
abgetakelt	‚unattraktiv'	‚Takelage beim Schiff abnehmen'
schiffen	‚harnen'	‚zu Schiff fahren'

Das Verb *schiffen* trägt in der Gegenwartssprache nur noch seine dysphemistische Bedeutung. Bei *schiffen* hat die negative Bedeutung dafür gesorgt, dass die „neutrale" Bedeutung verloren gegangen ist, um Missverständnisse zu vermeiden. Die neuen Bedeutungen von *abgetakelt* und *besteigen* stehen einer fachsprachlichen Verwendung nicht im Wege.

Mit Wortneubildungen kann die negative Intention des Sprechers kreativ ausgedrückt werden.

Fig. 28 Dysphemismen durch Neubildung

Dysphemismus	Bedeutung	Bildungsweise
Blondchen	‚blonde Frau'	Diminutivbildung
Abortprinzessin	‚Toilettenfrau'	Komposition
Schönling	‚gutaussehender Mann'	Suffigierung

Allein durch die Wahl der Suffixe kann ein Dysphemismus entstehen. Die Verbindung des Adjektivs *schön* mit dem Suffix *-ling* führt zu der abschätzigen Bildung *Schönling* ‚zu gut aussehender Mann'. Bei *Blondchen* wird die Herabsetzung der bezeichneten Person durch das Diminutivsuffix *-chen* erreicht. Die Komposition *Abortprinzessin* besteht aus der Verbindung zweier lexikalisch nicht zu verbindender Wörter.

Von dem Dysphemismus sollten das Schimpfwort und der Vulgarismus abgegrenzt werde, da beiden Typen gemeinsam ist, dass ihre Verwendung zu Sanktionen führen kann.

Schimpfwörter sind Wörter, mit denen der Sprecher eine Person benennt, um bewusst seine Missachtung oder seinen Ärger zum Ausdruck zu bringen. Benennt man Amtspersonen mit Schimpfwörtern, dann werden diese Wörter häufig zu **teuren Wörtern**. So kann der Klassiker *Arschloch* über 1000 € kosten.

Fig. 29 Schimpfwörtertypen

Schimpfwörter	Benennungsbereich	Bedeutungsbereich
Schwein	Personenbenennung	Tier
Arschloch	Personenbenennung	tabuisierter Körperteil
Idiot	Personenbenennung	geistige Schwäche
Wichser	Personenbenennung	tabuisierte sexuelle Handlung

Eine Neubildung wie *Bullenschwein* ‚Polizist' verstärkt einerseits den Schimpfwortcharakter durch die Zusammensetzung zweier Schimpfwörter, andererseits nimmt die Komik des dahinterstehenden Bildes auch wieder etwas von der Schärfe des Wortes. Das besondere bei dem Wort *Hund* ist, dass es im Bereich der Personenbenennung standardsprachlich ein Schimpfwort und dialektal ein Ausdruck der indirekten Bewunderung (bairisch: *A Hund is a scho!* ‚Ausgefuchst ist er schon!'; Hund = ausgefuchste Person) sein kann.

Der **Vulgarismus** (lat. *vulgaris* ‚gewöhnlich, gemein') geht noch eine Stufe weiter als das Schimpfwort. Es sind sogenannte **schmutzige Wörter**, welche die meisten Sprecher nicht wagen auszusprechen oder zu schreiben, wie z. B. *ficken*. Auch in manchen Wörterbüchern, wie dem „Oxford English Dictionary", werden die am meisten tabuisierten „Four-letter-words" nicht aufgenommen.

Stattdessen gibt es Ausweichstrategien, wie die Überblendung solcher Ausdrücke im Fernsehen mit einem Piepton oder dem Schreiben von Sternchen. Die Vulgarismen stammen zum größten Teil aus der Sexualsprache. Ihre Funktion ist es zu schocken, weshalb sie auch häufig in der Jugendsprache anzutreffen sind. Manche vulgäre Wörter können aber auch mit der Zeit ihren schockenden Charakter verlieren, wie z. B. *Arschloch*, das in die Umgangssprache eingegangen ist und nun nicht mehr so unaussprechlich ist. In früherer Zeit war es noch üblich, das lautähnliche Wort *Armleuchter* als Ersatzwort zu verwenden.

8.2 Variation durch Synonymie

Der Begriff **Synonymie** (griech. *synōnymía* ‚Gleichnamigkeit') wird ganz allgemein als Bedeutungsgleichheit von zwei oder mehreren Wörtern verstanden. Dieser undifferenzierte Ansatz lässt sich so aber nicht aufrechterhalten und hat zu kontroversen Diskussionen in der Fachwelt geführt. Statt von Bedeutungsgleichheit zu sprechen, wird mehrheitlich von Bedeutungsähnlichkeit als der eigentlichen Synonymie ausgegangen. Auf der Basis der Übereinstimmung der Bedeutungen (**Referenzidentität**) wird eine Abstufung und Klassifizierung vorgenommen:

Stufe 1:   **Totale/absolute Synonymie** (Bedeutungsgleichheit)
→ gibt es eigentlich nicht

Wenn die Wörter identisch sein sollen, dann bedeutet es, dass sie bis zu ihren konnotativen Bedeutungen völlig austauschbar zu sein hätten. Diese Forderung nach der totalen Synonymie zwischen Wörtern ist eigentlich nicht erfüllbar, da häufig nur Bedeutungsbestandteile völlig identisch sind. Das eigentliche Fehlen der totalen Synonymie ist mehr oder weniger verständlich, da in natürlichen Sprachen die absolute Gleichheit höchstens ästhetisch motivierbar wäre. Trotz dieser Einwände ist ein denkbares Beispiel das Wortpaar *Samstag* vs. *Sonnabend*:

Samstag   Er kauft immer am *Samstag* ein.
                            ↓ ↑
Sonnabend   Er kauft immer am *Sonnabend* ein.

Für eine totale Synonymie bei *Samstag*/*Sonnabend* spricht die völlige kontextuelle Austauschbarkeit. Dagegen spricht, dass sich *Samstag* (mehr süddt.-/westdt. Sprachraum) langsam beginnt gegen *Sonnabend* (mehr norddt.-/ostmitteldt. Sprachraum) durchzusetzen. Da es aber keine „neutrale" Benennung für den 6. Wochentag gibt, wäre ein Proargument, dass die beiden Wörter auch in ihrer regionalen Verankerung identisch sind. Gegnern der totalen Synonymie würde wiederum die sich abzeichnende Wandlung von *Samstag* zum Standardwort als Argument ausreichen.

Stufe 2:   **Partielle Synonymie** (Bedeutungsähnlichkeit)
→ bildet das Zentrum der Synonymie-Definition

Wenn die Wörter auf der Bedeutungsseite identisch sind, aber nicht völlig übereinstimmen, dann liegt eine *partielle Synonymie* vor. Dies ist der Normalfall der Synonymie. Partiell synonyme Wörter können sich in dreierlei Weise voneinander unterschieden:

1. **Die Synonyme stimmen nicht in allen Bedeutungen überein**

   Bildschirm
   (a) ‚Leuchtschirm eines Fernsehers'
   (b) ‚Leuchtschirm eines Computers' ◄ – – – ┐
                                              │
   Monitor   ├ – Übereinstimmung
   (a) ‚Leuchtschirm zur Überwachung'   │
   (b) ‚Leuchtschirm eines Computers' ◄ – – – ┘

In dem Fall von *Bildschirm* und *Monitor* hat sich die synonyme Bedeutung ‚Leuchtschirm eines Computers' erst in einem zweiten Schritt herausgebildet. Deshalb stimmen die beiden Wörter auch nur in dieser einen Bedeutung überein. Da es sich um Fachwörter handelt, bereitet diese Synonymie große Unsicherheiten bei dem Sprecher. Die Verwendungsweise von *Bildschirm* (eher für den Laien) oder *Monitor* (eher für den Fachmann) ist bisher nicht automatisiert.

2. **Die Synonyme sind nicht in allen Kontexten austauschbar**

lautlos vs. *geräuschlos*
?	Paul	öffnet	*lautlos*	die Tür.
	Paul	öffnet	*geräuschlos*	die Tür.
	Paul	nähert sich	*lautlos*	der Tür.
?	Paul	nähert sich	*geräuschlos*	der Tür.

Die feine semantische Differenzierung zwischen *lautlos* und *geräuschlos* mit der gemeinsamen Bedeutung ‚ohne ein Geräusch' zeigt sich erst in bestimmten Kontexten. In den mit einem Fragezeichen gekennzeichneten Sätzen vermitteln die Adjektive den Eindruck, nicht richtig passend zu sein. Da die Bedeutungsunterschiede so minimal sind, dass sie eigentlich gar nicht auf den ersten Blick erfasst werden, ist davon auszugehen, dass die Differenzierung auch häufig missachtet wird. Der kleine **Bedeutungsunterschied** zwischen *lautlos* und *geräuschlos* besteht darin, ob eine Person keine Geräusche produziert (*lautlos*) oder ob von einem Gegenstand keine Geräusche ausgehen (*geräuschlos*).

3. **Die Synonyme sind durch ihre Konnotation begrenzt**

Selbstmord vs. *Suizid*
Verdächtiger beging *Selbstmord*!	[häufig]
Verdächtiger beging *Suizid*!	[nicht häufig]
Dies sind die Faktoren für einen *Selbstmord*.	[nicht häufig]
Dies sind die Faktoren für einen *Suizid*.	[häufig]

Die Konnotation (Nebenbedeutung) von Wörtern kann eine totale Synonymie verhindern. Das auf das Lateinische zurückgehende Wort *Suizid* ist ein allgemein bekanntes Fachwort und synonym zu der deutschen Entsprechung *Selbstmord*. Die unterschiedliche Verwendung der Wörter richtet sich nach dem Adressaten und damit nach der Textsortenspezifik. In medizinisch/soziologisch/psychologisch ausgerichteten Texten wird das Wort *Suizid* bevorzugt, während das Wort *Selbstmord* häufiger in journalistischen Texten zu finden ist. Die Nebenbedeutung des Wortes *Suizid* besteht in seiner Fachsprachlichkeit und der verhüllenden Funktion des Fremdwortes (anders als bei *Selbstmord* erschließt sich bei *Suizid* nicht direkt die Wortbedeutung).

Stufe 3: **Fast-Synonymie** (entfernte Bedeutungsähnlichkeit)
→ steht dicht an der Grenze zu den Nicht-Synonymen

Synonyme gekoppelt durch *oder, beziehungsweise, genauer gesagt*

Das Gerät ist *gratis* oder *geschenkt*.
Das ist die *Bonusgutschrift* beziehungsweise *Rabattgutschrift*.
Das sind *Bonuskarten* beziehungsweise *Clubkarten*.
Paul hat einen *Hund*, genauer gesagt einen *Husky*.

Diese Synonyme werden von John Lyons als *Fast-Synonyme* bezeichnet. Sie stehen an der Grenze zu den partiellen Synonymen und den Nicht-Synonymen. Die Wortpaare *gratis/geschenkt* und *Bonusgutschrift/Rabattgutschrift* stehen noch in der Nähe der partiellen Synonyme, obwohl die Wortbedeutungen schon weiter auseinanderliegen. Bei den Wortpaaren *Bonuskarten/Clubkarten* und *Hund/Husky* sind die Bedeutungen jedoch so weit entfernt, dass die Annahme einer Synonymie fraglich scheint.

Der englische Linguist **Alan Cruse** führt für die mit den oben genannten Konjunktionen verbundenen Wörter den Begriff **Plesionymie** (griech. *plēsíos + ónoma* ‚fast/beinahe (Gleich)namigkeit') ein. Es bedeutet, die Wortpaare sind sich auch in ihren weiter entfernten Bedeutungen ähnlich, da die Konjunktionen die Nähe der Wörter herstellen.

8.3 Stilschicht als Bedeutungsfaktor

Der sprachliche Stil zeigt sich primär auf der Textebene. Auf der Wortebene ist es aber auch möglich, bestimmte Stilelemente festzustellen. Mit der Wahl von Wortvarianten ist es möglich, außersprachliche Faktoren für die Wortbedeutung relevant werden zu lassen. Somit ist Stil zu einem Faktor der Wortbedeutung geworden. Die Gesamtsprache umfasst verschiedene Stilschichten, die unterschiedlich von den Sprechern gebraucht werden. Die dem Sprecher zur Verfügung stehenden **Stilschichten** lassen sich in fünf Bereiche unterteilen.

Fig. 30 Übersicht zu den Stilschichten des Deutschen (Beispiel *verlassen*)

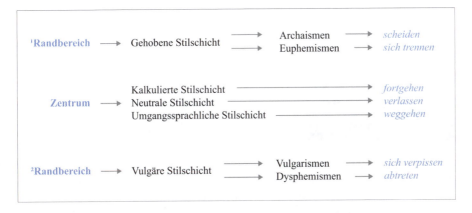

Die Stilschichten der **Randbereiche** (zu den lexikalischen Charakteristika vgl. Kap. 5.3 und 8.1) werden unter normalen Umständen von den Sprechern nur selten oder gar nicht verwendet. Die **vulgäre Stilschicht** versucht man zu vermeiden, soweit es geht, und auf die **gehobene Stilschicht** wird nur unter besonderen Umständen zurückgegriffen.

Im **Zentrum** des Sprachgebrauchs stehen drei Stilschichten: Die **kalkulierte Stilschicht** kommt zum Einsatz, wenn sich der Sprecher in öffentlichen Situationen befindet, also wenn er mit Behörden oder Weisungsbefugten kommuniziert. Auf die **neutrale Stilschicht** wird zurückgegriffen, wenn man mit fremden Personen kommuniziert. Hier ist es aber nicht mehr nötig, die Wörter so vorsichtig auszuwählen. Da aber auch keine Vertrautheit der Gesprächspartner vorliegt, versucht man sich sachlich und nüchtern auszudrücken. Die **umgangssprachliche Stilschicht** ist die **Normalform**, die für die Familie, die Freunde und Bekannten gewählt wird.

Die **kalkulierte Stilschicht** enthält Wörter, die in der Langform verwendet werden, obwohl ihre Kurzform sehr verbreitet ist. So würde in einem Gerichtskontext auf alle Fälle das Wort *Kriminalpolizei* der Kurzform *Kripo* vorgezogen werden. Selbst das Wort *Polizei* wäre bei vorsichtigem Sprachgebrauch noch als zu ungenau einzustufen. So etablierte Kurzwörter wie *Bus* oder *Busbahnhof* könnten durch spezifizierende Zusammensetzung wie *Linienbus* oder die Langformen *Omnibus/Omnibusbahnhof* ausgetauscht werden. Aber nicht alle Kurzwörter werden in dieser Stilschicht aufgelöst. Kürzungen wie *BAföG* sind fest etablierte Begriffe, bei denen der Sprecher eine Auflösung nicht in Betracht zieht, zumal die Langform *Bundesausbildungsförderungsgesetz* nicht in gleicher Weise verwendet werden kann (* *Paul bekommt Bundesausbildungsförderungsgesetz*).

Vor allem aber werden **abstrakte Wörter** verwendet, wie *Schwierigkeiten* oder *Situation*. Mit diesen Wörtern kann ein unangenehmer Vorfall kontrolliert bezeichnet werden. Das Substantiv *Situation* hat durch seinen häufigen Gebrauch in dieser Funktion in jüngster Zeit die zusätzliche Bedeutung ‚Unangenehmes' erhalten.

Fig. 31 Wörter der kalkulierten Stilschicht

Kalkulierte Wörter	Alternative Wörter	Stilistischer Bedeutungsfaktor
Kriminalpolizei	Kripo	offizielle Wortform
Omnibus/Linienbus	Bus	offizielle Wortform
Schwierigkeiten	Mobbing	unspezifische Beurteilung
Situation	Verlust	unspezifische Beurteilung

Die **neutrale Stilschicht** steht der kalkulierten Stilschicht sehr nahe. Die Verwendung von Wörtern wie *Linienbus* oder *Situation* ist hier ebenfalls möglich, wenn auch seltener. Ein Wort der neutralen Sprache ist *gestorben*. Es ist weder metaphorisch noch emotionalisierend. In der kalkulierten Sprache hätte man stattdessen das Wort *verstorben* gewählt. Durch den Austausch der Präfixe (*ge-* gegen *ver-*) verändert sich die Stilschicht. Da das Partizip *gestorben* vom Paradigma her die geläufigere Form ist, erweckt die seltenere Form *verstorben* den Eindruck, nicht so gewöhnlich zu sein. Die Neutralität zeigt sich weiterhin in der Vermeidung von Wörtern, die wegen ihrer Bedeutung stark wertend sind, wie das Verb *entlarven*.

Ein neutrales Wort für *entlarven* wäre *aufdecken*. Damit bleibt die Einschätzung einer Situation neutraler. Bei *entlarven* bezieht sich der Vorgang auf eine betrügerische Person, während bei *aufdecken* distanzierter von einem betrügerischen Sachverhalt ausgegangen wird. Neutralität zeigt sich auch, wenn bei zwei Wörtern ein Wortteil unterschiedlich ist, wie bei *streitsüchtig* vs. *streitlustig*. Das zweite Element *süchtig* in *streitsüchtig* birgt eine gewisse Aggressivität, indem es das Verhalten einer so charakterisierten Person als krankhaft einstuft. Das Element *lustig* hingegen weist neutral auch auf die ständige Bereitschaft zum Streiten hin. Das Wort *Durststrecke* hat eine zu starke Metaphorik, um neutral sein zu können. In diesem Fall wäre eine neutrale Entsprechung *Wartezeit*.

Fig. 32 Wörter der neutralen Stilschicht

Neutrale Wörter	Alternative Wörter	Stilistischer Bedeutungsfaktor
gestorben	verstorben	geläufige Wortform
aufdecken	entlarven	größere Distanz
streitlustig	streitsüchtig	keine Wertung
Wartezeit	Durststrecke	keine wertende Metaphorik

Die **umgangssprachliche Stilschicht** ist gut abgrenzbar, da in dieser Sprachform Wörter gewählt werden, die in der kalkulierten und neutralen Stilschicht vermieden werden. Es sind vertraute Kürzungen wie *Pulli* statt *Pullover* (mit zusätzlichem *i*-Suffix) und metaphorische Wörter wie *Durststrecke*. Im Unterschied zur neutralen Sprache möchte der Sprecher in der Umgangssprache seine Einstellung deutlich zum Ausdruck bringen. Kreativität im Ausdruck ist ein weiterer wichtiger Aspekt, wie bei dem Wort *Hütte* in nicht wertender Weise für ein Haus. Teil der Umgangssprache sind auch wertende, aber nicht verletzende, eher scherzhafte metaphorische Wörter wie *Holzkopf* in der Bedeutung ‚langsam begreifender Mensch'.

Fig. 33 Wörter der umgangssprachlichen Stilschicht

Umgangssprachliche Wörter	Alternative Wörter	Stilistischer Bedeutungsfaktor
Pulli	Pullover	größere Vertrautheit
Durststrecke	Wartezeit	Beurteilung
Hütte	Haus	sprachliche Kreativität
Holzkopf	Dummkopf	„freundliche" Wertung

8.4 Übungsaufgaben

1. Wann bildet der Sprecher Euphemismen?

2. Worin liegt der Unterschied zwischen Vulgarismus und Dysphemismus?

3. Inwiefern ist es sinnvoll, mit dem Begriff der totalen Synonymie zu arbeiten?

4. Woran ist zu erkennen, dass Wörter der neutralen Stilschicht angehören?

9 Motivationen der Wortbedeutung

9.1 Wortgeschichte

Der Begriff **Wortgeschichte** benennt zunächst ganz einfach die Beschäftigung mit der *Geschichte einzelner Wörter*. Geprägt wurde der Ausdruck von dem Etymologen **Friedrich Kluge** (1856–1926). Durch den neuen Terminus *Wortgeschichte* ist es gegen Ende des 19. Jahrhunderts möglich geworden, die Wortbedeutung und ihre Entwicklung hervorzuheben. In der **Etymologie** (Ursprung der Wörter) standen zu dieser Zeit eher die Lautentwicklungen im Mittelpunkt.

Im Rahmen der Lexikologie ist die Wortgeschichte unter dem Blickwinkel der Wortsemantik von großer Relevanz. Es sind die über einen längeren Zeitraum ablaufenden Bedeutungsveränderungen, die den Wörtern einen bedeutenden Teil ihrer „Geschichte" geben (vgl. auch Kap. 7). Die grundlegende Frage ist also: **Wie kommen Wörter zu ihrer Bedeutung und warum kann sie sich verändern?** Da jedes Wort seine eigene Geschichte hat, ist es auch notwendig, die Wörter einzeln zu untersuchen. Um die Bedeutungen im Rahmen von Einzelwortgeschichten fundiert ermitteln zu können, ist es hilfreich, bestimmte **Schritte der Vorgehensweise** zu berücksichtigen.

Fig. 34 Schritte zur Bedeutungsermittlung bei Wortgeschichten

> A. **Bestandsaufnahme**
>   1. **Ausgangspunkt**
>   Aktuelle Wortbedeutung, Standardsprache (ja/nein)
>   2. **Geschichte**
>   Erstbelegermittlung, Beleggeschichte erstellen
>   3. **Vergleich**
>   Zusammenstellung von entsprechenden Wörtern
>
> B. **Auswertung**
>   1. **Bildungsbedeutung**
>   Erschließung der Wortbedeutung zum Zeitpunkt der Bildung
>   2. **Sachuntersuchung**
>   Untersuchung relevanter Quellen (z. B. Volkskunde, Rechtswesen)
>   3. **Erklärung**
>   Beleginterpretation, Erklärung der Wortbedeutung(en)

Im Zentrum der Wortgeschichte steht die Erklärung der systematischen Bedeutung zum Zeitpunkt der Bildung des Wortes. Abhängig von dem Alter und der Überlieferungsgeschichte eines Wortes kann die Bildungsbedeutung entweder gut nachvollziehbar sein oder auch nicht. Anhand der komplexen **Bedeutungsgeschichte des Wortes** *Ding* lässt sich gut dokumentieren, wie die einzelnen Arbeitsschritte für die Erstellung einer Wortgeschichte genau aussehen.

A. Bestandsaufnahme (1. Ausgangspunkt). Recherche im GWDS: Die aktuelle Wortbedeutung von *Ding* in der Standardsprache besteht aus zwei Hauptbedeutungen:

      1. ‚Gegenstand, Sache'
      2. ‚Vorgang, Ereignis'

Auf der Basis der Hauptbedeutungen, die etwas Unspezifisches benennen, hat sich dann noch die umgangssprachliche Bedeutung ‚Mädchen' (*junges Ding*) entwickelt.

A. Bestandsaufnahme (2. Geschichte). Recherche im Deutschen Wörterbuch – DWB und Kluge/Seebold (2002): Das Wort *Ding* ist zuerst im 8. Jahrhundert im althochdeutschen Abrogans schriftlich belegt. In dieser Handschrift sind lateinische Worteinträge mit deutschen Wörtern glossiert worden. Bei dem lateinischen Wort *conventus* (dt. ‚Versammlung') steht die deutsche Glosse *thinc*. Dieses Glossenwort ist der **Erstbeleg** zu *Ding*:

      Abb. 1 Originalbeleg im althochdeutschen Abrogans (8. Jh.)
      (Stiftsbibliothek St. Gallen; Cod. Sang. 911: 53)
      thinc: conuentu

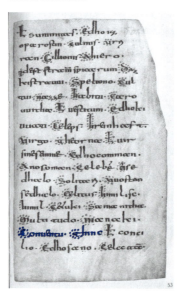

Die Ausgangsbedeutung ‚Versammlung/Gerichtsstätte' ist gegen Ende des 19. Jahrhunderts ausgestorben. Bis zu dieser Zeit gab es die beiden Hauptbedeutungsbereiche ‚Gericht' und ‚Gegenstand, Sache' mit diversen Unterbedeutungen. Die **Beleg-**

geschichte für *Ding* vom 8. Jahrhundert bis zur Gegenwart ist sehr umfangreich. Im DWB zeigt sich dies an der stark untergliederten Bedeutungsangabe.
Belege zu Gericht und davon abgeleitete Bedeutungen (Auswahl ²DWB)

Gerichtstag:	8. Jh. Ahd. Abrogans „**thinc**: conuentu"
Gericht (Ort):	14. Jh. „in'd **dink** gebracht"
Rechtssache, Straftat:	14. Jh. „swer angesprochen wird umb ein grosses **dinch**"
Beschluss, Vertrag:	15. Jh. „ich hab auch kain **ting** mit im gemacht"
Gerichtsverhandlung:	16. Jh. „drey echte **ding** der burggraff im jare helt"
Gericht (Institution):	16. Jh. „vor **ding** pflichtiget werden"

Belege zu Gegenstand und Sache (Auswahl ²DWB)

Sache, Angelegenheit:	12. Jh. „under den **dingen** bat er got"
Personen, Sachen (auch Tabus):	16. Jh. „ein engel vor dem bösen **ding** (‚Pest')"
Gegenstand, Materie:	17. Jh. „ich habe keine lust an den geschaffen **dingen**"

A. Bestandsaufnahme (3. Vergleich). Zusammenstellung von Wörtern derselben Lautform in verwandten Sprachen: Das Wort *Ding* lässt sich auf die germanische Form **þenga-* mit der Bedeutung ‚Übereinkommen, Versammlung, Thing' zurückführen (vgl. Kluge/Seebold 2002: 201). Es ist darüber hinaus belegt in den Sprachen:

Altnordisch	*þing*	→ Neuschwedisch	*ting*
Altenglisch	*þing*	→ Neuenglisch	*thing*
Altfranzösisch	*thing*		

Zusammenstellung von Wörtern desselben Inhalts (auch in verwandten Sprachen): Parallelen in der Bedeutungsentwicklung zeigen sich bei dem deutschen Wort *Sache* und dem französischen Wort *chose*:

Germanisch:	**sakō*	‚Gerichtssache'	→ Deutsch:	*Sache*	‚Gegenstand'
Lateinisch:	*causa*	‚Gerichtssache'	→ Französisch:	*chose*	‚Sache'

B. Auswertung (1. Bildungsbedeutung). Interpretation des Erstbelegs und der Frühbelege: Der Erstbeleg des Wortes *Ding* findet sich im Abrogans (8. Jh.). Er steht dem lateinischen Wort *conventus* ‚Versammlung' gegenüber. Da es sich bei dem Abrogans um ein Glossar handelt, gibt es für diesen Erstbeleg keine längere Textstelle, die bei der Interpretation helfen könnte. Auf der Basis des Erstbelegs lässt sich festhalten, dass *Ding* im Deutschen zunächst ganz allgemein eine Volksversammlung bezeichnete. Inwieweit auch eine Gerichtsversammlung gemeint sein konnte, lässt der Erstbeleg offen. Weitere frühe Belege (aus dem 9. Jh., Lex Salica) belegen dann die Bedeutung ‚Gerichtsversammlung, Gerichtsverhandlung'.

B. Auswertung (2. Sachuntersuchung). Erhebung von Sachinformationen: Auf der Grundlage der linguistischen Daten wird der dazugehörige kulturgeschichtliche

Hintergrund nachgeprüft. Auf diese Weise können sprachliche Annahmen quellengeschichtlich abgestützt werden.

Wie sieht nun die Sachgeschichte zu *Ding* **aus?** Ausgangspunkt bildet die Bildungsbedeutung ‚Versammlung'. Zur germanischen Zeit waren allgemeine Versammlungen von großer Bedeutung, da auf ihnen über alle wichtigen Angelegenheiten des Staates (über Kriege und Staatsverträge) entschieden wurde. Zu genau festgelegten Zeiten im Jahr fanden die Versammlungen an dem Thingplatz statt. Der sachgeschichtliche Hinweis auf die **festgelegten Zeiten** bildet einen Mosaikstein in der Klärung der Frage nach der Motivation der Bildungsbedeutung von *Ding*. Im Germanischen bedeutete **þengaz-* ‚festgesetzte Zeit, Zeit der Versammlung'. Der geschichtliche Hintergrund und das germanische Wort zeigen, wie entscheidend die zeitliche Festsetzung eines Versammlungstermins war. Es ist davon auszugehen, dass der Zeitaspekt Teil der Bildungsbedeutung wurde. Aus den allgemeinen Versammlungen entwickelten sich dann kleinere Versammlungen, die nur für die **Rechtsangelegenheiten** zuständig waren. Das indogermanische Wort **tenktjo-* ‚Rechtmäßigkeit' zeigt, dass auch das Rechtswesen Einfluss auf die Bildungsbedeutung genommen haben kann.

B. Auswertung (3. Erklärung). Herausarbeiten der Bedeutungsbeziehungen: Auf der Basis der zahlreichen Belege zu dem Wort *Ding* lässt sich nachvollziehen, wie neue Bedeutungen hinzugekommen und alte Bedeutungen aufgegeben werden. Die Bildungsbedeutung ‚Versammlung, Gericht' ist zuerst verschoben worden zu ‚Gerichtssache' (= **Bedeutungsverschiebung** von dem Ort (*Thing*) zu der Sache, die an diesem Ort verhandelt wird). Und von der neuen Bedeutung ‚Gerichtssache' ausgehend ist es dann zu einer **Bedeutungsverallgemeinerung** gekommen, indem *Ding* nur noch unspezifisch ‚Sache' bedeutet. Die Bedeutungen des Wortes *Ding* entwickeln sich dann von ‚Sache' zu ‚Gegenstand' und schließlich zu ‚Person' (vgl. auch Kap. 7.2).

Fig. 35 Bedeutungsentwicklung bei dem Wort *Ding*

9.2 Motive der Benennung

Wenn ein Sprecher etwas sprachlich erfassen möchte und deshalb eine neue Benennung vornimmt, dann richtet er sich nach dem für ihn zentralen und wichtigen Merkmal des zu Bezeichnenden. Dieses Merkmal ist dann das **Benennungsmotiv** eines Wortes. Zum Zeitpunkt der Wortentstehung ist das Benennungsmotiv durchsichtig. Je älter ein Wort ist, desto schwieriger wird es unter Umständen, das Benennungsmotiv nachträglich zu erschließen. Ist das Benennungsmotiv eines Wortes unbekannt, dann besteht nur noch die Möglichkeit, auf historische Quellen und Sachinformationen zurückzugreifen. Auf diese Weise kann das Motiv der Benennung nachträglich herausgefunden werden. Aber selbst die nötige Hintergrundinformation führt nicht immer zur Klärung des Benennungsmotivs. Der heutige Sprecher kann die Bedeutung wesentlicher Merkmale früherer Zeiten unterschätzen und folglich nicht in Betracht ziehen. Trotz dieser Einschränkungen ist es möglich, für einen Großteil der Wörter das Benennungsmotiv zu identifizieren und die dahinterstehenden Muster zu erkennen. **Es gibt grundlegende Muster der Benennungsmotive:**

1. **Motiv der Tätigkeit** (Frage: Wie funktioniert es?)

    Drehorgel ‚einer kleinen Orgel ähnliches Instrument'
    Tätigkeit: ‚Das **Drehen** an einer Orgel'

    Hackbrett ‚Saiteninstrument, das mit Klöppeln geschlagen wird'
    Tätigkeit: ‚Das „**Hacken**"/Schlagen auf dem Instrument'
    Ausgangsbedeutung: *Hackbrett* ‚Brett zum Hacken von Fleisch'

2. **Motiv des Verwendung** (Frage: Für was/wen ist es?)

    Bierglas ‚Glas, aus dem Bier getrunken wird'
    Verwendung: ‚Ein Glas **für** das Biertrinken'

    Löwenanteil ‚größter Anteil an etwas'
    Verwendung: ‚größter Anteil **für** eine Person/Gruppe'
    Ausgangsbedeutung: *Löwenanteil* ‚größter Anteil für den Löwen' [nach einer Äsop-Fabel]

3. **Motiv der Verursachung** (Frage: Wodurch passiert es?)

    Schusswunde ‚durch einen Schuss verursachte Wunde'
    Verursachung: ‚Wunde **durch** einen Schuss'

    Kniff ‚Kunstgriff (positiv durch Studentensprache)'
    Verursachung: ‚Einkneifen von Spielkarten'
    Ausgangsbedeutung: *Kniff* ‚Zinken von Spielkarten durch Einkneifen der Karten (negativer Trick)'

4. **Motiv der Ähnlichkeit** (Frage: Wem oder was ist es ähnlich?)

    Fledermaus eigentl. *Flattermaus* ‚kleines Säugetier mit Flughäuten'
    Ähnlichkeit: ‚Säugetier, das einer Maus ähnelt'

    Schwarte ugs. ‚dickes Buch'
    Ähnlichkeit: ‚Schweinsledereinband alter (dicker) Bücher'
    Ausgangsbedeutung: *Schwarte* ‚dicke Haut von einem Schwein'

5. **Motiv des Materials** (Frage: Aus was besteht es?)

    Strohhut   ‚strohgeflochtener Hut'
                      Material: ‚Hut **aus** Strohgeflecht'

    Cartoon   ‚gezeichnete Bildergeschichte'
                      Material: ‚Zeichnung **auf** Karton/Pappe'
                      Verschiebung: *Cartoon* ‚vom Material (Karton) zur Zeichnung darauf'

6. **Motiv der Form** (Frage: Welche Form hat es?)

    Bandnudel(n)   ‚Bandartige Nudel(n)'
                      Form: ‚Nudel **wie** ein Band geformt'

    Birne   ‚Glühbirne'
                      Form: ‚Leuchtmittel **wie** eine Birne geformt'
                      Vergleich: *Birne* ‚Leuchtmittel in Form einer Birne'

7. **Motiv des Ortes** (Frage: Wo befindet es sich?)

    Wandgemälde   ‚unmittelbar auf die Wand gemaltes Bild'
                      Ort: ‚Gemälde **auf** der Wand'

    Fundgrube   ‚Ort mit ergiebigen (Kauf-)Gelegenheiten'
                      Ort: ‚Grube, **in der** Erz gefunden wurde (Fund)'
                      Ausgangsbedeutung: *Fundgrube* ‚Grube mit ergiebigem Fund (Bergbau)'

8. **Motiv der Zeit** (Frage: Wann ist es relevant?)

    Wintergarten   ‚Raum mit Glasfenstern für Zimmerpflanzen'
                      Zeit: ‚Garten **für** die Winterszeit (kältere Zeit)'

    Sauregurkenzeit ‚Saisonbedingte Zeit, in der sich wenig ereignet'
                      Zeit: ‚Zeit **in der** saure Gurken angeboten werden'
                      Ausgangsbedeutung: *Sauregurkenzeit* ‚Spätsommer/Ferienzeit, wenn die Bauern frische saure Gurken anbieten'

Benennungsmotive, die noch nicht ermittelt werden konnten, stellen ganz besondere Herausforderungen dar. Das umgangssprachliche Verb *klotzen* (20. Jh.) ist ein gutes Beispiel dafür. Da die Herkunft dieses Verbs unklar ist, kann keine sachgeschichtliche Untersuchung vorgenommen werden. Einzig das parallele Verb *klotzen* aus der Studentensprache könnte weiterhelfen. Nun liegen aber die beiden Bedeutungen relativ weit auseinander, sodass nur auf dieser Grundlage und ohne Belege das Benennungsmotiv nicht sicher bestimmt werden kann.

Fig. 36 Sprachlich parallele Bildungen bei dem Verb *klotzen*

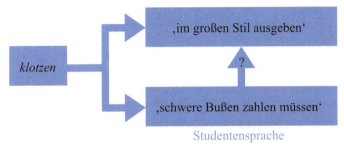

Zu dem Adjektiv *kunterbunt* (18. Jh.) gibt es keine sprachlich parallele Bildung und keinen sachgeschichtlichen Ansatzpunkt. Es bleibt nur, lautlich und semantisch passende Wörter in Beziehung zu *kunterbunt* zu setzen.

Aber die Brücke zu den Bedeutungen dieser „passenden" Wörter ist schwer zu schlagen und würde auch in diesem Fall ohne Belege rein spekulativ sein.

Fig. 37 Mögliche passende Wörter zu dem Adjektiv *kunterbunt*

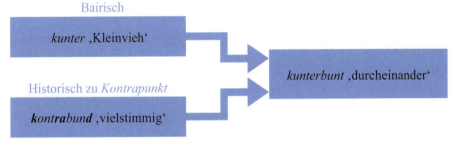

Benennungsmotive, die ermittelt werden konnten, haben als Grundlage ausreichend Sachinformationen. Ein Beispiel dafür ist das Wort *Rädelsführer* ‚Person, die eine Gruppe zu gesetzwidrigen Handlungen anstiftet'. Dieses Wort ist im 16. Jahrhundert gebildet worden und zu dieser Zeit belegt als *Rädleinsführer*. Die Wörter *Rädlein/Rädel* und *Führer* sind an sich durchsichtig, nur nicht die sich neu ergebende Gesamtbedeutung der Zusammensetzung. An dieser Stelle hilft die Sachinformation weiter, dass *Rädlein* zur damaligen Zeit die im Ring stehenden Soldaten bezeichnete. In den Unruhen der Reformation erhält *Rädlein* dann die neue Bedeutung ‚Zusammenrottung'. Und von dieser neuen Bedeutung ausgehend wird der Anführer einer Zusammenrottung dann zum Anstifter. Das **Benennungsmotiv** ist die **Aufstellung der Soldaten in Form eines Kreises (Rades)**. Es ist das **Motiv der Form.**

Das Wort **Spießrutenlaufen** ist ebenfalls nur mit kulturgeschichtlichem Hintergrund zu klären. Das Substantiv *Spießrute* bezeichnet eine Rute in Form eines Spießes (mit spitzem Ende) zur Bestrafung von Soldaten. Das Wort *Spießrutenlaufen* bezieht sich auf die damals (16. Jh.) übliche Praxis, straffällige Soldaten durch eine von

Mitsoldaten gebildete Gasse laufen zu lassen. Während der straffällige Soldat lief, stachen und schlugen ihn dann die anderen mit ihren Spießruten. Zum Zeitpunkt der Bildung war *Spießrutenlaufen* eine systematische und durchsichtige Bildung. Erst im Lauf der Jahrhunderte und mit dem Aussterben dieses Ritus wurde das Wort undurchsichtig. In der Gegenwartssprache wird *Spießrutenlaufen* nur noch in der übertragenen Bedeutung ‚an vielen Leuten vorbeigehen, die einen feindlich anstarren' verwendet. Das **Benennungsmotiv** ist die **Funktion der Demütigung und des Quälens, wenn man durch eine Gasse feindlich gesinnter Leute gehen muss.** Es ist das Motiv der Tätigkeit.

9.3 Volksetymologie oder sekundäre Motivation

Der Begriff **Volksetymologie** ist einer der umstrittensten Termini innerhalb der Sprachwissenschaft. Geprägt wurde er von **Ernst Förstemann** (1822–1906), der damit den Wunsch des Sprechers bezeichnet, die Wörter in ihrer Herkunft durchsichtig zu halten, auch ohne das nötige etymologische Hintergrundwissen. Diese „naiven" Sprecher aus dem Volk haben dann falsche etymologische Bezüge hergestellt. Der Begriff erfreute sich großer Beliebtheit und wurde dann auch in andere Sprachen entlehnt (z. B. engl. *folk etymology*).

Ein bekanntes Beispiel von Förstemann ist die volksetymologische Herleitung des Wortes *Maulwurf*: Es ist ein Tier, das mit dem Maul die Erde aufwirft. Diese Motivation ist so naheliegend, da beide Wörter im Neuhochdeutschen durchsichtig sind und in ihren Bedeutungen passend für die Tierbenennung zu sein scheinen. In Wahrheit aber ist die Etymologie von *Maulwurf* nicht so einfach. Die erste Konstituente *Maul* bedeutet in seinen Vorformen ‚Haufen, Erde' und nicht ‚Maul', also ist der Maulwurf der „Erdwerfer".

Mittlerweile ist die Bezeichnung *Volksetymologie* so etabliert, dass sie nach wie vor trotz heftiger inhaltlicher Kritik verwendet wird. Um sich aber von dem Begriff *Volksetymologie* distanzieren zu können, gibt es mehrere Alternativen. Eine erste Möglichkeit ist die Voranstellung eines relativierenden Adjektivs: *sogenannte Volksetymologie*. Eine zweite Möglichkeit sind die von Elmar Seebold verwendeten neutralen Begriffe **Nachdeutung** oder **Sekundärmotivation**. Und eine dritte Möglichkeit, der im Wort *Volksetymologie* liegenden Wertung zu entgehen, ist der von Gerhard Augst gebildete Ausdruck **synchronische etymologische Kompetenz**. Mit der Verwendung eines dieser Begriffe kann man eine bestimmte Position einnehmen.

Der Begriff *Volksetymologie* ist zu einer Art Sammelbegriff geworden. Vor allem seine Anschaulichkeit lässt ihn gerne verwenden. Heike Olschansky (2009) verwendet diesen Begriff für ihr „Kleines Lexikon der Volksetymologien", das auch außerhalb der Wissenschaft auf großes Interesse gestoßen ist.

Die Begriffe *Nachdeutung*, *Sekundärmotivation* oder *sekundäre Motivation* bezeichnen allein den Prozess der nachträglichen Motivation. Dieser Vorgang wird bewusst nicht als Etymologisierung bezeichnet.

Der Ausdruck *synchrone etymologische Kompetenz* gewichtet die Motivation auf Basis gegenwartssprachlicher (synchroner) Kenntnisse sehr stark und ordnet sie nicht der historisch fundierten Erklärung unter.

Wie müssen die Voraussetzungen eines Wortes aussehen, um von einem Sprecher sekundär motiviert zu werden?

1. Voraussetzung: Ähnlichkeit in der Lautung

Die **Wortform** kann das Produkt einer sekundären Motivation sein, wie bei *Hängematte*. Das Ausgangswort ist das karibische Wort *hamáka*, welches im Niederländischen zu *hangmak* verändert wird. Die lautliche Ähnlichkeit von *hang* mit *häng(en)* und *mak* mit *Matte* hat dann zu der Bildung *Hängematte* geführt. Auf diese Weise konnte dann die Bedeutung mit dem Wortkörper in Beziehung gesetzt werden.

Die **Wortbedeutung** kann ebenfalls auf eine sekundäre Motivation zurückgehen, wie bei dem *Tollpatsch* (vgl. Kluge/Seebold 2002: 919). Die ursprüngliche Bedeutung ‚ungarischer Fußsoldat' (ung. *talpas* ‚breitfüßig', da die Soldaten breite Schuhe trugen) ging verloren und durch die lautliche Ähnlichkeit von *Tol-* zu *Tölpel* und *-patsch* zu *patschen* kam es zu der neuen, sekundär motivierten Bedeutung ‚sehr ungeschickter Mensch'.

2. Voraussetzung: Isolierte Wörter und Wortbedeutungen

Ein **Wort** innerhalb einer Zusammensetzung kann **aussterben** und für den Sprecher somit unbekannt werden, wie bei *Sintflut*. Das erste Wort *sin-* in der Bedeutung ‚immer' war noch bis zum 13. Jahrhundert bekannt. Dementsprechend war *Sintflut* bis dahin noch durchsichtig und konnte aufgelöst werden zu ‚andauernde Flut'. Der eingefügte Übergangslaut *-t* erschwerte später die Erkennung der Wortgrenze. Die Sprecher haben dann das Wort *Sint-* sekundär motiviert zu *Sünde*, also der „Sündenflut" (einer Flut zur Strafe der sündigen Menschen).

Es kann aber auch nur die **Bedeutung eines Wortes aussterben**, wie bei *Wonnemonat*. Das Wort *Wonne* hat früher ‚Laubweide' bedeutet. Die Laubweide ist das frische Grün an den Bäumen. Demgemäß hat *Wonnemonat* ursprünglich ‚Monat mit frischem Grün an den Bäumen' bedeutet. Da diese Bedeutung in Vergessenheit geriet, haben die Sprechen die aktuelle Bedeutung von *Wonne* ‚Begehren, Lust' angeschlossen, sodass *Wonnemonat* als der Monat der Lust erklärt wird. Wenn nur die Bedeutung eines Wortes verloren geht, ist es besonders schwer, eine sekundäre Motivation zu erkennen.

3. Voraussetzung: Starke Bildlichkeit

Wörter mit einem starken Bild können schnell sekundär motiviert werden, auch wenn die ursprüngliche Motivation noch nachvollziehbar ist. Bei dem Wort *Feuertaufe* (vgl. Kluge/Seebold 2002: 290) wird der christliche Ursprung (Bibelstelle Mt

3,11 und Lk 3,16: Erteilung der übernatürlichen Gaben an die ersten Christen) ersetzt durch die sekundäre Motivation, dass ein Soldat seinen Einstand gibt, wenn er dem feindlichen Feuer ausgesetzt wird. Auf die sekundäre Motivation geht die aktuelle Bedeutung ‚Bewährungsprobe' zurück.

4. Voraussetzung: Fachsprachenbedeutung

Ist ein Wort durchsichtig und in seinem fachsprachlichen Kontext motivierbar, dann heißt das noch lange nicht, dass eine sekundäre Motivation ausgeschlossen ist. Das Adjektiv *mundtot* lässt sich innerhalb der Rechtssprache motivieren als „ohne Möglichkeit, sich mit dem Mund zu verteidigen", also in gewisser Weise „entmündigt sein". In der Allgemeinsprache wird dieses Wort dann umgedeutet zu ‚ohne Mund/Sprache' → ‚zum Schweigen bringen'.

5. Voraussetzung: Verdeutlichungen

Wörter, deren Bildung auf einer Verdeutlichung beruht, enthalten ein nicht mehr bekanntes Wort, das mit dem entsprechend aktuellen Wort verbunden wird, wie z. B. *windschief*. Das erste Wort *wind* geht auf die germanische Form **wenda* ‚schief, gewunden' zurück. In solchen Fällen kommt es schnell zu einer sekundären Motivation, da der Sprecher nicht davon ausgeht, dass keine spezifizierende Angabe vorliegt. Das eigentlich unbekannte Wort lässt sich häufig als semantisch gut passendes Wort identifizieren, wie hier als das Nomen *Wind* („durch starken Wind schief geworden" (wie bei Bäumen)).

6. Voraussetzung: Gestörte Entwicklungen

Wörter, deren Entwicklung nicht dem zum erwartenden Wandel entspricht, werden sekundär motiviert, wenn es semantisch möglich ist. Das Wort *Friedhof* zeigt diese gestörte Entwicklung, da es aufgrund der Lautentwicklung eigentlich *Freidhof* heißen müsste. *Fried-* geht auf *friden* ‚eingehegen (umzäunen)' zurück. Die sekundäre Verbindung zu *Friede* war dann so stark, dass der Lautwandel verhindert wurde.

9.4 Übungsaufgaben

1. Nach welchen Kriterien wir die Beleggeschichte eines Wortes erstellt?
2. Welche Rolle spielt die Sachinformation für ein Benennungsmotiv?
3. Welche Funktion haben sprachlich parallele Bildungen für das Benennungsmotiv?
4. Worin unterscheiden sich die Termini *Volksetymologie* und *sekundäre Motivation*?

10 Wortverbindungen als lexikalische Einheiten

10.1 Festigkeit der Wortverknüpfung

Damit eine Wortverbindung zu einer lexikalischen Einheit werden kann, ist die Festigkeit der aufeinanderfolgenden Wörter erforderlich. Diese Festigkeit ist auf der semantischen Ebene graduierbar.

Die **schwächste Form der Festigkeit** (**Stufe 1**) zeigt sich bei Wortverknüpfungen wie *Haare waschen*. Auf den ersten Blick scheint es eine freie Wortverbindung zu sein, die über keinerlei formale oder semantische Besonderheiten verfügt. Die Festigkeit dieser Verbindung liegt allein darin, dass immer das Verb *waschen* mit *Haare* verknüpft wird, obwohl es durchaus synonyme Alternativen wie *Haare reinigen, säubern* gäbe. Diese Festigkeit ist deshalb so schwach, weil der Austausch des Verbs denkbar ist. Es würde wohl ungewöhnlich sein, aber wäre dennoch verständlich.

Eine **stärkere Form der Festigkeit** (**Stufe 2**) entsteht bei Wortverknüpfungen, die aus Wörtern mit sowohl freier als auch gebundener Bedeutung bestehen, wie *blutiger Anfänger* ‚sehr unerfahrener Anfänger'. Das Nomen *Anfänger* trägt seine eigentliche Bedeutung und ist deshalb in seiner Bedeutung frei und das Adjektiv *blutig* hat innerhalb der Verbindung die neue gebundene Bedeutung ‚sehr unerfahren' erhalten. Die neue Bedeutung von *blutig* kann auch noch mit dem Nomen *Laie* realisiert werden. Der Austausch gegen ein Synonym ist möglich.

Die **stärkste Form der Festigkeit** (**Stufe 3**) gibt es bei Wortverknüpfungen mit Wörtern in gebundener Bedeutung, wie bei *dicke Luft* ‚gespannte Atmosphäre'. Beide Nomen können nicht durch ein Synonym ausgetauscht werden, ohne die Gesamtbedeutung zu verändern (**fette Luft*; **dicker Sauerstoff*).

Fig. 38 Abstufung der Festigkeit von Wortverknüpfungen

Stufe 1
(Austausch möglich)

frei   *frei*

Haare   waschen

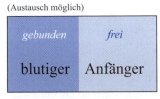

Stufe 2
(Austausch möglich)

gebunden   *frei*

blutiger   Anfänger

Stufe 3
(Austausch nicht möglich)

gebunden   *gebunden*

dicke   Luft

Die Festigkeit von Wortverbindungen beruht auf deren **Gebräuchlichkeit**. Damit eine Wortverbindung zu einer lexikalischen Einheit werden kann, müssen möglichst viele Sprecher diese Verbindung für den damit benannten Sachverhalt verwenden. Diese Wortverbindungen müssen so geläufig werden wie ein Wort. Bis es aber soweit ist, stehen meist mehrere Varianten zur Auswahl.

Wie komplex solch ein Auswahlprozess ablaufen kann, zeigen die **Benennungsschwierigkeiten für das erste Jahrzehnt des 21. Jahrhunderts**. Bis heute konnte sich noch keine einheitliche Benennung durchsetzen. Dafür gibt es aber eine Reihe von Vorschlägen. Die Diskussionen um die Benennung der ersten Dekade von 2000 verlaufen für das Deutsche und Englische in ähnlicher Weise. Die Jahrzehnte davor ließen sich ohne Schwierigkeiten benennen (z. B. die 80er-Jahre, die 90er-Jahre). Warum ist es nun so kompliziert, das erste Jahrzehnt zu benennen? Das Hauptproblem liegt darin, dass es für die erste Dekade keinen Zehnerwert gibt und somit eine adjektivische Ableitung des Typs *Zwan-ziger, Drei-ßiger, Vier-ziger* ausgeschlossen ist. Den Sprechern steht kein Muster für die Benennung zur Verfügung, weshalb sich eine bestimmte Wortverbindung bisher noch nicht durchsetzen konnte. Es gibt für das Deutsche und Englische eine Reihe von Benennungsvorschlägen.

Fig. 39 Wortverknüpfungen für das erste Jahrzehnt des 21. Jahrhunderts

Deutsche Benennungen	Englische Benennungen
2000er (Jahre), die Zweitausender	2000s, the Two-Thousands
00er (Jahre), die Nuller, die nuller Jahre, Nullerjahre	00s, the zeros, the naughties, the aughties, the Nulls
die Zwanzig-Nuller, die Zwanzighundertnullerjahre	the twenty zeros
	the twenty ohs, the double ohs
die erste Dekade, das erste Jahrzehnt	the first decade
die ersten Zehner	

Die Variante *die nuller Jahre/Nullerjahre* oder gekürzt *die Nuller* ist bisher am beliebtesten, da sie durch das Suffix *-er* dem **Benennungsmuster für die anderen Jahrzehnte sehr nahekommt**. Auch im Englischen liegt *the zeros* vorne in der Beliebtheit. Hier ergibt sich das zusätzliche Problem der vielen synonymen Bezeichnungen für die Null. Die anderen Vorschläge sind entweder zu kompliziert (*die Zwanzighundertnullerjahre*), zu lang (Umschreibungen wie *das erste Jahrzehnt*) oder zu unspezifisch (*die Zweitausender*).

Die lexikalische Festigkeit von Wortverknüpfungen steht in Relation mit den **paradigmatischen Bedeutungsbeziehungen** (Kombinierbarkeit auf der vertikalen Ebene). Die Beziehung der **Synonymie** (vgl. Kap. 8.2) fragt nach der Ähnlichkeit oder Gleichheit von Wortverknüpfungen. Es gibt eine Fülle synonymer **Phraseologismen** (lexikalisierter Wortverbindungen), vor allem für den Bereich menschlichen Verhaltens.

Fig. 40 Synonyme lexikalisierte Wortverknüpfungen

Phraseologismus: Menschliches Verhalten – ‚prahlen'
1. den Mund/das Maul voll nehmen, den Rachen weit aufreißen
2. sich mit fremden Federn schmücken
3. Schwalben schießen, Wind machen
4. große Bogen spucken, große Töne spucken
5. sich dicke tun, sich mit etwas dick machen, den dicken Wilhelm/Max markieren
6. auf den Pudding hauen, auf die Kacke hauen

Betrachtet man die synonymen Phraseologismen eines Bedeutungsbereichs, dann fällt auf, dass sie häufig von ganz unterschiedlicher Struktur sind (z. B. längere vs. kürzere Phrasen: 2 vs. 3). Auf die Semantik hat diese Unterschiedlichkeit keinen Einfluss, es ist vielmehr eine Frage der Stilschicht (z. B. umgangssprachlich: *auf die Kacke hauen* vs. gehoben: *Schwalben schießen*). Wenn es zu Unterschieden in der Semantik kommt, dann beruhen sie auf Spezifizierungen, wie bei *sich mit fremden Federn schmücken* ‚mit fremdem Gut prahlen': Die Bedeutungskomponente ‚mit fremdem Gut' präzisiert das Verb *prahlen*.

Die hohe Anzahl an Synonymen liegt in der **starken Bildlichkeit der Phrasen**. Es sind in gewisser Weise Varianten, die sich über eine lange Zeitspanne bewährt haben und dann in das Lexikon eingegangen sind. Für die Synonymität im Hinblick auf die Verwendung sind die unterschiedlichen Bilder nicht relevant. Hinter den unterschiedlichen Bildern steckt ein Perspektivenwechsel, der z. B. wie in dem vorliegenden Fall die Art und Weise des Prahlens beschreibt.

Womit wird geprahlt? Sache: Fremde Federn (2)
                      Fähigkeit: Bogen spucken (4), Schwalbe schießen (3),
                                  Wind machen (3)
Wie wird geprahlt?   Aussehen: Mundbereich groß machen (1), sich körperlich
                                  „aufplustern" (5)
Welche Konsequenzen hat das Prahlen?   Aussehen: alles ist verschmutzt (6)

Die Bedeutungsbeziehung der **Antonymie** (des Gegensatzes) (vgl. Kap. 6.3) zeigt sich bei den lexikalisierten Wortverknüpfungen, entweder wenn bei gleicher Struktur ein Wort ausgetauscht wird oder wenn nur die Bedeutungen in Opposition stehen.

Fig. 41 Antonyme lexikalisierte Wortverknüpfungen

Plus-Pol	Minus-Pol
volles Haus ‚ausverkaufte Theatervorführung'	**leeres** Haus ‚kaum besuchte Theatervorstellung'
himmlisches Dasein ‚traumhaftes Leben'	**höllisches** Dasein ‚extrem hartes Leben'
sich mit aller Macht **für** etwas einsetzen ‚eine Neuerung durchbringen'	sich mit aller Macht **gegen** etwas stemmen ‚eine Neuerung verhindern'
etwas durchfechten ‚etwas erfolgreich zu Ende bringen'	etwas an die Wand fahren ‚etwas mit Misserfolg zu Ende bringen'

In ihren Bedeutungen antonyme Phraseologismen (*etwas durchfechten* vs. *etwas an die Wand fahren*) gibt es in großer Zahl, was mit der hohen Synonymendichte in Verbindung steht. Dagegen sind die antonymen Relationen zwischen strukturgleichen Phraseologismen begrenzt und nicht beliebig erweiterbar. Der Austausch der Antonyme in diesen Verbindungen ist meist nicht möglich, da sonst die Festigkeit der Wortverknüpfung verloren gehen würde (*ein Fass ohne Boden* ‚Person/Sache, die immer wieder Geld benötigt' vs. *ein Fass mit Boden* → wörtliche Bedeutung).

Für einen Phraseologismus wie *ohne Gefühl sein* ‚hartherzig sein' gibt es wiederum keine gegensätzliche Wendung, da diesen Platz das Wort *Mitgefühl* einnimmt. Aber dafür gibt es Wortverknüpfungen, die in sich selbst antonym sind, wie *Himmel und Hölle in Bewegung setzen* ‚alles tun, um etwas zu erreichen', und *freie Feste* ‚freie Mitarbeiter, die vom Status her zwischen den festen und freien Mitarbeitern stehen'.

Auf der paradigmatischen Ebene können lexikalisierte Wortverbindungen schließlich zu **phraseologischen Reihen** werden. Die semantischen Beziehungen zeigen sich in diesem Fall in größeren Zusammenhängen. Für den Bedeutungsbereich ‚kritisieren' gibt es eine ganze Anzahl von Phraseologismen, die durch das Verb *sagen* zu Reihen werden:

etwas durch die Blume **sagen**, *jmd. etwas unverblümt* **sagen**, *jemandem das Latein* **sagen**, *jemandem die Meinung* **sagen**, *sich nichts* **sagen** *lassen, jemandem alle Schande* **sagen**, *jemandem tüchtig die Meinung* **sagen**.

10.2 Mögliche Lesarten

Die Bedeutung von lexikalisierten Wortverbindungen unterscheidet sich von regelmäßigen Wortverbindungen darin, dass sie nicht wörtlich ist. Eine **regelmäßige Wortverbindung** wie *blaues Fahrrad* trägt die wörtliche Bedeutung *blau* (Farbe) + *Fahrrad* (Gegenstand). Im Unterschied dazu ist die Bedeutung einer **lexikalisierten Wortverbindung** wie *blaues Wunder* übertragen. Weder das Adjektiv *blau* trägt seine

Farbbedeutung noch das Substantiv *Wunder* die Bedeutung ‚außergewöhnliches Ereignis'.

Fig. 42 Regelmäßige vs. lexikalisierte Wortverbindung (WV)

	Regelmäßige WV		Lexikalisierte WV	
	blaues	*Fahrrad*	*blaues*	*Wunder*
Wörtliche Bedeutung:	Blau	Fahrrad	Ø	Ø
Übertragene Bedeutung:	Ø	Ø	unangenehm	Überraschung

Um die Bedeutungsstruktur von festen lexikalisierten Wortverbindungen ausreichend genau erfassen zu können, ist der in der Textwissenschaft gebräuchliche Terminus **Lesart** übernommen worden. Lesarten sind **prinzipiell mögliche Bedeutungen einer Wortverbindung**. Diese Wortbedeutungen fallen in drei Festigkeitsstufen: 1. Stufe: freie (wörtliche) Bedeutung, 2. Stufe: teilweise feste (übertragene) Bedeutung und 3. Stufe: vollständig feste (übertragene) Bedeutung. Im Rahmen der Phraseologie hat **Harald Burger** eine Lesarten-Systematik aufgestellt und vier Typen erhalten. Die Einteilung der Wortverbindungen nach Lesarten sieht in Anlehnung daran folgendermaßen aus:

1. **Eine Lesart pro Wortverbindung**

    Festigkeit Stufe 1
    Haare waschen
    Lesart: ‚Haare waschen' [wörtliche Bedeutung]

    Festigkeit Stufe 2
    blutiger Anfänger
    Lesart: ‚sehr unerfahrener Anfänger' [teilweise übertragene Bedeutung
                           (*blutiger*)]

    Festigkeit Stufe 3
    dicke Luft
    Lesart: ‚gespannte Atmosphäre' [vollständig übertragene Bedeutung]

2. **Zwei Lesarten pro Wortverbindung**

    Festigkeit Stufe 1
    Gibt es nicht!

    Festigkeit Stufe 2
    großer Bahnhof
    [1]Lesart: ‚großer Bahnhof' [wörtliche Bedeutung]
    [2]Lesart: ‚großer Empfang' [teilweise übertragene Bedeutung (*Bahnhof*)]

Festigkeit Stufe 3
kalte Dusche
¹Lesart: ‚kalte Dusche' [wörtliche Bedeutung]
²Lesart: ‚Ernüchterung' [vollständig übertragene Bedeutung]

3. **Zwei gleichzeitig realisierte Lesarten pro Wortverbindung**

Festigkeit Stufe 1 und Stufe 2
Gibt es nicht!

Festigkeit Stufe 3
den Kopf schütteln
¹Lesart: ‚Kopf schütteln' [wörtliche Bedeutung]
²Lesart: ‚etwas ablehnen' [vollständig übertragene Bedeutung] +
¹Lesart in Form einer Gebärde

4. **Zwei Lesarten plus einer weiteren Lesart pro Wortverbindung**

Festigkeit Stufe 1 und Stufe 3
Gibt es nicht!

Festigkeit Stufe 2
die Katze im Sack (kaufen)
¹Lesart: ‚Katze im Sack' [wörtliche Bedeutung]
²Lesart: ‚Ungeprüftes' [vollständig übertragene Bedeutung]
Zwei Lesarten plus der **Lesart** von *kaufen* (wörtliche Bedeutung)

Das **Lesarten-Konzept** findet Anwendung in dem IDS-Projekt *Usuelle Wortverbindungen (UW)* (http://www.ids-mannheim.de/lexik/uwv/). Dort werden aktuell korpusbasiert die Lesarten einzelner Wortverbindungen bestimmt und wenn möglich detaillierte Angaben zur gegenseitigen Beeinflussung der Lesarten gegeben:

kapitaler Hirsch

Lesart(en)	‚prächtiges Wild'	Die Lesart ‚Mann' ist eine Metaphorisierung der Lesart ‚prächtiges Wild'.
	‚Mann'	

Bei der kontextgestützten Lesarten-Bestimmung können zuweilen neue Lesarten erhoben werden, die bisher nicht als eigenständige Bedeutung lexikographisch verzeichnet sind, wie bei *blinder Passagier*. Durch die Bedeutungserweiterung kommt die ²Lesart (‚unbeabsichtigt mitreisendes Tier') zu der ¹Lesart (‚illegal Mitreisender') hinzu. Ähnlich gelagert ist auch der Fall bei der Verbindung *sanfte Revolution*. Nur hier hat sich die neue komplexe ²Lesart (‚unbemerkte Veränderung') über einen längeren Zeitraum aus der ¹Lesart (‚friedlicher Umbruch') heraus entwickelt.

Gerade für usuelle Wortverbindungen, die als durchsichtig gelten, ist die Bestimmung der Lesarten innerhalb des UW-Projekts von großem Gewinn, da die Lesarten in dieser Weise bisher noch nicht ermittelt wurden. Ein Beispiel dafür ist die Verbindung *gesunde Härte* mit der gegliederten ¹Lesart ‚sportliche Härte' (teilweise wörtliche Bedeutung) und der ungegliederten ²Lesart ‚Durchsetzungskraft' (übertragene Bedeutung).

Die Verknüpfung verschiedener Lesarten einer Wortverbindung wird gerne vorgenommen, um **Humor** auszudrücken. Es wird mit dem Widerspruch zwischen wörtlicher und übertragener Lesart gespielt. Eine Wortverbindung des Typs *wie die Fliegen sterben* realisiert z. B. im Zusammenhang mit der Nennung anderer Lebewesen seine wörtliche Lesart (‚Fliegen sterben') und übertragene Lesart (‚reihenweise/haufenweise sterben') zur gleichen Zeit:

Bienen sterben wie die Fliegen – Imker und Bauern in Sorge
[Schlagzeile „Westfälische Rundschau" 10.1.2009]

Eigentlich sind semantisch beide Lesarten möglich. Die wörtliche Lesart wäre ‚Die Bienen sterben nach der Art der Fliegen, nämlich reihenweise' und die übertragene Lesart lautet ‚Die Bienen sterben reihenweise'. Das **Paradox** ergibt sich aus der Gegenüberstellung von Bienen und Fliegen.

10.3 Kollokationen und ihre Abgrenzung

Der Begriff **Kollokation** ist vielschichtig in seiner Verwendung. Ganz allgemein und korpuslinguistisch orientiert werden damit Wortverbindungen jeglicher Art bezeichnet (= Kollokation im weiteren Sinne wie z. B. *blaues Fahrrad*) (vgl. dazu Kap. 6.4). Im Rahmen der Phraseologie werden auf diese Weise Wortverbindungen mit schwacher semantischer Veränderung benannt (= **Kollokation im engeren Sinne** wie z. B. *Haare waschen*).

Eine spezielle Gruppe von Wortverbindungen mit Kollokationscharakter bilden die **pragmatischen Phraseologismen**. Dies sind Einheiten, die sich durch ihre Funktion definieren und deshalb auch als **Routineformeln** oder **kommunikative Formeln** bezeichnet werden. Das Besondere an diesen Formeln ist, dass ihre Semantik von der Äußerungssituation abhängt:

Begrüßungsformel:	*Guten Morgen!*
Abschiedsformel:	*Bis dann!, Dann gute Nacht!*
Höflichkeitsformel:	*Darf ich stören?*
Tischformel:	*Guten Appetit!*
Gesprächsformel:	*offen gesagt*
Kommentarformel:	*Dann gute Nacht!*
Versicherungsformel:	*Ich bin dabei!*

Bei einigen pragmatischen Phraseologismen kann es je nach der Äußerungssituation zu einer **Bedeutungsverengung** kommen, wie bei der Höflichkeitsformel *Darf ich stören?*. Im Unterschied zur freien Verwendbarkeit und damit zur unumschränkten Semantik dieser Formel besteht die Begrenzung auf eine bestimmte Situation. In diesem Fall bedeutet *stören* ‚jmd. bei seinen Handlungen unterbrechen'. Die Verwendung des Modalverbs *dürfen* ermöglicht es gleichzeitig, die Bedeutung des Verbs *stören* zu verändern und die Höflichkeit auszudrücken.

Einzelne Formeln können auch **unterschiedlich pragmatisch eingesetzt** werden und damit ihre Bedeutung verändern. Die Formel *Dann gute Nacht!* kann die Funktion eines Kommentars oder einer Verabschiedung übernehmen. Als Kommentarformel wird die übertragene Bedeutung aktiviert (etwas wird als verfrüht beendet erklärt und metaphorisch mit der Nacht verglichen, die den Tag beendet). Die Abschiedsformel bezieht sich auf die wörtliche Bedeutung, eine gute Nacht zu wünschen.

Zu den weiteren Gruppen an der Grenze der Kollokationen gehören die **phraseologischen Wortpaare** (auch *Zwillingsformeln* genannt). Wörter gleicher Wortart werden mit Konjunktionen oder Präpositionen verknüpft. Die Bedeutungen der Wörterpaare können weitestgehend gleich (synonym) oder entgegengesetzt (antonym) sein.

Synonyme Wortpaare
das Hegen und Pflegen ‚das zuverlässig Versorgen'
das Hab und Gut ‚der Besitz'

Antonyme Wortpaare
ein Kommen und Gehen ‚eine Betriebsamkeit'
das Für und Wider ‚das Argumentieren'

Die Wortpaare können darüber hinaus identisch (*Hand in Hand* ‚zusammen') oder teilweise demotiviert sein (*frank und frei* ‚direkt'). Das Besondere an den Wortpaaren ist die semantische Nähe und Verbundenheit. In gewisser Weise spielt auch hier die Pragmatik eine Rolle, da sich mit ihnen die Expressivität einer Äußerung erhöht.

Die **vergleichenden Phraseologismen** beruhen auf der semantischen Beziehung des Vergleichs. Ähnlich wie bei den phraseologischen Wortpaaren werden auch hier Wörter auf der Bedeutungsseite verstärkt. Die Metaphorik des Phraseologismus steht im Zentrum und wird durch den Vergleich direkt ausgedrückt. Die zunächst semantisch durchsichtigen Vergleichsbildungen sind zum großen Teil im Laufe der Zeit für Gegenwartssprecher undurchsichtig geworden, da ihm die nötigen Kenntnisse zum Verständnis der dahinterstehenden Bilder fehlen.

Durchsichtige Vergleichsbildung
dastehen wie ein begossener Pudel ‚beschämt sein'
wissen, wie der Hase läuft ‚Bescheid wissen'

Undurchsichtige Vergleichsbildung
frieren wie ein Schneider ‚sehr schnell frieren'
[Schneider wurden als „kränkliche Stubenhocker" gesehen]
dastehen wie ein Ölgötze ‚regungslos dastehen'
[das Wort Ölgötze ist unklar, vielleicht theologischer Bezug]

Auffällig ist, dass die Vergleichsbildungen nicht immer in sich semantisch stimmig sind. In solchen Fällen werden leblose Gegenstände zur näheren Bestimmung von Emotionen oder Eigenschaften gewählt, wie z. B. *dumm wie Bohnenstroh* ‚sehr dumm'.

Dieser Typ Vergleichsbildung steht an der Grenze zu den **Augmentativbildungen** (Verstärkung). In der Gegenwartssprache sind solche Bildungen sehr beliebt und daher reihenbildend, wie z. B. *dumm wie Brot* ‚sehr dumm' oder *sich freuen wie ein Schnitzel* ‚sich sehr freuen'.

Mit den Kollokationen eng in Verbindung stehen auch die **Funktionsverbgefüge** (FVG). Diese Wortverbindungen bestehen aus einem Nomen und einem Verb. Die Semantik des Nomens ist maßgeblich für die Gesamtbedeutung, während die Semantik des Verbs in den Hintergrund tritt. Das Verb wird zu einem **Funktionsverb**, das heißt, es trägt eigentlich nicht mehr seine lexikalische Bedeutung, sondern erfüllt die Funktion, die Aktionsarten zu differenzieren.

FVG	Bedeutung/Aktionsart
in Verruf kommen	‚in Frage gestellt werden' Vorgang
in Verruf geraten	‚in Frage gestellt werden (die Wehrlosigkeit wird stärker betont)' Vorgang
in Verruf bringen	‚in Frage stellen' Handlung

FVG	Bedeutung/Aktionsart
Lob zollen	‚Lob erweisen' [pathetisch] Handlung
Lob spenden	‚Lob austeilen' Handlung
Lob aussprechen	‚Lob direkt sagen' Handlung

Eine Sondergruppe neben den Kollokationen bilden die **modifizierten Phraseologismen**. Die Modifikationen stützen sich auf die in den Wortverbindungen steckenden semantischen Möglichkeiten zur Veränderung. Die semantischen Veränderungen können entweder mit oder ohne eine formale Umformung ablaufen. Das Ergebnis sind dann Okkasionalismen (vgl. Kap. 4.1). Wesentlich für das Verständnis der abgewandelten Wortverbindungen ist der **Kontext**, in dem sie gebraucht werden. Der Kontext gibt Aufschluss über die neue Bedeutung und spielt bewusst mit der **lexikalischen Ambiguität** (vgl. Kap. 6.1). Zum überwiegenden Teil wird die Modifikation durch die Doppeldeutigkeit der veränderten Phraseologismen erreicht.

Ein guter Phraseologismus, an dem sich die verschiedenen lexikalischen Modifikationsmöglichkeiten zeigen lassen, lautet *eine Fahrt ins Blaue* mit der Bedeutung 'ein Ausflug mit unbekanntem Ziel'. Dieser Ausdruck ist seit Anfang des 19. Jahrhunderts gebräuchlich. Ganz aktuell lassen sich diverse Modifikationen dieses Phraseologismus finden.

Wird die Bedeutung eines Phraseologismus in Kombination mit der Form abgewandelt, dann geschieht das meist durch **Substitution**. Dabei tauscht man ein Wort oder mehrere Wörter des Phraseologismus gegen neue Wörter aus.

Bei dem Phraseologismus *eine Fahrt ins Blaue* gibt es eine Reihe von Substitutionen für das Wort *Blaue*, wie die folgenden Phrasen belegen:

Eine Fahrt ins Ungewisse
Substitution: *Ungewisse*

Eine Fahrt ins Grüne
Substitution: *Grüne* ,Natur' ,PP-Präsentation in grüner Farbe'

Eine Fahrt ins Gelbe
Substitution: *Gelbe* ,blühende Rapsfelder'

Eine Fahrt ins Rote
Substitution: *Rote* ,Felder mit Mohnblüten'

Eine Fahrt ins Weiße
Substitution: *Weiße* ,Schneelandschaften'

Eine Fahrt ins Schwarze
Substitution: *Schwarze* ,Tropfsteinhöhle, schlechte Sicht: Unwetter, Nachtblindheit'

Abb. 2 Werbetafel aus Traunstein (Foto: Mario Klingemann)

Für diese Phrasen gilt, dass der Ausgangsphraseologismus *eine Fahrt ins Blaue* die Folie bildet, vor deren Hintergrund die Substitutionen vorgenommen werden. Ein Großteil der Modifikationen trägt immer noch einen Teil der übertragenen Ausgangsbedeutung, und zwar die **Bedeutungskomponente ,Ausflug'**: Ausflug in die Natur (Grün), zu den Rapsfeldern (Gelb) und Mohnblütenfeldern (Rot), in den Schnee (Weiß) und zu einer Tropfsteinhöhle (Schwarz). Dann gibt es eine Modifikation, die sich auf die Farbqualität bezieht und somit nur die Phrasenstruktur übernimmt: PP-Präsentation mit sehr viel grüner Farbe (*eine Fahrt ins Grüne*). Die **Bedeutungskomponente ,unbekannt'** zeigt sich in den Modifikationsbildungen, die kein Farbadjektiv (*eine Fahrt ins Ungewisse*) und eine übertragene Bedeutung (*eine Fahrt ins Schwarze* ,Blindheit durch schlechte Sicht') enthalten. Bei der Wortverbindung *eine Fahrt ins Schwarze* werden zwei Bedeutungen, die Ausgangsbedeutung ,Ausflug zur Tropfsteinhöhle' und die übertragene Bedeutung ,Blindheit durch schlechte Sicht' aktiviert.

Ein Ausgangsphraseologismus kann aber auch nur **semantisch und nicht formal modifiziert** werden. Der Chemiker Rudolf Criegee (1902–1975) hat seiner Abschiedsvorlesung den Titel *Forschen: eine Fahrt ins Blaue* gegeben, um damit die Unplanbarkeit eines Forscherlebens zu benennen.

10.4 Übungsaufgaben

1. Auf welcher Stufe der Festigkeit steht die Wortverknüpfung *Zähne putzen*? Geben Sie eine kurze Begründung!

2. Wie funktioniert das Zusammenspiel von wörtlicher und übertragener Bedeutung bei lexikalisierten Wortverbindungen?

3. Geben Sie eine linguistische Definition des Terminus *Lesart*!

4. Welche semantischen Charakteristika weisen phraseologische Wortpaare auf?

11 Lexik nationaler Varietäten

11.1 Austriazismen und Variation

Die deutsche Standardsprache ist eine Ausgleichssprache, die keiner einzelnen Region zuzuordnen ist. Die Abweichungen vom Standard werden als **Variation** eingestuft. Das österreichische Deutsch ist durch seine eigenständigen Entwicklungen zu einer nationalen Varietät geworden. Um die Eigenarten, vor allem auf lexikalischer Ebene, griffig benennen zu können, hat man den Terminus **Austriazismus** geprägt. Seine Verwendung ist nicht ganz unproblematisch, da teilweise im außersprachlichen Kontext damit Wertungen verbunden wurden. Bis jetzt ist aber im Bereich der Linguistik kein allgemein akzeptierter Ersatzbegriff gefunden worden.

Die **lexikalischen Austriazismen** (auch: *Wortaustriazismen*) sind für den Laien am einfachsten zu erkennen und deshalb auch häufig in Form von reinen Wortlisten z.B. in Reiseführern zu finden. Eine genaue Beschreibung der Wortsemantik sucht man dort vergebens. Die Wortvariationen im Österreichischen lassen sich zunächst einmal gut nach ihren **formalen und semantischen Verschiedenheiten** im Vergleich zum Standarddeutschen gruppieren.

Fig. 43 Austriazismen (Formseite): Teilweise verschiedene Lexeme

Austriazismus	Standardwort	Semantik
Klassen*vorstand*	Klassen*lehrer*	‚eine Schulklasse organisatorisch leitender Lehrer'
*Präsens*liste	*Anwesenheits*liste	‚Liste der Anwesenheit von Personen'

Fig. 44 Austriazismen (Formseite): Vollständig verschiedene Lexeme

Austriazismus	Standardwort	Semantik
amtsbekannt	aktenkundig	‚in Akten mit Auffälligkeiten vermerkt sein'
Unterrichtspraktikant	Referendar	‚Lehramtsanwärter nach der ersten Staatsprüfung'

Austriazismen, die sich vor allem bei den Zusammensetzungen in der Wahl der Lexeme unterscheiden, zeigen, welche **andere Perspektive bei der Benennung** ein und derselben Sache eingenommen werden kann. Die Motivation der Benennung *amtsbekannt* liegt darin, auszudrücken, wo (bei welcher Institution) jemand bekannt ist und nicht wo (an welcher Stelle) die bekannten Auffälligkeiten einer Person verzeichnet sind (*aktenkundig*). Die Wahl der Lexeme im Österreichischen kann darüber hinaus eine **Spezifikation** ausdrücken: Die Wörter *Klassenvorstand* und *Unterrichtspraktikant* geben die genaue Funktion (*-vorstand*) und Ort (*Unterricht-*) an. Abweichungen werden auch in der **Fremdwortverwendung** sichtbar: Statt z. B. einer Zusammensetzung mit zwei deutschen Lexemen (*Anwesenheitsliste*), gibt es im Österreichischen das Pendant dazu mit einem Fremdwort (*Präsensliste*).

Gleiche Wörter in **formaler Übereinstimmung mit unterschiedlicher Semantik** müssen nicht, können aber in der Kommunikation zu Missverständnissen führen, da der Sprecher eine ihm unbekannte andere Bedeutung nicht erwartet.

Fig. 45 Austriazismen (Inhaltsseite): Gleiche Lexeme (ohne Missverständnisse)

Austriazismus/Standard	Semantik Austriazismus	Semantik Standard
Vorrang	‚Vorfahrt auf der Straße'	‚wichtigerer Stellenwert als jmd./etwas anderes'
Putzerei	‚chemische Reinigung'	‚abwertend: das Putzen (als lästig empfunden)'

Fig. 46 Austriazismen (Inhaltsseite): Gleiche Lexeme (mit Missverständnissen)

Austriazismus/Standard	Semantik Austriazismus	Semantik Standard
Zins	‚Miete für eine Immobilie'	‚Betrag von der Bank für Spareinlagen'
Sessel	‚Stuhl'	‚Sessel: weichgepolstertes Sitzmöbel'

Ob es zu einem **Missverständnis** bei gleichen Lexemen mit unterschiedlicher Bedeutung kommen kann, hängt eigentlich von dem **Kontext** ab, in dem sie verwendet werden. Schwierig wird es, wenn die Bedeutungen zu nah beieinander sind, weil die Semantik im **gleichen Sachbereich** liegt (*Zins* im Bereich Geld; *Sessel* im Bereich Sitzmöbel).

Gleiche Lexeme mit unterschiedlicher Bedeutung, die bei den österreichischen und deutschen Sprechern nicht zu Missverständnissen führen, haben zum einen eine **allgemeinere Semantik** (*Vorrang*) die sofort verständlich ist, und zum anderen einen eindeutigen **Vorkommens-Kontext** (*Putzerei*: Tätigkeit vs. Örtlichkeit), der das Wort in fremder Bedeutung sofort unverständlich werden lässt. Denkbare Kontexte für Standardwörter und formal gleiche Austriazismen mit unterschiedlicher Semantik wären:

Keine Missverständnisse:
Im Straßenverkehr hat der Bus Vorrang.
Wo kann ich eine Putzerei finden?

Mögliche Missverständnisse:
Seit letztem Monat wird mir wieder der normale Zins berechnet.
[Lesarten ‚Mietzins' und ‚Bankzins' realisierbar]
An der Wand stehen vier Sessel.
[Lesarten ‚Stuhl' und ‚Sessel' realisierbar]

Die Austriazismen unterteilt der Soziolinguist **Ulrich Ammon** in zwei Gruppen: Erstens die **spezifischen Austriazismen** (nur in Österreich: *Klassenvorstand, Präsensliste, amtsbekannt, Unterrichtspraktikant, Putzerei, Sessel*) und zweitens die **unspezifischen Austriazismen** (auch in Deutschland [*Vorrang* bei Bahnen] und der Schweiz [*Zins*]). Beide Austriazismus-Gruppen bilden die Basis für die Ansetzung des **österreichischen Deutsch**, das sich vom Standarddeutschen abgrenzt. Wie groß die Bedeutung der Lexik sprachpolitisch ist, zeigen die hart erkämpften 23 Wörter der EU-Wörterliste aus dem Jahr 1994. Diese Wörter wurden als offizielle Ausdrücke im Rahmen der Europäischen Union anerkannt.

Fig. 47 EU-Austriazismen (Protokoll Nr. 10 von 1994)

1. Beiried
   D: Roastbeef
2. Eierschwammerl
   D: Pfifferlinge
3. Erdäpfel
   D: Kartoffeln
4. Faschiertes
   D: Hackfleisch
5. Fisolen
   D: Grüne Bohnen
6. Grammeln
   D: Grieben
7. Hüferl
   D: Hüfte
8. Karfiol
   D: Blumenkohl
9. Kohlsprossen
   D: Rosenkohl
10. Kren
    D: Meerrettich
11. Lungenbraten
    D: Filet
12. Marillen
    D: Aprikosen
13. Melanzani
    D: Aubergine
14. Nuss
    D: Kugel
15. Obers
    D: Sahne
16. Paradeiser
    D: Tomaten
17. Powidl
    D: Pflaumenmus
18. Ribisel
    D: Johannibeere
19. Rostbraten
    D: Hochrippe
20. Schlögel
    D: Keule
21. Topfen
    D: Quark
22. Vogerlsalat
    D: Feldsalat
23. Weichseln
    D: Sauerkirschen

Die EU-Austriazismen-Liste ist aufgrund ihrer Heterogenität nicht unkritisiert geblieben. Vor allem die Aufnahme unspezifischer Austriazismen wurde scharf kritisiert. Dies zeigt deutlich die Schwierigkeit der sprachlichen **Abgrenzung** vom bairischen (Nr. 6, 15, 21) oder allgemein süddeutschen Sprachraum (Nr. 3, 10, 20, 23). Ein weiteres Problem bereiten die in Österreich **regional begrenzten Wörter** (Nr. 4, 16, 18). Bei näherer Betrachtung der EU- Wortliste wird deutlich, dass Staats- und Sprachgrenzen unterschiedlich verlaufen und eine strenge Trennung der Sprachausprägungen nur schwerlich möglich ist. In diesem Zusammenhang gibt es auch die Diskussion, inwieweit es hilfreich ist den Begriff **Teutonismus** (Wörter, die weder im Österreich noch der Schweiz vorkommen; vgl. dazu Kap. 11.3) ins Spiel zu bringen.

Eine umfassende Trennung zwischen Standard, nationaler Varietät und Mundart im Wortschatz des Deutschen ist auf lexikographischer Ebene erstmals im Rahmen des Großprojekts **Variantenwörterbuch des Deutschen** (VWD) an den Universitäten Duisburg-Essen, Innsbruck und Basel vorgenommen worden. Das 2004 erschienene VWD enthält detaillierte Informationen zu ungefähr 50 000 national und regional geprägten Wörtern. Das Vorkommen dieser Wörter ist dort geographisch verzeichnet. Die Austriazismen können nun mithilfe des VWD zuverlässig ermittelt werden, wie z.B. *Vogerlsalat* (Nr. 22 EU-Liste):

Vorkommen Österreich, in Südtirol die Variante *Vogelesalat*, Österreich-West/Südost *Rapunzel*; demgegenüber *Nüssler, Nüsslisalat* Schweiz; *Feldsalat* Deutschland, *Ackersalat* Deutschland-Südwest.

Neben den „etablierten" Austriazismen gibt es dann noch die neuen **Wortbildungs-Austriazismen**. Dieser Typ Austriazismus findet sich z.B. in der 1999 eingeführten Kategorie *Das österreichische Wort (ÖWJ)/Unwort des Jahres (ÖUWJ)*. Auslöser für die Etablierung der ÖWJ/ÖUWJ-Wahl ist die Themengebundenheit dieser Art von Neologismen. Im Unterschied zu Wörtern wie *Klassenvorstand* oder *Putzerei* drücken diese Neubildungen nicht mehr nur eine andere Perspektive der Benennung aus, sondern ein anderes soziales, kulturelles und politisches Leben.

ÖWJ 2008
Lebensmensch: gebildet von Thomas Bernhard ‚wichtigster Mensch meines Lebens' (2008 ambivalente Bedeutung durch politische Ereignisse).

ÖUWJ 2009
Analogkäse: ‚Etikettenschwindel'; nur analog nachgebildeter Käse, der mit Käse nichts zu tun hat.

11.2 Helvetismen und Variation

Die Schweizer Ausprägung der deutschen Sprache, auch **Schweizerdeutsch** genannt, wird vor allem mündlich verwendet. Anders als das österreichische Deutsch hat das Schweizerdeutsch den Status einer Mundart, da das Standarddeutsche keinen großen Einfluss auf sie ausgeübt hat. Eine nationale Varietät Schweizer Prägung ist das **Schweizer Hochdeutsch**. Dieser Varietät gegenüber haben die Schweizer aber eine **ambivalente Einstellung**, da sie in der Schriftsprache das Standarddeutsche und in der gesprochenen Sprache das mundartliche Schweizerdeutsch verwenden. Das Schweizer Hochdeutsch steht zwischen beiden Sprachausprägungen und wird teilweise sogar als negativ bewertet. Auch wenn die Wörter des Schweizer Hochdeutschen als gleichwertig mit dem Standarddeutschen anerkannt sind, so ist die Akzeptanz dieser Wörter unter den Schweizern nicht sehr hoch und sie werden als „schlechtes" Standarddeutsch eingestuft.

Analog zu dem Begriff *Austriazismus* gibt es für die Besonderheiten des Schweizer Hochdeutsch den Terminus **Helvetismus**. Vom Standarddeutschen lassen sich die Helvetismen auf formaler und semantischer Ebene abgrenzen.

Fig. 48 Helvetismen (Formseite): Teilweise verschiedene Lexeme

Helvetismus	Standardwort	Semantik
Zeitungs*verträger*	Zeitungs*austräger*	‚Person, die die Zeitungen austrägt'
*Advokatur*büro	*Anwalts*büro	‚Geschäftsräume eines Anwalts'

Fig. 49 Helvetismen (Formseite): Vollständig verschiedene Lexeme

Helvetismus	Standardwort	Semantik
Legitimationskarte	Studentenausweis	‚Hochschulausweis für Studierende'
Attikawohnung	Penthouse	‚oberste exklusive Wohnung in einem Mehrfamilienhaus'

Die formalen Besonderheiten der Helvetismen auf der Ebene der Lexik zeigen sich in der Wahl entlehnter Lexeme. **Französisch als Kontaktsprache** ist in diesem Fall von großer Bedeutung, wie die oben angeführten Beispiele belegen. Bei zwei der genannten Zusammensetzungen gibt es für die entlehnte Konstituente jeweils das französische Pendant: *Legitimations*-Karte (frz. *carte de légitimation*) und *Attika*-Wohnung (frz. *appartement en attique*). Das **Lateinische als Spendersprache** ist eine weitere wichtige Quelle der Wortschatzgewinnung: *Advokatur*-Büro (lat. *advocatus*).

Daneben finden sich noch Wörter, die **im Standarddeutschen schon veraltet** und nicht mehr im Gebrauch sind, wie *Advokateur* ‚Anwalt' (die französische Entsprechung *advocateur* ist ebenfalls obsolet). Das Wort *Verträger* in der Komposition *Zeitungsverträger* deutet auf eine alte Wortbildung hin, die als Helvetismus fortbesteht.

Lexeme, die von der Wortform her gleich sind und sich nur in der Semantik unterschieden und somit zu **Missverständnissen** führen können, sind in dem Schweizer Hochdeutsch ebenso wie im österreichischen Deutsch anzutreffen.

Fig. 50 Helvetismen (Inhaltsseite): Gleiche Lexeme (ohne Missverständnisse)

Helvetismus/Standard	Semantik Helvetismus	Semantik Standard
Vortritt	‚Vorfahrt auf der Straße'	‚aus Höflichkeit gewährte Gelegenheit vorauszugehen'
Anzug	‚Bettwäsche'	‚aus Hose und Jacke bestehendes Kleidungsstück'

Fig. 51 Helvetismen (Inhaltsseite): Gleiche Lexeme (mit Missverständnissen)

Helvetismus/Standard	Semantik Helvetismus	Semantik Standard
Estrich	‚Dachboden, Dachraum'	‚fugenloser Unterboden aus Zement'
wischen	‚fegen'	‚mit einem Tuch den Fußboden säubern'

Wörter, die sowohl ein Helvetismus also auch standardsprachlich sein können, tragen immer das Potential zu Missverständnissen in sich. Der Kontext ist letztendlich ausschlaggebend für die Wahl der Bedeutung. Besonders „gefährdet" sind Wörter mit sehr naheliegenden Bedeutungen, wie bei *wischen*. Hier ist eine klare Trennung der Bedeutungen nur in Ausnahmefällen möglich, und zwar bei materialbedingtem Ausschluss. Z. B. ist es nicht möglich, dass die Straßenreinigung die Straßen mit einem Tuch säubert. Demnach kann es dann nur ‚fegen' bedeuten. Auch feste Wortverbindungen dienen der Eindeutigkeit: *Verbrechen nicht unter den Tisch* wischen (Schweiz) vs. *Verbrechen nicht unter den Tisch* kehren. Das Wort *Estrich* ist ein Beweis dafür, dass eigentlich bedeutungsferne Wörter sehr wohl zu Missverständnissen führen können. Die Bedeutungen ‚Unterboden aus Zement' und ‚Dachboden' gehören im weiteren Sinne demselben Sachbereich (Haus) an und so kann es immer wieder zu Verwechselungen kommen.

Bei dem Wort *Vortritt* im Zusammenhang mit dem Straßenverkehr ist ein Missverständnis genauso ausgeschlossen wie bei *Vorgang* (Austriazismus). Für dieselbe

Sache gibt es drei unterschiedliche Benennungen, die aber alle eine allgemeine Semantik tragen. Nur die Präposition *vor* ist jeweils gleich: *Vorfahrt, Vorgang, Vortritt*. Das Wort *Anzug* wäre gewissermaßen auch ein Kandidat für Missverständnisse (Nähe der Sachbereiche), doch es ist in der Auftretensweise beschränkt. Meistens wird es in Verbindung mit dem Wort *Bettwäsche* verwendet oder als Teil einer Zusammensetzung, wie bei *Kissenanzug* ‚Kopfkissenbezug'.

Denkbare Kontexte für formal gleiche Helvetismen und Standardwörter mit unterschiedlicher Semantik wären:

Keine Missverständnisse:
Im Straßenverkehr hat der Bus Vortritt.
Zu diesem Anzug *passt das Fixleintuch hervorragend!*

Mögliche Missverständnisse:
Bleibt der Estrich *unbenutzt, dann braucht er nicht beheizt zu werden.*
[Lesarten ‚Dachboden' und ‚Unterboden aus Zement' realisierbar]
Heute muss er noch wischen.
[Lesarten ‚fegen' und ‚Boden mit Tuch reinigen' realisierbar]

Die **Grenzziehung bei den Wort-Helvetismen** ist keine leichte Aufgabe. Als Ausgangspunkt für die Gewinnung von Helvetismen gelten entlehnte, vor allem französische Wörter und archaisierte Wörter. An der Scheidelinie stehen die **in der Schweiz regional begrenzten Helvetismen** (in der West-/Nord-Schweiz, z.B. *Täfeli* ‚Süßigkeit zum Lutschen') und die **auf den südlichen Sprachraum ausgedehnten Helvetismen** (Schweiz, Österreich und Süddeutschland, z.B. *Staubzucker* ‚Puderzucker'). Und schließlich gibt es Wörter, bei denen nur schwer entscheidbar ist, ob sie der Varietät des Schweizer Hochdeutschen zugerechnet werden können.

Diese Wörter hat der Linguist **Walter Haas** als **Frequenzhelvetismen** bezeichnet. Es sind Wörter, die zwar gesamtdeutsch sind, aber in der Schweiz **besonders häufig verwendet** werden. Solche Helvetismen kann man durch eine korpuslinguistische Untersuchung ermitteln. Die Erforschung dieses vielversprechenden Typs steht noch am Beginn. Für die genauere Untersuchung und Klassifizierung dieses wie auch der anderen Helvetismen-Typen dient das *Variantenwörterbuch des Deutschen* 2004 (vgl. dazu Kap. 11.1). Neben **der reinen Frequenzerfassung der verwendeten Wörter** geht es auch um die Erhebung der **Frequenz kontextgebundener Bedeutungen** im Schweizer Hochdeutschen.

Fig. 52 Reine Frequenzhelvetismen

Ein reiner Frequenzhelvetismus wie *Entscheid* mit der Bedeutung ‚Entscheidung' liegt vor, wenn ein solches Wort in Deutschland und Österreich sehr viel seltener verwendet wird. Im Standarddeutschen ist *Entscheid* eher fachsprachlich gebunden, zu sehen an den Phrasen *richterlicher/amtlicher Entscheid* und den Zusammensetzungen *Asylentscheid, Bürgerentscheid, Gerichtsentscheid*. Dass in der Schweiz *Entscheid* allgemeingebräuchlich ist, belegen zusätzlich die im Standarddeutschen unbekannten reihenbildenden Komposita wie *Fehlentscheid, Personalentscheid, Sachentscheid, Standortentscheid*. Ist die **Semantik eines Helvetismus begrenzt**, gibt es also diese Bedeutung eines sonst geläufigen Wortes in der Standardsprache nicht, dann beruht die hohe Frequenz auf der Kontextgebundenheit: z. B. *Barbara tönte plötzlich eine Spur weniger begeistert* (Beleg: Variantenwörterbuch 2004: 793).

Fig. 53 Frequenzhelvetismen mit kontextgebundener Bedeutung

11.3 Regionalismen und Variation

Die **diatopischen** Variationen (= räumlich gebunden) auf deutschem Sprachgebiet gehören generell einem **Mundartkontinuum** an, das sich aus vielen kleinen benachbarten Mundarten zusammensetzt. Die dort verwendeten dialektalen Wörter sind in ihrer Verbreitung territorial stark begrenzt und dürfen nicht mit den regionalen Wörtern der Hochsprache gleichgesetzt werden. Regionale Wörter sind wohl in einer bestimmten Gegend beheimatet, gehen aber in ihrer allgemeinen Bekanntheit weit über die **Dialektismen** (dialektale Wörter) hinaus. Regionale Wörter, die innerhalb der Hochsprache verwendet werden, tragen den Begriff **Regionalismus**. Im Unterschied dazu werden die aus der Perspektive nationaler Varietäten nur in der Standardsprache in Deutschland vorkommenden Wörter als **Teutonismus** bezeichnet (vgl. Kap. 11.1), wie z. B. *Mülleimer* vs. *Mistkübel* (Austriazismus) und *Kehrichtkübel* (Helvetismus).

Die **Regionalismen** lassen sich im Verhältnis zu möglichen standardsprachlichen alternativen Wörtern in **drei Typen** klassifizieren:

Typ 1: Regionalismus aus Mangel an hochsprachlicher Alternative

Gibt es für eine Sache kein einheitliches überregionales Wort, dann stehen entweder ein regionales Wort oder mehrere Alternativwörter (vgl. Synonymie Kap. 8.2) zur Wahl.

Samstag (süddt.) vs. Sonnabend (norddt.): Die süddt. Variante *Samstag* wird immer mehr in Nord- und Mitteldeutschland verwendet und hat gute Chancen, sich gegen die norddt. Variante (zu lautähnlich mit *Sonntag*) durchzusetzen.

knuddeln (norddt.) ‚gleichzeitig umarmen, drücken und küssen': Es besteht ein Mangel an einem gut passenden Alternativwort. Diese Tatsache ist günstig für *knuddeln*, als regional markiertes Wort allgemein immer mehr gebräuchlich zu werden. Vor allem in der Jugendsprache und in den sozialen Netzwerken ist *knuddeln* ein beliebtes Wort (neue Phrasen wie *zurückknuddeln, reknuddel, Knuddelalarm* sind ein Beleg dafür). Möglicherweise hat der Gebrauch des englischen Äquivalents *canoodle* ‚knutschen, schmusen' in Chat-Foren zur weiteren überregionalen Verbreitung von *knuddeln* beigetragen.

Typ 2: Regionalismus für regional begrenzte Dinge/Gegebenheiten

Sind gewisse Gegenstände oder Gegebenheiten auf eine bestimmte Region in Deutschland beschränkt, dann bleiben auch die dementsprechenden Benennungen regional und erhalten kein hochsprachliches Wort.

Alm (süddt.) ‚im Sommer als Weide dienende Wiese (Gebirge)': Da eine Weide in den Bergen auch nur dort vorkommen kann, ist für diese **Gegebenheit** kein regional alternatives Wort gebildet worden. Darüber hinaus ist diese Benennung sehr passend, da sie schon den Namen der Örtlichkeit in sich trägt (von *Alpen* über *Alp(e)* assimiliert zu *Alm*). Im Österreichischen und Schweizerischen wird noch das ältere Wort *Alp* für die Bergweide verwendet.

Dirndl (süddt.) ‚typisches Trachtenkleid in Bayern/Österreich': Das Wort *Dirndl*, eine Kürzung aus *Dirndlkleid*, ist durch Bedeutungsverschiebung (vgl. Kap. 7.3) zu der Benennung für einen **Gegenstand** geworden. Die Verschiebung hat von der Person (*Dirndl* ‚Mädchen'), die das Kleid trägt, zu dem Kleid selbst stattgefunden. Das dazugehörige hochsprachliche Wort *Dirne* ist dann im Laufe der Zeit zu einem Euphemismus (vgl. Kap. 8.1) geworden. Die darauf basierende bayerische Diminutivbildung *Dirndl* blieb aber frei von der Bedeutungsveränderung und konnte so weiterhin ein regionales Kleidungsstück benennen.

Hallig (norddt.) ‚bei Sturmflut überflutete kleinere Insel': Das Wort *Hallig* ist vergleichbar mit dem Regionalismus *Alm*. Bei der Hallig liegt eine speziell norddeutsche **Gegebenheit** vor, die deshalb keine alternative hochdeutsche Benennung braucht. Das Wort *Hallig* ist in der Gegenwartssprache nicht so verbreitet wie das Wort *Alm* (auch in Wörtern wie *Almkäse, Almjoghurt*). Das Wort *Hallig* ist aber nicht nur ein Regionalismus, sondern auch ein **Teutonismus**, da es im österreichischen und Schweizer Wortschatz unbekannt ist.

Typ 3: Regionalismus als Zeichen regionaler Verbundenheit

Ein ganz besonderer Typ von Regionalismen sind Wörter, die nach wie vor in der Standardsprache verwendet werden, obwohl sie eigentlich eine hochsprachliche Entsprechung besitzen.

Topfen (südd.) ‚Quark': Das Wort *Quark* hat es nicht geschafft, das oberdeutsche Wort *Topfen* abzulösen. Die süddeutschen Sprecher verwenden es nach wie vor in der Standardsprache.
Außerdem wird der Regionalismus *Topfen* seit neuestem auch gerne von Sprechern anderer Regionen Deutschlands verwendet. Es hat schon fast den Status eines Synonyms erlangt. So wird z. B. die regionale Zusammensetzung *Topfentascherl* zu standardsprachlich *Topfentasche* verändert.

Regionalismen können über einen längeren Zeitraum hinweg betrachtet ihren **Status verändern**, indem sie rein hochsprachlich werden. Die Wörter *Samstag* und *knuddeln* (Typ 1) stehen am Anfang dieser Entwicklung. Es bleibt aber abzuwarten, inwieweit sie diesen Schritt gehen. Wörter die schon erfolgreich diesen Weg gegangen sind, können ohne Hintergrundwissen nicht mehr als ehemals regionale Wörter erkannt werden.

Fig. 54 Hochsprachlich gewordene regionale Wörter

Standard	Regional Oberdeutsch	Regional Niederdeutsch
düster		düster
Imker	Imker	
Schneid	Schneid	
Schnurrbart	Schnauzbart	Schnurrbart

Es ist teilweise schwer, nachträglich zu ermitteln, wieso sich bestimmte Wörter in der Standardsprache durchsetzen konnten (wie bei *düster* und *Imker*). Für die Wörter *Schneid* und *Schnurrbart* gibt es Hinweise, dass sie wohl über die Sprache des Militärs (vgl. Kluge/Seebold 2002: 818, 821) überregional bekannt geworden sind.

Regionale Wörter werden gerne in die Hochsprache aufgenommen, um mit diesen Varianten eine **Bedeutungsdifferenzierung** vornehmen zu können. Diese regionalen Wörter variieren auf lautlicher Ebene. Durch den Rückgriff auf die regionalen Wörter kann z. B. ein neuer Sachverhalt benannt werden, wie bei dem Verb *drucken* (für den Buchdruck).

Fig. 55 Bedeutungsdifferenzierung durch regionale Wörter

Standard	Regionale Nebenform Oberdeutsch	Regionale Nebenform Niederdeutsch
drücken ‚auf etwas Druck ausüben'	drucken ‚Texte und Bilder vervielfältigen'	
sanft ‚schwach spürbar, angenehm wirkend'		sacht ‚behutsam, vorsichtig'

11.4 Übungsaufgaben

1. Welche semantischen Kriterien muss ein Austriazismus erfüllen?

2. Welche semantischen Kriterien muss ein Helvetismus erfüllen?

3. Wie lassen sich die Begriffe *Teutonismus* und *Regionalismus* abgrenzen?

4. Wann kann ein Regionalismus eine überregionale Geltung bekommen?

12 Entlehnung und lexikalische Differenzierung

12.1 Motivation zur Wortentlehnung

Die Entlehnung ist ein zentrales Verfahren, um „neue" Wörter zu gewinnen. Nun ist es aber eigentlich gar nicht nötig, fremde Wörter zu übernehmen, da man durch die Wortbildung jeder Zeit die fehlenden Wörter produzieren kann. Das führt zu der grundlegenden Frage: **Warum werden Wörter entlehnt?**

Die Motivation zur Wortentlehnung lässt sich auf **vier Gründe** zurückführen. Ausschlaggebend ist **erstens**, dass eine neue Sache aus einer fremden Kultur übernommen wird. **Zweitens**, dass eine neue Sache aus einer fremden Kultur nicht übernommen wird, aber dennoch benannt werden muss. **Drittens**, dass der Sprecher kontextabhängig fein differenzieren möchte. Und **viertens** besteht der Wunsch, lexikalisch zu variieren (Verhüllung oder Prestigegewinn).

Fig. 56 Gründe der Wortentlehnung

SACHLICHE GRÜNDE	SPRACHLICHE GRÜNDE
Grund 1: Sachentlehnung mit Wortentlehnung	**Grund 3:** Wortentlehnung aufgrund des Wunsches zu differenzieren
Grund 2: Wortentlehnung ohne Sachentlehnung	**Grund 4:** Wortentlehnung aufgrund des Wunsches zu variieren

Zu Grund 1: Wortentlehnungen, die in einer Sachentlehnung motiviert sind, gehören zu den ältesten Formen der Entlehnung. Die eingeführten fremden Sachen aus alter Zeit stammen aus den sich entwickelnden Handelsbeziehungen. Deshalb werden z. B. viele bis dahin **unbekannte Lebensmittel, Produkte und Materialien** in Europa eingeführt und mit ihnen die dazugehörigen Benennungen gleich mit. Ohne sprachhistorisches Wissen käme man gar nicht auf die Idee, solche Wörter für frühe Entlehnungen zu halten. Da diese Entlehnungen meist in den benachbarten Sprachen ebenfalls aufgenommen wurden, werden sie als **Wanderwörter** bezeichnet, Wörter die mehr oder weniger um die Welt wandern.

Ein Beispiel für Sachentlehnungen mit Wortentlehnung ist das Wanderwort *Schokolade* (vgl. dazu Kluge/Seebold 2002: 822). Dieses Wort ist im 17. Jahrhundert aus der mexikanischen Eingeborenensprache Nahuatl in die europäischen Sprachen übernommen worden. In Nahuatl wurde der Kakaotrunk *chocolatl* genannt. Solch ein in alle europäischen Sprachen übernommenes Wort wird auch als **Europäismus** bezeichnet: z. B. *chocolate* (engl.), *chocolat* (frz.), *cioccolato* (ital.), *sjokolade* (norw.). Das Wort *Schokolade* ist darüber hinaus noch ein **Internationalismus**, da es auch in die nicht europäischen Sprachen entlehnt wurde: z. B. *kẹo sô-cô-la* (vietn.).

Fig. 57 Wanderungsweg der Entlehnung *Schokolade*

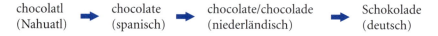

chocolatl → chocolate → chocolate/chocolade → Schokolade
(Nahuatl)   (spanisch)   (niederländisch)   (deutsch)

Neben landestypischen Lebensmitteln, Produkten und Materialien kann die Sachentlehnung auch auf der **Übernahme von Fertigkeiten** beruhen, wie z. B. bei dem Lehnwort *Mauer*. Die Sache und das Wort (lat. *murus*; lautlich dann an das Deutsche angepasst) haben die Germanen von den Römern übernommen. Der Steinbau war für die Germanen neu und leistungsfähiger als deren geflochtene und mit Lehm aufgefüllten Wände (vgl. Kluge/Seebold 2002: 605).

Eine Sachentlehnung im weitesten Sinn ist auch die **Übernahme von Denkweisen**. Dies ist mit dem Aufkommen des Christentums bei den Germanen geschehen. Das Wort *Zelle* ist solch ein Fall der Wort- und Sachentlehnung: Das lateinische Wort *cella* ‚(Vorrats)kammer' erhielt zunächst die christliche Bedeutung ‚Kammer des Mönchs, Einsiedlerklause' und wurde dann mit dieser neuen christlichen Bedeutung entlehnt (vgl. Kluge/Seebold 2002: 1007). Die Bedeutung ‚kleiner Raum für Strafgefangene' und ‚kleinste Einheit bestimmter Organismen' hat sich erst später herausentwickelt.

Zu Grund 2: Eine Wortentlehnung ohne eine Sachentlehnung ist dann gegeben, wenn bestimmte Sachen oder Vorstellungen einer Kultur nur in Form des dazugehörigen Wortes übernommen werden. Diese Entlehnungen werden als **Exotismus** bezeichnet. Ein Beispiel dafür ist die japanische Entlehnung *Geisha*. Mit dieser **Personenbezeichnung** wird in Japan die Gesellschaftsdame zur Unterhaltung der Gäste in Teehäusern benannt. Eine solche Unterhalterin gibt es in der deutschen Kultur nicht. Dennoch wurde das Wort entlehnt, da diese **kulturelle Besonderheit** charakteristisch für Japan ist und die Sprecher dieses Wort benötigen, um darüber reden zu können. Exotismen können auch Bezeichnungen von **Kulturstätten** (*Pagode* ‚ostasiatischer Tempel') oder **klimatischen Besonderheiten** (*Iglu*) sein.

Mit der Zeit verändern einige Exotismen ihren Status, wenn zunächst nur die Entlehnung übernommen wurde und dann erst in einem zweiten Schritt die dazugehörige Sache, wie bei dem finnischen Lehnwort *Sauna*.

Ebenfalls nicht mehr zu den Exotismen zu rechnen sind Entlehnungen, die eigentlich etwas Fremdes benennen, dann aber im Laufe der Jahrhunderte zur **Bezeichnung eines Teilaspekts der heimischen Kultur** herangezogen werden. Die Entlehnung *Amok* ist ein gutes Beispiel dafür. Sie ist ein malaiisches Wort für einen malaiischen „Brauch", der besagt, dass eine Person aus Rache- oder Ruhmsucht Opium einnimmt, um dann wahllos jeden, der in ihrer Nähe ist, mit dem Dolch anzufallen (vgl. Kluge/Seebold 2002: 39). Vom 17. bis zum 20. Jahrhundert ist *Amok* ein Exotismus. Erst im 20. Jahrhundert wird das Lehnwort *Amok* herangezogen, um ähnliches Verhalten in Deutschland zu bezeichnen (mit einer Waffe umherlaufen und blindwütig Menschen töten).

Zu Grund 3: Ein rein sprachlicher Grund der Entlehnung zeigt sich bei der Übernahme fremder Wörter, um den Ausdruck zu differenzieren. Diese Formen der Entlehnung werden vielfach als **unnötig** angesehen, da in der aufnehmenden Sprache eigentlich keine Bezeichnung fehlt. Untersucht man aber diese vermeintlich unnötigen Entlehnungen genauer, dann wird der Bedeutungsgewinn sehr wohl deutlich.

Ein „unnötiges" Wort wäre demnach das aus dem Englischen entlehnte Wort *Quiz*. Als Alternative gibt es die deutschen Wörter *Ratespiel, Denkspiel, Fragespiel* oder *Rätselspiel*. Nun ist die Frage, ob die zur Auswahl stehenden deutschen Wörter wirklich bedeutungsgleich sind mit *Quiz*. Die Entlehnung *Quiz* ist mehr oder weniger spezialisiert auf die Frage- und Antwortspiele im Fernsehen und Rundfunk. Mit dem Wort wird also zusätzlich ein bestimmter Spielablauf bezeichnet. Somit ist die Bedeutung eine andere als bei den vielen unspezifischen deutschen Benennungen.

Zu Grund 4: Ebenfalls rein sprachlich ist der Wunsch, durch Wortentlehnung zu variieren. Diese Form der Übernahme fremder Wörter wird von einem Teil der Sprecher abgelehnt. Dass es möglich ist, **pragmatischen Nutzen** aus ihnen zu ziehen (verhüllend: *Toilette*; Kap. 8.1), interessiert die Fremdwortgegner nicht.

Ein ganz wesentlicher Faktor ist der **Prestigegewinn** durch die Verwendung von Lehnwörtern. Dies erklärt auch, warum bestimmte fremde Wörter mit der Zeit durch neue fremde Wörter einer anderen Sprache ersetzt werden. Das französische Wort *Billet* ‚Fahrkarte' wurde im letzten Jahrhundert zunächst von amtlicher Seite her durch das deutsche Wort *Fahrkarte* ersetzt, was aber nicht viel nützte. Mittlerweile wird offiziell bei der „Deutschen Bahn" das aus dem Englischen stammende Wort *Ticket* verwendet. Gerade im Geschäftsleben ist der Prestigefaktor eine treibende Kraft.

12.2 Typologisierung lexikalischer Entlehnungen

Die Entlehnungen im Deutschen sind vielschichtig, und um dieser Vielschichtigkeit gerecht zu werden, ist es zweckmäßig, eine Typologisierung auszuarbeiten. In jüngerer Zeit sind eine Reihe von **Modellen** erstellt worden. Allen gemeinsam ist, dass sie sich auf die Klassifikation von **Werner Betz** (1912–1980) berufen (erstmals 1936 präsentiert). Diese Klassifikation ist stark untergliedert. Nachfolgende Forscher haben daran orientiert entweder einfachere (z. B. Einar Haugen (1906–1994)) oder differenziertere Typologien (z. B. Andreas Blank) entwickelt.

Inwieweit sich die Begriffe **Interferenz** (= Beeinflussung eines Sprachsystems durch ein anderes Sprachsystem) und **Transferenz** (= Übernahme von Einheiten eines anderen Sprachsystems; Synonym für *Entlehnung*) im Zusammenhang mit der Entlehnung als zweckmäßig erweisen, wird in der Forschung heftig diskutiert. Ganz allgemein lassen sich die Entlehnungen in einem **ersten Schritt** danach unterteilen, ob die **Wortform** der fremden Wörter in der aufnehmenden Sprache **verändert** wird oder **unverändert** bleibt. Die sich teilweise ergebenden Bedeutungsveränderungen werden der formalen Seite untergeordnet.

Fig. 58 Typologie der Entlehnungen ins Deutsche

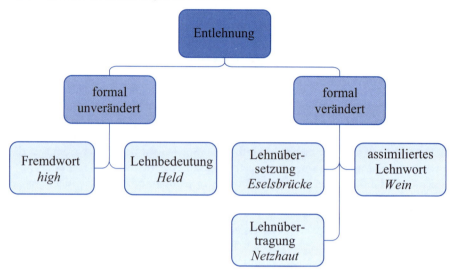

Formal unveränderte Entlehnungen: Das **Fremdwort** ist ein entlehntes Wort, dass die aufnehmende Sprache in seiner Idealform weder in der Graphie noch in der Lautung, Morphologie oder Bedeutung verändert. Der Begriff *Fremdwort* ist von Jean Paul um 1819 geprägt worden. Zuvor war die Phrase *fremdes Wort* gebräuchlich. Die Fremdwörter der deutschen Sprache werden zurzeit umfassend und aktuell im Rahmen eines Langzeitprojekts am Institut für Deutsche Sprache in Mannheim erfasst und erscheinen als mehrbändiges *Deutsches Fremdwörterbuch* (der Fremdwortbegriff ist bewusst weit gefasst).

Das „ideale" unveränderte Fremdwort ist sehr selten, sodass auch unter die enge Fremdwortdefinition geringfügige **Veränderungen der Wortintegration** fallen. Gerade kleine Abwandlungen in der Graphie sind bei den integrierten Fremdwörtern kaum vermeidbar (z. B. Großschreibung, französische Akzenttilgung). Es ergeben sich insgesamt **vier Typen** des Fremdworts:

1. **Völlig unveränderte Fremdwörter**
    Französisch: *passé* ‚vorbei'
    Englisch: *high* ‚unter Drogen stehend'

2. **Morphologisch geringfügig integrierte Fremdwörter**
    Französisch: *desavouieren* ‚bloßstellen' (*désavouer*) [Suffix -*ieren*]
    Englisch: *chillen* ‚faulenzen' [Suffix -*en*]

3. **Graphisch geringfügig integrierte Fremdwörter**
   Französisch: *Abonnement* [Anfangsgroßschreibung]
   Englisch: *Leasing* [Anfangsgroßschreibung]

4. **Lautlich geringfügig integrierte Fremdwörter**
   Französisch: *Pavillon* [dt. ˈpavɪljɔŋ] vs. [frz. paviˈjõ]
   Englisch: *Sponsor* [dt. ʃpɔnzɐ/spɔnzɐ] vs. [engl. ˈspɔnsə]

Ebenfalls formal unverändert sind Wörter, die eine **Lehnbedeutung** erhalten. Es sind deutsche Wörter, die **von fremden Wörtern nur die Bedeutung** übernehmen. Diese Art der Entlehnung ist nur sehr schwer zu erkennen und auch nachzuvollziehen. Deshalb besteht immer auch die Gefahr, eine Bedeutungsentwicklung für eine Lehnbedeutung zu halten. Gut erkennbar sind die Lehnbedeutungen zur Zeit der Christianisierung. Bereits vorhandene Wörter sind auf diesem Weg häufiger zu einer neuen Bedeutung gekommen. Allgemein lässt sich feststellen, dass Lehnbedeutungen im Bereich der **Terminologiebildung** produktiv sind. Die Schwierigkeiten dieses Entlehnungstyps führen nicht selten zu Kritik an ihm.

Bei der **Lehnbedeutung** kann die neue Bedeutung die ursprüngliche Bedeutung verdrängen oder die bereits vorhandene Bedeutung ergänzen (dann kommt es zu einer Polysemie (vgl. Kap. 6.1)).

Fig. 59 Arten der Lehnbedeutung

Bedeutungsentlehnung	Ursprüngliche Bedeutung	Entlehnte Bedeutung
Held	‚Person, die eine mutige Tat vollbringt' [vorhanden]	von engl. *hero* ‚Hauptfigur [Literatur und im Film]'
Schenkel [Terminologie]	‚zueinander schräge (spreizen) Beinglieder' [vorhanden]	von lat. *crūs anguli* ‚Winkelseiten' (im 18. Jh. entlehnt) [in der Geometrie]
beten [Christianisierung]	‚bitten' [verdrängt]	von lat. *orare* ‚bitten, beten' [Germanen übernehmen es bei der Christianisierung]

Formal veränderte Entlehnungen: Die **Lehnübersetzung** ist das Produkt einer **Eins-zu-eins-Übersetzung** von Wörtern und/oder unselbständigen Elementen eines Wortes. Dieser Entlehnungstyp übernimmt nur die fremde Bedeutung komplett, da der Wortkörper vollständig mit den Mitteln der aufnehmenden Sprache gebildet wird.

Fig. 60 Arten der Lehnübersetzung

Lehnübersetzung	Fremdes Wort	Übersetzungsvorgang
Mitleid [Bildung der Mystiker]	lat. *compassio*	lat. *com* „mit" + lat. *passio* „Leiden" zu mhd. *mitelīden* [im 17. Jh. dann *Mitleid*]
Eselsbrücke	lat. *pōns asini*	lat. *pōns* „Brücke" + lat. *asini* „des Esels" über „Brücke des Esels" zu „Eselsbrücke"
jmd. schneiden ‚jmd. ignorieren'	engl. *to cut someone* ‚jmd. ignorieren'	engl. *cut* „schneiden" + engl. *someone* „jemanden"

Ein Großteil der Lehnübersetzungen beruht formal auf **zweigliedrigen Wörtern** (*Eselsbrücke* oder *Kreuzverhör* (engl. *cross-examination*)) und hat ihre Wortherkunft in **lateinischen Wörtern** (*Mitleid, Eselsbrücke*). In einigen Fällen kann eine Lehnübersetzung auch zu einem **Ersatzwort** für eine bereits vorhandene Entlehnung (z. B. *Respekt*) werden, wie das durch Gotthold Ephraim Lessing (1729–1781) verbreitete Wort *Rücksicht* von lat. *respectus*.

Die **Lehnübertragung** steht in einem engen Verhältnis zur Lehnübersetzung (**semantische Transferenz**). Bei diesem Entlehnungstyp wird nur ein Teil des fremden Wortes übersetzt und der andere frei wiedergegeben.

Fig. 61 Arten der Lehnübertragung

Lehnübertragung	Fremdes Wort	Übertragungsvorgang
Gleichgewicht [Perspektivenwechsel]	lat. *aequilibrium*	eigentlich: *aequus* = gleich + *libra* = Waage, Pfund (Austausch gegen *Gewicht*)
Netzhaut [spezifisch]	mlat. *retina* zu lat. *rēte* (Vergleich der hinteren Augenhaut mit Fischernetzen)	eigentlich: *rēte* = Fischernetz; *haut* ist hinzugekommen
Lebemann [unspezifisch]	frz. *bonvivant*	eigentlich: *bon* = gut + *vivant* = Lebender; *gut* ist entfallen

Bei den Lehnübertragungen zeigen sich Innovationen in der entlehnenden Sprache. Die Wörter werden formal abgewandelt, um die entlehnte Bedeutung anders zu akzentuieren. Es ist keine Frage der Ungenauigkeit.

Das **assimilierte Lehnwort** gehört in die Nähe des Fremdwortes. Beide trennt nur der Grad der formalen Gleichheit mit dem entlehnten Wort. Anders als das Fremdwort, passt sich das assimilierte Lehnwort an die aufnehmende Sprache viel stärker morphologisch, graphisch und lautlich an. Der **Assimilationsprozess** kann dabei über einen relativ langen Zeitraum ablaufen.

Fig. 62 Arten assimilierter Lehnwörter

Assimiliertes Lehnwort	Fremdes Wort	Assimilationsvorgang
Wein	lat. *vinum*	*vinum* → *wīn* → *wein* → *Wein*
Bluse	frz. *blouse*	*blouse* [bluz] → *Bluse*

Die **Scheinentlehnungen** (**Pseudoentlehnungen**) sind eigentlich gar keine Entlehnungen, da sie nur auf fremdsprachiges Material zurückgreifen und damit neue Wörter bilden, die es dann so in der fremden Sprache nicht gibt, wie *Oldtimer* (engl. *veteran/vintage car*). Einen besonderen Weg haben auch die **Faux amis** (falschen Freunde) genommen. Wörter wie dt. *sensibel* ‚feinfühlig' und engl. *sensible* ‚vernünftig' gehen beide auf lat. *sēnsibilis* zurück, haben aber eine unterschiedliche Bedeutung erhalten.

12.3 Anglizismen und Bedeutungsgewinn

Die neuen Entlehnungen in der deutschen Sprache stammen zum überwiegenden Teil aus dem Englischen, genauer aus dem Amerikanisch-Englischen. Der Einfluss des Englischen auf das Deutsche und damit die Verlagerung von den zuvor dominierenden Sprachen Latein und Französisch beginnt erst relativ spät um die Mitte des 19. Jahrhunderts. Der vor allem amerikanisch-englische Einfluss setzt nach dem Ersten Weltkrieg ein und verstärkt sich nach dem Zweiten Weltkrieg in besonderem Maße. Englisch ist zu einer **Lingua franca** (global am weitesten verbreitete Vermittlersprache) geworden. Für die entlehnten Wörter aus dem Englischen hat sich der Oberbegriff **Anglizismus** etabliert. Streng genommen bezeichnet dieser Terminus die Beeinflussungen durch das Englische auf allen sprachlichen Ebenen. Im Folgenden bezieht sich dieser Begriff allein auf die lexikalischen Einheiten. Die feine Unterteilung in *Britizismus* (Entlehnungen aus England) und *Angloamerikanismus* (Entlehnungen aus den USA) wird hier nicht aufgegriffen, da eine genaue Zuordnung häufig nicht sicher zu leisten ist. Die Anglizismen auf der Ebene der Lexik sind **vielschichtig**, was sich an den **Bedeutungsentwicklungen**, teils auch nach dem Entlehnungsprozess, zeigt. Über einen längeren Zeitraum durchlaufen manche Anglizismen sogar eine **Bedeutungsabwandlung**.

1. Anglizismus als Fremdwort
   Poker: von engl. *poker* ‚Kartenglücksspiel, bei dem Spieler mit der besten Kartenkombination gewinnen'
   Bedeutungsübertragung bei der zusätzlichen Bedeutung ‚geschickte Handlungsweise bei Geschäften und Verhandlungen' (seit 1967), damit auch **Bedeutungserweiterung**.
   Job: von engl. *job* ‚Beruf'
   Zu Beginn der Entlehnung eine **Bedeutungsverengung** zu ‚vorüber-

132 Entlehnung und lexikalische Differenzierung

gehende Erwerbstätigkeit', dann in jüngerer Zeit **Bedeutungserweiterung** durch Übernahme der Ausgangsbedeutung ‚regelmäßige Erwerbstätigkeit'.

surfen: von engl. *surfen* ‚Wellenreiten auf einem Brett'
Die englische **Bedeutungsübertragung** ‚sich durch das Internet klicken' wurde zeitlich später (im zweiten Schritt) entlehnt, deshalb eine **Bedeutungserweiterung**.

Dollar: von engl. *dollar* ‚Währungseinheit'
Rückentlehnung des niederdeutschen Wortes *daler* ‚Taler' mit einer semantischen Differenz zum Ausgangswort.

2. Anglizismus als Lehnbedeutung

Pille: von engl. *pill* ‚empfängnisverhütende Pille'
Die engl. Bedeutung ist in den 1960er-Jahren entlehnt worden (**Bedeutungsspezialisierung**), nachdem das Wort *Pille* schon im 14. Jh. aus lat. *pilula* entlehnt wurde; deshalb eine **Bedeutungserweiterung**.

feuern: von engl. *to fire* ‚kurzfristig entlassen'
Die engl. Bedeutung ist in den 1960er-Jahren entlehnt worden (**Bedeutungsverschiebung**). Das Wort *feuern* ‚Feuer machen, heizen' geht auf das Germanische zurück, deshalb eine **Bedeutungserweiterung**.

3. Anglizismus als Lehnübersetzung

Klapperschlange: von engl. *rattlesnake* ‚Giftschlange, die ein klapperndes Geräusch erzeugt'
Im 17. Jh. ins Deutsche entlehnt und erhält dort später durch **Bedeutungsübertragung** die zusätzliche Bedeutung ‚bösartig lästernde Frau' (**Bedeutungserweiterung**).

Freidenker: von engl. *freethinker* ‚Person, die frei/rational denkt (unabhängig von Religion)'
Im 18. Jh. ins Deutsche entlehnt und erfährt dann durch Nietzsche eine **Bedeutungserweiterung** ‚Person auf der Suche nach der tieferen Wahrheit' (**Bedeutungsspezialisierung**; Fachsprache) und aktuell zur **Bedeutungsverallgemeinerung** ‚Neuem gegenüber aufgeschlossene Person'.

4. Anglizismus als Lehnübertragung

Hinterwäldler: von engl. *backwoodsman* ‚Siedler in der Wildness'
Im 19. Jh. in übertragener Bedeutung ‚weltfremder, rückständiger Mensch' entlehnt. **Bedeutungsverengung**, da die wörtliche Bedeutung nicht entlehnt wurde.

Unterhaltungsgeschäft: nach engl. *show business* ‚Branche, in der Künstler, Schauspieler oder Sänger vermarktet werden'
Um die Mitte des 20. Jahrhunderts ins Deutsche übernommen. Dort mittlerweile nicht mehr so geläufig, deshalb mehr und mehr ersetzt durch die Teilentlehnung *Showgeschäft* oder das Fremdwort *Showbusiness*. Heutzutage hat die Lehnübertragung eine **Bedeutungserweiterung** erfahren.

5. **Anglizismus als assimiliertes Lehnwort**
   streiken: engl. *to strike* ‚die Arbeit niederlegen'
   Die eigentliche Bedeutung im 19. Jh. entlehnt. Im Deutschen entwickelt sich die **Bedeutungsübertragung** ‚nicht mehr funktionieren von z. B. Geräten' (**Bedeutungserweiterung**).

Die ausgewählten Anglizismen zeigen die Komplexität der Bedeutungsbeziehungen. Ihnen allen ist gemeinsam, dass sie einen Gewinn für die deutsche Sprache bieten. Deshalb stellt sich die Frage: **Was können Anglizismen für die deutsche Sprache leisten?** Durch die Aufnahme von Anglizismen kann Neues benannt werden, der Wortschatz gewinnt Wörter, mit denen sich der Sprecher differenzierter ausdrücken kann, und die Anglizismen dienen dazu, als Synonyme den sprachlichen Ausdruck zu variieren.

Fig. 63 Passende Anglizismen im Deutschen

Anglizismus	Benennung von Neuem	Differenzierte Benennung	Variierte Benennung (Synonyme)
Dollar	+		
feuern	+	+	
Freidenker		+	
Hinterwäldler			+
Job		+	
Klapperschlange	+	+	
Pille	+		
Poker	+		+
streiken		+	
surfen	+		
Unterhaltungsgeschäft			+

Die Vielschichtigkeit der lexikalischen Anglizismen im Deutschen dokumentiert das von **Broder Carstensen** (1926–1992) begründete und umfassend erarbeitete 3-bändige *Anglizismen-Wörterbuch* (*AWb*) (1993–1996). Auf der Basis des AWbs ist es möglich, die Bedeutungsbeziehungen zwischen einem englischen Ausgangswort und der Entlehnung ins Deutsche aufzudecken. Das AWb liefert Argumente für ein besseres Verständnis der Aufnahme von Anglizismen in der deutschen Sprache.

Nicht selten werden die englischen Entlehnungen im Ganzen als Bedrohung für das Deutsche empfunden, was sich in den abwertenden Ausdrücken wie *Anglizismenflut, überflüssige Anglizismen* oder *Denglisch* (Hybrid aus *D*eutsch + *Englisch*) zeigt. Unter Sprachpuristen und Sprachpflegern sind die Anglizismen und damit verbunden die Befürchtung einer „Mischsprache" ein hochemotionales Thema. Das führt zu der zentralen Frage: **Welche Anglizismen sind in der Lexik des Deutschen unangebracht?** Eine einigermaßen zufriedenstellende Antwort zu geben ist sehr schwer. Englische Wörter, wie sie häufig nur im Fachjargon (z. B. der Wirtschaft) oder in Gruppensprachen verwendet werden, sollte man noch nicht als Anglizismen einstufen. Eine **gewisse Frequenz** und **Regelmäßigkeit in der allgemeinen Sprachverwendung** sind notwendige Kriterien für einen Anglizismus. Erst wenn diese Kriterien erfüllt sind, ist es angebracht, die Anglizismen auf ihre Entbehrlichkeit im Deutschen hin zu überprüfen.

Fig. 64 Als überflüssig eingestufte Anglizismen (frequent) im Deutschen

Anglizismus	Bedeutung	Grund der Verwendung
appointment	‚Termin, Treffen'	dokumentiert Gruppenzugehörigkeit
Background	‚Hintergrund, Herkunft'	dokumentiert legere Ausdrucksweise
Eyecatcher	‚Blickfang' (popularisiert durch die Werbung)	dokumentiert Aktualität der Ausdrucksweise
managen	‚etwas bewerkstelligen, jmd. geschäftlich betreuen'	dokumentiert die Einstellung zu einer Sache (zeitgemäße Vorgehensweise)

Den oben genannten Anglizismen (Fig. 64) ist gemeinsam, dass sie wenig angepasst ins Deutsche übernommen wurden und ihre Fremdheit deshalb stark empfunden wird. Bis auf *managen* ist bei den anderen Anglizismen auch kein Bedeutungsgewinn feststellbar. Worin aber ihre Stärke liegt, ist die stilistische Variation, und dies ist gleichzeitig auch ihr Problem. Mit der Verwendung von Anglizismen wird immer auch eine gewisse Arroganz und Forschheit der Sprecher verbunden. Eine Trennung zwischen Sprache und Verwendungskontext fällt schwer.

Eine groß angelegte Initiative unter der Leitung von **Jutta Limbach** (Präsidentin des Goethe-Instituts) hat in der Zeit von 2006 bis 2008 die Fremdheit von Entlehnungen thematisiert und unter dem Titel *Wörter wandern um die Welt: Ausgewanderte/Eingewanderte Wörter* die interessantesten Beiträge zur internationalen Ausschreibung veröffentlicht.

12.4 Übungsaufgaben

1. Erklären Sie anhand eines Beispiels die sprachlichen Gründe für eine Entlehnung!

2. Wie können Fremdwort und assimiliertes Lehnwort gegeneinander abgegrenzt werden?

3. Welche Gemeinsamkeiten haben die Lehnbedeutung und die Lehnübertragung?

4. Welche Anglizismus-Typen gibt es im Deutschen?

13 Brisante Wörter und ihre Entwicklung

13.1 Schlagwörter und ihre lexikalische Funktion

Das Schlagwort ist im wörtlichen Sinn ein Wort, das „schlagend", also eindeutig und überzeugend in kurzer Form einen Sachverhalt zusammenfasst. Außerhalb der linguistischen Terminologie wird der Begriff *Schlagwort* für die Erschließung von Texten und von Dokumenten in Bibliotheken mit passenden Wörtern verwendet. Werden flächige Listen von Schlagwörtern in der Datenverarbeitung mittels *Keyword Crossing* erstellt, dann erhält man eine Schlagwortmatrix, auch **Schlagwortwolke** genannt (siehe Kap. 6.4).

In der Linguistik wird das **Schlagwort** als ein **in der Öffentlichkeit häufig gebrauchtes, prägnantes emotives Wort** definiert. Am Anfang der Erforschung des sprachwissenschaftlichen Schlagwortbegriffs steht das *Historische Schlagwörterbuch* von **Otto Ladendorf** (1873–1911) aus dem Jahr 1906. Dieses Nachschlagewerk ist bis heute maßgeblich. Neben der Erstellung detaillierter Wortgeschichten hat sich Ladendorf als Erster mit der Abgrenzungsproblematik zu benachbarten Termini eingehend befasst. Die Situierung des Terminus *Schlagwort* ist so wichtig, weil gerade für diesen Worttyp klare Grenzen nicht so leicht gezogen werden können. Vermischungen mit ähnlichen Begriffen lassen Untersuchungen schnell unscharf werden. Deshalb die grundlegende Frage: **Welche Wörter sind ein Schlagwort und welche Wörter sind nur in dessen Nähe?**

Fig. 65 Die Terminologie rund um das Schlagwort

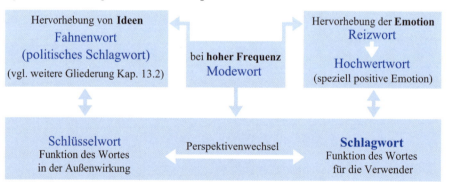

Der Terminus *Schlagwort* ist in mancher Hinsicht zu einer Art Oberbegriff geworden für eine Reihe von spezifizierenden Termini. Diese Termini heben jeweils ein Kriterium besonders hervor: Bei *Reizwort* und *Hochwertwort* ist es die Emotion, bei *Fahnenwort* sind es politische Ideen und Konzepte und bei *Modewort* ist es die Frequenz des Vorkommens (= Wörter, die zu einer bestimmten Zeit sehr häufig verwendet werden und damit dann Mode sind). Für den Begriff *Schlüsselwort* ist die Sache anders gelagert. Er wird mit *Schlagwort* auf eine Stufe gestellt und teilweise als synonym betrachtet. Doch es gibt einen Unterschied, und das ist die Änderung der Betrachtungsperspektive: Die Schlüsselwörter werden als zentral für eine Zeitspanne eingestuft (= Außenwirkung).

Die **Differenzierung in der Begrifflichkeit** bietet sich für Wörter an, die genau einem der genannten Kriterien schwerpunktmäßig zuzuordnen sind. Treffen mehrere relevante Kriterien für ein Wort zu, dann ist es praktikabel, den Begriff *Schlagwort* anzusetzen.

Fig. 66 Die zu Schlagwort konkurrierenden Termini (mit Beispielen)

Fahnenwörter:	*konservativ* (politische Brisanz) Wörter, die Teil von (partei)politischen Auseinandersetzungen sind (vgl. Kap. 13.2)
Reizwörter:	*Tätervolk* ‚moralische Kollektivschuld des deutschen Volks' (soziale Brisanz) Wörter, die ab dem Zeitpunkt ihrer Bildung polarisieren, umstritten sind und zum Skandal führen können
Hochwertwörter:	*Held* (moralische Brisanz) Wörter, die nur positiv konnotiert sind und deshalb gezielt zur Rezipienten-Gewinnung eingesetzt werden; negatives (ehemaliges) Hochwertwort: *Führer*
Modewörter:	*Globalisierung* ‚auf die ganze Erde ausgedehnte Beeinflussung' (aktuelle Brisanz) Wörter, die für die gesamten Sprecher von Bedeutung sind, diese aber nach einer gewissen Zeit verlieren; *Globalisierung* steckt noch mitten in dem Prozess
Schlüsselwörter:	*Empfindsamkeit* ‚europäische Geistesströmung (gefühlsbestimmte Weltsicht)' (historische Brisanz) Wörter, die in einer bestimmten Zeitstufe eine hohe Frequenz aufweisen, wie *Empfindsamkeit* im Barock

Die Trennung des Schlagworts von den Fahnenwörtern ist teilweise nur schwer durchführbar, und zwar dann, wenn solch ein Wort sowohl in der gesellschaftlichen als auch politischen Auseinandersetzung relevant ist. Die enge Bindung zeigt auch schon der Terminus *politisches Schlagwort*.

Das **Schlagwort** definiert sich durch charakteristische Merkmale auf der morphologischen, lexikalischen und pragmatischen Ebene, die alle Einfluss auf die Wortsemantik nehmen. Das Zusammenspiel dieser drei Ebenen bringt die lexikalische Einheit Schlagwort hervor.

Auf der **morphologischen Ebene** wird von dem Schlagwort eine **prägnante Wortbildung** erwartet, die den Zusammenhang zwischen der Gesamtwort-Bedeutung und Wahl der Wortbestandteile erkennen lässt. Zusammensetzungen werden dabei bevorzugt:

Entsorgungspark ,Atommüll-/Mülldeponie'
Wahl von neutral und positiv markierten Wörtern

Das vom Verb *entsorgen* abgeleitete Wort *Entsorgung* in neutraler Bedeutung wird bewusst mit dem positiv konnotierten Wort *Park* (z. B. *Tier-, Landschaftspark*) verbunden.

Berufsverbot ,Verbot, einen bestimmten Beruf auszuüben'
Wahl eines neutral und negativ markierten Wortes

Die Zusammensetzung mit dem negativen Wort *Verbot* hat zum Zeitpunkt seiner Bildung (1970er-Jahre) große Kontroversen erzeugt und es ist schnell zu den Alternativbildungen *Radikalenerlass* und *Extremistenbeschluss* gekommen.

Hartz IV ,staatliche Hilfe zum Lebensunterhalt'
Wahl eines neutralen Wortes

Hartz IV ist 2003 prägnant gebildet worden (Nachname des verantwortlichen Politikers Peter Hartz plus der Zahl 4 (vierte Umsetzung)).

Zeitgeist ,für eine bestimmte Zeit typische Geisteshaltung'
Wahl eines bereits vorhandenen Wortes

Die Zusammensetzung *Zeitgeist* wurde bereits um die Mitte des 18. Jahrhunderts gebildet, allerdings in einer anderen Bedeutung (vgl. weiter unten). Es war im 19. Jahrhundert schon ein Modewort, aufgrund seiner Prägnanz (*geist* vs. *Geisteshaltung*) und in Anspielung auf den Geist als überirdisches Wesen.

Auf der **lexikalischen Ebene** ist die **Variabilität der Bedeutung**, genauer der Interpretationsspielraum, ein wesentliches Kriterium für ein Schlagwort. Die Semantik der Schlagwörter wandelt sich außerdem mit der Veränderung des Sachverhaltes. Die **emotive Seite** der Schlagwörter liegt in ihrer Streitbarkeit und Polarisierung. Teilweise ist sogar nicht nur der Inhalt der Schlagwörter, sondern auch das Wort selbst in seiner Semantik höchst umstritten:

Entsorgungspark **Variable Bedeutung:** Die Verbindung von positiv metaphorischem Wort und der eigentlichen dahinterstehenden Bedeutung (,Atommülldeponie') hat eine Bedeutungsverschlechterung des Wortes bewirkt. Aktuell hat das Wort die passende positive Bedeutung ,Wertstoffhof' angenommen. **Emotive Seite:** Das von den Atomkraftbefürwortern gebildete Wort war in seiner Semantik von Anfang an problematisch und führte schnell zu der Variante *Entsorgungszentrum*.

Berufsverbot   **Variable Bedeutung:** Durch die Rigorosität der Bedeutung entstand eine gewisse Unsicherheit in der Auslegung der Semantik. Es besteht eine große Interpretationsabhängigkeit. **Emotive Seite:** Durch die Negativität des Wortes stieß seine Verwendung mehrheitlich auf Ablehnung. Das Wort ist polarisierend.

Hartz IV   **Variable Bedeutung:** Die Befürworter dieses Beschlusses wollten mit dieser neutralen Bezeichnung eine negative Konnotation ausschließen. Für die Gegner dieses Beschlusses hat der Ausdruck die Bedeutung ‚soziale Kälte' angenommen, verstärkt durch die Formelhaftigkeit seiner Bildung. **Emotive Seite:** Da sich die Semantik in keinster Weise aus dem Ausdruck erschließen lässt, wird er emotional als negativ bewertet. In polarisierender Rede wird er semantisch variabel eingesetzt.

Zeitgeist   **Variable Bedeutung:** Bei der Bildung war die Bedeutung ‚übereinstimmende Meinung in einem bestimmten Zeitraum'. Danach (19. Jh.) wurde die Bedeutung politisiert zu ‚Gesinnung einer Nation' zu aktuell ‚zeitgemäße geistige Haltung'. **Emotive Seite:** Durch seine ansprechende Metaphorik ist das Wort positiv konnotiert, selten distanziert.

Auf der **pragmatischen Ebene** wird sichtbar, dass die Schlagwörter Teil von **Diskursen** sein können, die häufig weit über die politische Ebene hinaus in das soziale Leben reichen. Eng damit verbunden ist die **Brisanz** der Schlagwörter, das heißt die Wörter und die dahinterstehenden Themen sind in der Öffentlichkeit umstritten und provozieren mitunter heftige Gefühlsäußerungen. Dies trifft für die Wörter *Entsorgungspark*, *Berufsverbot* und *Hartz IV* zu. Das Wort *Zeitgeist* hat dagegen eine schwache Pragmatik.

13.2 Fahnenwörter und Allgemeinsprache

Brisante Wörter mit einer hohen Symbolkraft werden gerne in der Sprache der Politik eingesetzt. Diese „politischen" Wörter werden als **Fahnenwörter** bezeichnet. Geprägt hat den Terminus Ladendorf, der sich als einer der Ersten zu Beginn des letzten Jahrhunderts mit diesem Typ Wort befasst hat. In den 1990er-Jahren hat **Fritz Hermanns** (1940–2007) den in Vergessenheit geratenen Begriff *Fahnenwort* wiederbelebt.

Unter Fahnenwörtern (FW) (= Wörter, die wie eine Fahne wirken) sind **positiv konnotierte ideologische Wörter** zu verstehen. Mit ihrem Einsatz soll Aufmerksamkeit erregt und die Wiedererkennbarkeit gewährleistet werden. Der polarisierende Effekt ist sehr willkommen. Verwendet dann die Gegenseite ein Fahnenwort, wird es zu einem **Stigmawort** oder **Feindwort** mit negativer Konnotation. Es kommt also auf die Perspektive an, um entscheiden zu können, ob eine positive oder negative

Semantik anzusetzen ist. Die Fahnenwörter tragen deshalb eine **ideologische Polysemie** in sich. Diesen Terminus hat **Walther Dieckmann** geprägt. Fahnenwörter, die für die Grundwerte in der Politik stehen, werden mit dem Terminus **Leitwort** spezifiziert. Als Oberbegriff für diese politisch-ideologisch verwendeten Wörter gibt es die Benennung **Kampfwörter**.

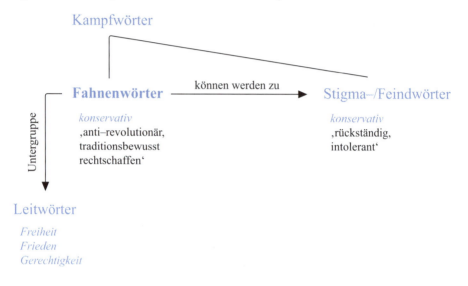

Fig. 67 Die Terminologie rund um das Fahnenwort mit Beispielen

Die Fahnenwörter unterscheiden sich in ihrer **semantischen Komplexität**. Wörter mit einem maximalen Bedeutungsumfang und damit fast beliebiger Einsetzbarkeit gehören der Untergruppe der *Leitwörter* an. Diese Wörter wie *Freiheit*, *Frieden* oder *Gerechtigkeit* bezeichnen die politischen Grundwerte.

Das Wort *Freiheit* ist nach der Französischen Revolution (1789–1799) zu einer politischen Wertebezeichnung in Deutschland geworden. Die Bedeutung der Bezeichnung *Freiheit* reicht von ‚Selbstbestimmung/Unabhängigkeit des Einzelnen gegenüber einem monarchischen Staat' bis zu ‚kollektive/gesellschaftliche Unabhängigkeit'. Nach dem Zweiten Weltkrieg benennt das Wort *Freiheit* einen Grundwert, bleibt aber zunächst in seiner Semantik an sich unspezifisch. Konfrontativ in seiner Bedeutung wird *Freiheit* erst zur Zeit der Teilung Deutschlands (1948). Aus der Westperspektive wird dem Wort *Freiheit* für die ostdeutschen Zusammenhänge die Bedeutung ‚totalitär-kommunistisch' gegeben. Die westdeutsche Bedeutung von *Freiheit* ist ‚freiheitlich-antikommunistisch'.

Das Wort *Frieden* ist ein durchgängiger politischer Wertbegriff und nur nach Kriegen von besonderer Aktualität. Die Bedeutung des Wortes ist nicht umstritten. Mit der zeitlichen Entfernung vom letzten Weltkrieg hat sich die emotive Bedeutung des Wortes *Frieden* verschoben von ‚Ende des Leidens nach dem Krieg' zu ‚Ende des atomaren Aufrüstens für einen potentiellen Krieg'.

Das Wort **Gerechtigkeit** steht ebenfalls für einen Grundwert. In der Philosophie ist es eine Kardinaltugend. Im politischen Bereich trägt das Wort die allgemein gültige Bedeutung ‚für alle Bürger eines Staates akzeptable Regelungen'. Parteipolitisch wird die Bedeutung von *Gerechtigkeit* zwar unterschiedlich gewichtet, in den einzelnen Punkten herrscht aber Einigkeit: ‚gleiches Recht, gleiche Chancen, menschliche Würde'.

Die Leitwörter laufen durch ihre vielschichtige Semantik Gefahr, zu einer bloßen **Worthülse** abzusinken. Wörter wie *Freiheit* und *Frieden* sind von starkem symbolischem Wert und ohne Frage durchweg positiv konnotiert. Ihre inflationäre Verwendung und ihr weites Bedeutungsspektrum können dazu führen, dass sie im politischen Kontext bewusst eine unscharfe und nichtssagende Bedeutung annehmen. Die Verwendung des Wortes *Gerechtigkeit* in parteipolitischen Programmen zeigt, dass auf diese Weise eine Polarisierung vermieden werden kann. Im Prinzip bleibt es dem Hörer überlassen, welche Bedeutung er gerne hören möchte.

Wörter, die je nach politischer Richtung eine unterschiedliche Bedeutung annehmen können und sich auf umkämpfte Angelegenheiten beziehen, gehören entweder der allgemeinen Gruppe der Fahnenwörter oder der Stigmawörter an. Die Fahnenwörter sind Teil der Parteisprache und zeigen die Sprechereinstellung an.

Mit dem Adjektiv *konservativ* bezeichnet man im Bereich der Politik das Streben die bestehende Gesellschaftsordnung zu bewahren. Als Fahnenwort benennt *konservativ* die Haltung von Angehörigen einer bestimmten politischen Gruppierung.

Die Bedeutungen von *konservativ* sind zeitgebunden und von den politischen Strömungen abhängig. Im 19. Jahrhundert war *konservativ* das Fahnenwort der Gegner revolutionärer Ideen. Die politischen Gegner der damaligen Zeit haben die Bedeutung verkehrt und es als Stigmawort verwendet. Während der politischen Unruhen in den 1970er-Jahren wurde *konservativ* dann primär zu einem Stigmawort mit den neuen negativen Bedeutungen ‚rückständig, autoritär, antidemokratisch, intolerant, faschismusverdächtig'. Es wurde häufig in polemischer Weise eingesetzt, um den politischen Gegner zu diffamieren. Als Fahnenwort konnte es in diesen Jahren nicht mehr gebraucht werden. In den 1980er-Jahren wendete sich das Blatt, indem das Stigmawort wieder zu einem Fahnenwort wird. In diesem Zusammenhang wird sogar von der „konservativen Wende" gesprochen. Das Wort *konservativ* trägt ab da die positiven Bedeutungen ‚pflicht-/leistungsbewusst, traditionsbewusst, rechtschaffen, ordnungsliebend'. Die komplexe Entwicklung des Wortes *konservativ* bezeugt, dass Fahnenwörter, wenn sie zu einem alles überlagernden Stigmawort werden, ihre positive Konnotation dennoch zurückerobern können.

Fig. 68 Der Entwicklungsweg des Fahnen- und Stigmaworts *konservativ*

Zu den Fahnen- und Stigmawörtern zählen auch Wörter, die vom Zeitpunkt der Bildung an in gleicher Weise positiv und negativ konnotiert sind. Die Entlehnung *Pazifismus* ist von Anfang an ein meinungsspaltendes Wort und wird mit gleicher Intensität sowohl als Fahnen- als auch Stigmawort eingesetzt. Das Wort *Pazifismus* steht für die radikale Form der Friedensbewegung. Obwohl seine Verwendung als Stigmawort sehr weit reicht, überwiegt in der allgemeinen Bevölkerung die positive Konnotation, sodass anders als bei dem Wort *konservativ* der Status als Fahnenwort durchgehend erhalten bleiben kann.

13.3 *Political Correctness* und lexikalischer Wandel

Der englische Begriff *Political Correctness* (*PC*) benennt eine gesellschaftspolitische Bewegung der 1960er-Jahre in den USA, die sich zum Ziel gesetzt hat, Diskriminierung in der Gesellschaft abzubauen. In den 1980er-Jahren etablierte sich der PC-Begriff auf sprachlicher Ebene an den US-amerikanischen Universitäten. Seit Beginn der 1990er-Jahre ist der PC-Begriff auch in Deutschland in Gebrauch. Die Verwendung der deutschen Lehnübersetzung *politische Korrektheit* ist möglich, doch die englische Phrase ist ein etablierter Terminus. Sprachlich manifestiert sich **Political Correctness in der nicht diskriminierenden Benennung von Personengruppen und was mit ihnen zusammenhängt**. In Abgrenzung dazu gibt es den *Euphemismus* (vgl. Kap. 8.1), der stärker verhüllend ist. Kritiker der PC-Sprache bemängeln, dass eine lexikalische Substitution von Wörtern die tieferliegenden Probleme nur mit neuen Wörtern zu verdecken versucht.

Fig. 69 Deutsche und englische PC-Wörter im Vergleich

Diskriminierendes Wort (dt.)	PC-Wort (dt.)	Diskriminierendes Wort (engl.)	PC-Wort (engl.)
		Christmas	holiday
Ausländer	ausländischer Mitbürger, Migrant		
behindert	anders begabt	(physically) handicaped	(physically) challenged
Eskimo	Inuit	Eskimo	Inuit
Feuerwehrmann	Feuerwehrfrau, Feuerwehrleute (Pl.)	fireman	firefighter
Hausfrau	Familienmanagerin	housewife	domestic engineer
Müllmann	Müllwerker, Entsorgungsbeauftragter	garbage man	sanitation engineer/man
Farbiger, Mohr, Neger	Schwarzer, Afroamerikaner, Afrikaner	Colored, Negro, Black	African American, African
Nutte	Prostituierte	prostitute, whore	sex worker
Postbote	Briefzusteller	postman	letter carrier
Putzfrau	Raumpflegerin		
taubstumm	gehörlos	deaf	hearing-impaired

Die Gegenüberstellung von deutschen und englischen PC-Wörtern verdeutlicht, dass die empfundene Diskrepanz zwischen Bezeichnung und Bezeichneten **soziokulturell unterschiedlich** ausfallen kann. Bei den Wörtern *Ausländer* und *Putzfrau* sowie engl. *Christmas* gibt es in der jeweils anderen Sprache kein PC-Wort.

Die Ersetzung des Wortes *Ausländer* wurde in der deutschen Kultur als notwendig betrachtet, da es sich über die Zeit mit einer starken negativen Konnotation aufgeladen hat. Das Wort selbst kann nicht als diskriminierend eingestuft werden. Erst Parolen wie *Ausländer raus!* haben zu der negativen Assoziation geführt. Die Wahl eines alternativen PC-Wortes hat sich auch nicht weit von dem Ausgangswort entfernt, wie die verbreitete Bezeichnung *ausländischer Mitbürger* zeigt. Im australischen Englisch gibt es einen ähnlich gelagerten Fall, und zwar wurde dort die Benennung der Ureinwohner *Aborigine* durch die wenig variierte Phrase *Aboriginal person* ersetzt. Die Fremdwortvariante für *Ausländer* ist das neutrale Wort *Migrant*. Bei dem Wort *Putzfrau* beruht die Diskrepanz auf einem Wandel in der Sprechereinstellung. Durch das neue PC-Wort *Raumpflegerin* wird eine höhere Wertschätzung der Arbeit zum Ausdruck gebracht. Im Englischen besteht kein Bedarf, das Wort *cleaning lady* auszuwechseln, was an der Wahl des stilistisch hochstehenden Wortes *lady* liegt. Der Austausch des englischen Wortes *Christmas* ‚Weihnachten' gegen das unspezifischere Wort *holiday* beruht auf einer pluralistischen Sichtweise, die keine religiöse Feier priorisieren möchte.

Bei den Benennungen für die **körperlichen und geistigen Fähigkeiten** wird das diskriminierende Potential besonders hoch eingestuft. Für „Behinderungen" versucht man neutrale oder ins Positive gewendete PC-Ausdrücke zu verwenden. Dabei ist es nicht einfach, die passenden Wörter zu ermitteln.

Schon das Wort *Behinderung* bereitet Schwierigkeiten. Mit der PC-Phrase *Menschen mit Behinderung* möchte man den Fokus nicht mehr so stark auf die Behinderung richten. Statt sich semantisch auf das zu konzentrieren, was die Menschen nicht können, wird mit den PC-Wörtern ein **Perspektivenwechsel** vorgenommen: Zum Beispiel ersetzt der Ausdruck *anders begabt* das Adjektiv *behindert*. Die reihenbildende englische Alternative *(physically) challenged* „physisch herausgefordert" zu *(physically) handicapped* „physisch behindert" wurde nicht ins Deutsche übertragen. Das zweite Argument für PC-Wörter ist das **etymologische Argument**. So steht das Wort *taub* sprachlich in Beziehung zu dem Wort *doof*. Von seiner geschichtlichen Entwicklung gesehen ist *taub(stumm)* nicht mehr akzeptabel und wird deshalb durch *gehörlos* ersetzt (ähnlich auch bei englisch *deaf* vs. *hearing impaired*). Wörter mit **Bedeutungsübertragungen** aus älterer Zeit werden von den Betroffenen als archaisch und verletzend abgelehnt. Zu deutlich sind die Bilder, die hinter diesen Wörtern stehen.

Beispiele dafür sind die Wörter wie *Mongolismus*/engl. *mongoloid* (= ethnischer Vergleich: physische Ähnlichkeiten mit den Mongolen) und *Hasenscharte*/engl. *harelip* (= gespaltene Oberlippe des Hasen). In diesem Fall werden die Fachtermini *Down-Syndrom*/engl. *Down syndrome* und *Lippenspalte*/engl. *cleft lip* zu den PC-Wörtern. Mitunter kann es sehr lange dauern, bis PC-Wörter alle Teile der Gesellschaft erreicht haben, wie das medizinisch veraltete Wort *Schwachsinn* für *Menschen mit geistiger Behinderung* deutlich zeigt. Bis heute ist es noch ein Rechtsbegriff in der Bedeutung ‚mit geistiger Behinderung verschiedenen Grades' (vgl. §20 StGB).

Die Bezeichnungen für **Angehörige bestimmter Ethnien** werden als wesentlicher Bestandteil von Diskriminierung angesehen. Die betroffenen Bezeichnungen beruhen geschichtlich auf einer wenig sensiblen eurozentrischen Sichtweise. Sie wurden oft rassistisch verwendet.

In einigen Fällen führte das dann auch zur Ablehnung der Bezeichnung, selbst wenn die Herkunft und damit die Bedeutung des Wortes bis heute nicht eindeutig geklärt ist, wie bei dem deutschen und englischen Wort *Eskimo*. Hartnäckig hält sich die Annahme, dieses aus der nordamerikanischen Indianersprache stammende Wort bedeute übersetzt „Fresser von rohem Fleisch". Ob es stimmt oder nur eine sekundäre Motivation ist, bleibt offen. Das PC-Wort *Inuit* ist eine Selbstbezeichnung und bedeutet in der Sprache Inuktitut ‚Gruppe von Menschen'.

Die größte Herausforderung an PC-Wörter stellt die Benennung der Menschen mit afrikanischen Wurzeln dar. Sowohl in der englischen als auch deutschen Sprache besteht eine große Verunsicherung, welche Bezeichnung das PC-Wort ist, weshalb dieser Schwierigkeit häufig durch Nicht-Benennung aus dem Weg gegangen wird. Die große Zahl an Bezeichnungsvarianten ist ein weiteres Indiz. In den Benennungen folgt das Deutsche dem Englischen in Form von Entlehnungen. Die größte emotive Bezeichnung ist das aus dem 16. Jahrhundert stammende englische Wort *Negro/Nigger*. Sie ist aufgrund der damit verbundenen Geschichte im hohen Grad beleidigend, diskriminierend und deshalb zu einem Tabuwort geworden. Die Herkunft des Wortes von lat. *niger* ‚schwarz' ist in diesem Zusammenhang uninteressant. Das aus dem 17. Jahrhundert stammende deutsche Pendant *Neger* wird ebenfalls als unangemessene Benennung eingestuft, doch hat es nicht die Schärfe des englischen Wortes. Wortbildungen wie *Negerkuss* oder *Mohrenkopf* (von der aus dem 8. Jahrhundert stammenden Benennung *Mohr*) sind im Gefolge der sprachlichen Entwicklungen ebenfalls nicht mehr im Gebrauch. Das englische Wort *Black* (mit der deutschen Form *die Schwarzen*) ist ab den 1960er-Jahren als Fahnenwort der Bürgerrechtsbewegung zu dem PC-Wort geworden. In den letzten Jahren wird die Zusammensetzung *African-American* (dt. *Afroamerikaner*) als PC-Wort bevorzugt.

Die Benennung engl. *African*/dt. *Afrikaner* wurde als PC-Wort zwischenzeitlich vorgeschlagen, doch aufgrund seiner allgemeinen Bedeutung (ähnlich *Europäer, Asiate*) ist es keine wirkliche Alternative, da dann eigentlich auch, um ganz genau zu sein, zwischen „schwarzen" und „weißen" Afrikanern unterschieden werden müsste. Zwischenzeitlich war auch das Wort engl. *Colored*/dt. *Farbige* im Gespräch, doch so recht glücklich ist man mit diesem Wort nicht geworden, da es ebenfalls als zu unspezifisch gilt und darüber hinaus geschichtlich vorbelastet ist. So parallel, wie sich die englischen und deutschen PC-Wörter im vorliegenden Fall entwickeln, verläuft es nicht immer. Zum Beispiel ist die im Deutschen diskriminierende Benennung *Zigeuner*, ersetzt durch den PC-Ausdruck *Sinti und Roma*, im Polnischen (*Cygan*) beibehalten worden. Die politische Korrektheit kann teilweise sprachlich sehr weit reichen, wie das Verb *türken* ‚etwas fingieren, fälschen' verdeutlicht. Wie die Türken mit dem Verb in Verbindung zu bringen sind, ist etymologisch ungeklärt. Allein die negative Bedeutung des Verbs ist als Grund ausreichend.

Die **geschlechtsspezifischen Berufsbezeichnungen** spiegeln zum Teil ein nicht mehr aktuelles Gesellschaftsmodell wider. Deshalb werden z. B. mit dem Wort *Hausfrau*/engl. *housewife* negative Stereotype verbunden. Um dem entgegenzuwirken, hat man im Deutschen das PC-Wort *Familienmanagerin* und im Englischen *domestic engineer* gebildet. Damit soll zum Ausdruck gebracht werden, dass die unbezahlte Arbeit zuhause auf der gleichen Stufe mit der bezahlten Arbeit steht. Doch mehr und mehr wird das PC-Wort, zumindest im Deutschen, als Spottwort empfunden und zu der alten Bezeichnung *Hausfrau* zurückgekehrt. Für hauptsächlich von Männern ausgeübte Berufe, in denen nun auch Frauen arbeiten, gibt es wie bei *Feuerwehrmann*/engl. *fireman* die Alternative, die Konstituente *-mann/-man* „politisch korrekt" gegen *-frau* oder allgemeiner *-fighter* auszutauschen.

Von großer Brisanz sind die Bezeichnungen für die **unteren Berufsgruppen**. Mithilfe neuer PC-Wörter soll eine soziale Aufwertung bestimmter Berufe erreicht werden. Die Umwertung der Berufe hat in den letzten Jahren stark zugenommen. Berufe, die niedrig dotiert sind, erhalten wie im Fall *Postbote*/engl. *postman* ein nur leicht modifiziertes PC-Wort (*Briefzusteller*/engl. *letter carrier*), da das alte Wort nicht diskriminierend war. Wörter wie *Müllmann, Putzfrau* und *Nutte* sind aufgrund des Berufs (Saubermachen/sexuelle Handlungen) deutlich stärker belastet. Die deutschen PC-Wörter *Müllwerker/Entsorgungsbeauftragter, Raumpflegerin* sowie *Prostituierte* versuchen durch Alternativbenennungen der negativen Konnotation entgegenzusteuern. Hier ist etwas Ähnliches wie bei der Euphemismus-Tretmühle (Kap. 8.1) zu beobachten: Das englische Äquivalent *prostitute* zu dem deutschen PC-Wort wird schon als diskriminierend eingestuft und durch *sex worker* ersetzt.

13.4 Übungsaufgaben

1. Welche lexikalischen Kriterien definieren das Schlagwort?

2. Wieso kann ein Fahnenwort zu einem Stigmawort werden?

3. Welche lexikalischen Kriterien erfüllen PC-Wörter?

4. Wieso kann es so schwierig sein, ein passendes PC-Wort zu wählen?

14 Personenwortschätze und Bedeutungsvariation

14.1 Bedeutungsgewinn durch Luther

Der Wortschatz von **Martin Luther** (1483–1546) ist von großer Bedeutung für den Wortschatz des Standarddeutschen. Die semantische Differenzierung des deutschen Wortschatzes durch Luther fällt genau in den **günstigen Zeitraum** von ca. 1350 bis 1650, als sich die Standardsprache herauszubilden beginnt. Ein zweiter unterstützender Faktor ist das **Aufkommen des Buchdrucks** (um 1450) und damit die Möglichkeit der Verbreitung seiner Wörter. Die Reformationsstreitigkeiten fordern von Luther, Wörter mit einer großen Sprengkraft zu wählen oder zu bilden. Der Rolle Luthers bei der Bildung eines **überregionalen Wortschatzes** ist unumstritten groß. Doch wie die Situation genau einzuschätzen ist, kann auch aktuell noch nicht gesagt werden.

Wie sieht der Wortschatz Luthers zu Beginn seines Wirkens aus und wie entwickelt er sich weiter? Die Ausgangslage zu Luthers Lexik ist bestimmt durch ein übermächtiges Latein in der Schriftlichkeit und einer ostmitteldeutschen, thüringischen und niederdeutschen Sprachmischung in der Mündlichkeit. In der Phase der Bibelübersetzung beginnt Luther dann über die Auswahl und Prägung deutscher Wörter zu reflektieren. Im *Sendbrief vom Dolmetschen* (1530) gibt er einen tiefen Einblick in die Komplexität seiner Wortschatzarbeit. Luther sieht seine Aufgabe bei der Wortwahl in dem Ausgleich der verschiedenen Sprachräume, wobei er sich an deren Größe orientiert. Er verfolgt das Ziel, eine Verbindung in der Lexik zwischen dem Süden und dem Norden über die Mitte Deutschlands herzustellen, auf dem Weg zum Hochdeutschen (Hd.), das sich dann zur Standardsprache entwickeln wird. Im Fall der lateinischen Wörter spricht sich Luther für eine „sinngemäße" Übertragung ins Deutsche aus, um so den semantischen Feinheiten gerecht zu werden. Insgesamt hat Luther sehr um die richtige Wortwahl gekämpft.

Groß angelegte Projekte zur Erfassung des Lutherwortschatzes sind bisher nicht zahlreich. In diesem Zusammenhang nimmt das *Wörterbuch zu Dr. Martin Luthers Deutschen Schriften* eine herausragende Stellung ein. Begonnen wurde das Wörterbuch im 19. Jahrhundert von dem Marburger Philologen **Philipp Dietz**. In den Jahren 1870 und 1872 erschienen die ersten beiden Bände (A-Hals). Erst über hundert Jahre später (ab 1993) wurde die Veröffentlichung von **Gustav Bebermeyer** (1890–1975) und **Renate Bebermeyer** wieder aufgenommen.

Renate Bebermeyer führt die Bearbeitung aktuell weiter und bis jetzt liegt das Wörterbuch bis zum Wort *jährlich* vor. Andere Projekte zur Erfassung des Lutherwortschatzes sind bis heute unvollendet geblieben. Zur Erforschung der Lutherwörter des Gesamtalphabets empfiehlt es sich, das „Deutsche Wörterbuch" (DWB) von Jacob und Wilhelm Grimm (1854–1960) zu konsultieren. Die dort aufgenommenen Wörter beginnen mit Luther und dementsprechend ist das Wortmaterial gut bemessen. Da etliche zeitgenössische Lexikographen um die Bedeutung Luthers für den Ausbau des deutschen Wortschatzes wissen und dementsprechend auch „seine" Wörter aufnehmen, sind die Wörterbücher des 16. Jahrhunderts eine wichtige Forschungsquelle. Ein Beispiel ist das Wörterbuch *Die Teütsch spraach* von Josua Maaler aus dem Jahr 1561. Luthers sprachliche Beheimatung im **Mitteldeutschen** (Md.) und teilweise Niederdeutschen (Nd.) und Thüringischen hatte zur Folge, dass Wörter aus diesen Regionen von ihm verstärkt verwendet wurden. Seine Bibelübersetzung hatte die Kraft, die den regionalen Wörtern entsprechenden oberdeutschen (Obd.) Wörter größtenteils zu Varianten werden zu lassen.

Fig. 70 Durch Luther verbreitete Wörter

Aufnahme ins Hd. durch Luther	Verdrängte Wörter
Fibel ‚Lesebuch der 1. Klasse' (Herkunft nicht gesichert)	
freien ‚um jmd. werben' (regional: Md.)	
Grenze (regional: Nd., Md.; slaw. Entlehnung)	Mark ‚Grenzgebiet'
harren ‚über eine gewisse Zeit warten' (in mehreren Regionen)	
haschen ‚schnell ergreifen' (regional: Md.)	erwischen, fahen (regional: Obd.)
Heuchler (regional: Md.)	Gleißner, Trügner (regional: Obd.)
Hügel (regional: Md.)	Gipfel, Bühel (regional: Obd.)
Kahn ‚kleines Boot' (regional: Nd., Md.)	
Lippe (regional: Nd./Md.)	Lefftze (regional: Obd.)

Für bestimme Wörter Luthers gab es auch kein alternatives Wort im Deutschen, wie z. B. die regionalen Wörter *freien* und *Kahn*, sowie das Wort unsicherer Herkunft *Fibel*. Die von Luther verdrängten oberdeutschen Wörter werden nicht immer nur zu Varianten, die der Standardsprache verloren gehen. Die Varianten können auch zur

Bedeutungsdifferenzierung (vgl. Kap. 5.1) herangezogen werden: Das obd. Wort *Lefze* erhält die Bedeutung ‚Lippe bei Tieren' und nd./md. Wort *Lippe* bezeichnet in Abgrenzung die menschliche Lippe. Die von Luther häufig verwendete slawische Entlehnung *Grenze* wird zu der neuen Benennung für das Grenzzeichen und die alte Bezeichnung *Mark* in dieser Bedeutung wird durch die differenzierte Bedeutung ‚Grenzgebiet' ersetzt (vgl. Kluge/Seebold 2002: 372). Neben der Verbreitung schon vorhandener Wörter besteht Luthers Stärke in der **Bedeutungsbildung**. Dies darf nicht mit einer Wortneubildung verwechselt werden. Es sind im Wortschatz bereits etablierte Wörter, die neben ihrer Ausgangsbedeutung eine **neue Bedeutung** durch Luther erhalten. Die Mehrheit seiner semantischen Veränderungen gehören zur **Bedeutungsübertragung** (gemeinsames Merkmal (GM)) (vgl. Kap. 7.3) wie z.B. *Ausflug* (GM: Verlassen eines Ortes), *Beruf* (GM: Verpflichtung), *entrüstet* (GM: etwas ablegen), *fassen* (GM: etwas greifen) und *Richtschnur* (GM: etwas zur Normierung). Zur **Bedeutungsverschiebung** (sachlicher Zusammenhang (SM)) (vgl. Kap. 7.3) zählen *Memme* (SM: Mutter) und *köstlich* (SM: bedeutend). Die seltene **Bedeutungsverbesserung** liegt bei *Arbeit* vor (vgl. Kap. 7.4).

Fig. 71 Bedeutungsbildung durch Luther

Wort	Neue Bedeutung durch Luther	Ausgangsbedeutung
Arbeit	‚Tätigkeit, Aufgabe'	‚Mühsal'
Ausflug	‚das Reisen von Menschen'	‚das Ausfliegen von Vögeln'
Beruf	‚Amt'	‚Ruf Gottes (Berufung im geistlichen Sinn)'
entrüstet	‚zornig'	‚ausgezogene Rüstung'
fassen	‚begreifen'	‚etwas fassen, nehmen'
köstlich	‚wundervoll'	‚kostbar (von Gegenständen)'
Memme	‚Muttersöhnchen'	‚Mutterbrust'
Richtschnur	‚Kanon, Regel'	‚Schnur zur Überprüfung auf Geradlinigkeit von Gegenständen'

Zum Gebrauch von **Fremdwörtern** hatte Luther ein sehr reflektiertes Verhältnis. Wenn möglich, versucht er sie zu vermeiden. Von den zu seiner Zeit geläufigen lateinischen Modewörtern nimmt er Abstand. In einigen Fällen legt Luther Lehnübersetzungen vor (*Ebenbild*), überlegt sich passende Lehnübertragungen (*Jammertal*) oder er löst sich von dem fremden Wort völlig und sucht nach einem eigenen Sprachbild (*Morgenland*). Inwieweit er assimilierte Lehnwörter gebildet hat, ist nicht sicher. Das Wort *Fratze* könnte eine Bildung von ihm sein.

Fig. 72 Entlehnungen durch Luther

Entlehnung durch Luther	Fremdes Wort
Ebenbild Lehnübersetzung	lat. *configuratio*
Fratze assimiliertes Lehnwort (nach Kluge/Seebold unsicher)	ital. *frasche* ‚Possen'
Jammertal Lehnübertragung	lat. *vallis lacrimarum* [Übers.: Tal der Tränen]
Morgenland Freie Übertragung	griech. *anatolé* [Übers.: Sonnenaufgang]

Da die Entlehnung für Luther keine zufriedenstellende Möglichkeit der Wortgewinnung war, hat er verstärkt neue Wörter gebildet. Diese **Wortneubildungen** sind für den deutschen Wortschatz von großer Wichtigkeit, weil sie zu einem fester Bestandteil der Lexik geworden sind. Viele dieser neuen Wörter sind anschauliche und verständliche **Kompositionsbildungen**, hinter denen variierte Bilder stehen. Der Grund dafür liegt darin, dass sich die Bedeutungsstrukturen der deutschen Wörter kulturbedingt von den griechischen und lateinischen Lexemen unterscheiden. Luther möchte die Semantik der fremden Wörter für die Sprecher in der Wortform nachvollziehbar halten. Viele dieser Bildungen sind noch heute im Standardwortschatz vorhanden, wie z. B.: *Feuereifer, Gegenbild, Langmut, Lückenbüßer, Machtwort*. Dem Mangel an **Abstraktbildungen** zur damaligen Zeit begegnet Luther durch die Verbindung von Lexem und semantisch durchsichtiger Einheit. Die Verbindung von neuer Form und Semantik können die Bedeutungen so immer feiner ausdifferenzieren, wie bei *Barmherzigkeit, Bosheit* oder *Ordnung*. Die Wörter können bei Luther auch eine **Umwertung** durchlaufen und damit neue Ideenkonzepte bezeichnen, wie die **Schlüsselwörter** *Buße, Gnade* oder *Gerechtigkeit*.

14.2 Individualtypische Bedeutungen bei Goethe

Eine relative Einheitlichkeit des deutschen Wortschatzes war auch zur Zeit der Weimarer Klassik (1786–1805) noch nicht gegeben. Die seit dem 17. Jahrhundert aktiven Sprachgesellschaften setzten sich deshalb weiterhin intensiv für die Normierung des Deutschen ein. Ihr Ideal war eine Sprache der Klassik, die keine Regionalismen (Provinzialwörter), Fremdwörter, Archaismen, Neologismen oder metaphorischen Bildungen enthält. In dieser Konsequenz war das Programm natürlich nicht durchsetzbar. Das maßgebliche Lexikon der Zeit verfasste der Sprachnormierer **Johann Christoph Adelung** (1732–1806). Es heißt „Versuch eines vollständigen gramma-

tisch-kritischen Wörterbuchs der Hochdeutschen Mundart" (1774–1786). Die damaligen Schriftsteller orientierten sich einerseits an diesem Wörterbuch und wurden andererseits selbst zu **Sprachvorbildern** ernannt. Vor diesem Hintergrund wird deutlich, warum einzelne Schriftsteller die Macht hatten, mit ihrem literarischen Werk die Entwicklung des Deutschen zu beeinflussen. Dem **Individualwortschatz** der Schriftsteller wurde größtmögliche Aufmerksamkeit geschenkt, vor allem dem Wortschatz von **Johann Wolfgang (von) Goethe** (1749–1832) und **Friedrich (von) Schiller** (1759–1805). Das Deutsch von Goethe und Schiller ist zum **klassischen Deutsch** geworden. Auf keinen Fall darf vergessen werden, dass die beiden Schriftsteller primär ihre Literatur bei dem Einsatz von Sprache im Blick hatten. Bei der Untersuchung ihrer Lexik ist also die literarische Verwendung eines Wortes oder einer Wortbedeutung ein immer mit zu berücksichtigender Faktor.

Der **Wortschatz in Goethes Textkorpus** wird sehr groß eingeschätzt. Der Goethewortschatz-Spezialist Georg Objartel geht von ca. 93.000 Worteinträgen aus. Um diese Zahl einordnen zu können, nennt er interessante Vergleichszahlen: Der Lutherwortschatz kommt auf ungefähr 23.000 Worteinheiten, der Schillerwortschatz auf 30.000 und der Shakespeare-Wortschatz auf 29.000. Da Goethe und Schiller in der Sprache der Weimarer Klassik stets verbunden sind, ist die Trennung beider Einzelwortschätze, auch aufgrund der jetzigen Forschungslage, nur bedingt möglich. Darüber hinaus sind anders als bei Luther zur Zeit Goethes schon vielschichtige Beeinflussungen auf die deutsche Sprache festzumachen. Diese Punkte erschweren eine sichere Bestimmung der von Goethe erstmals verwendeten Wörter, Wortbedeutungen und gebildeten Entlehnungen.

Der Wortschatz Goethes wird im Rahmen eines großangelegten Akademieprojekts mit Arbeitsstellen in Berlin, Hamburg und Tübingen seit 1949 lexikographisch und lexikologisch aufbereitet. Das **Goethe-Wörterbuch** (GWb), ein Thesaurus, basiert auf ungefähr drei Millionen Textbelegen und ist somit ein textbezogenes Bedeutungswörterbuch. Zurzeit sind die Buchstaben K, L und M in Bearbeitung. Für das vollständige Alphabet steht das kleine einbändige Wörterbuch *Goethe-Wortschatz* von Paul Fischer aus dem Jahr 1929 zur Verfügung. Es ist sehr allgemein gehalten und die Auskünfte zu den semantischen Aspekten sind spärlich. Das „Deutsche Wörterbuch" der Brüder Grimm kommt ebenfalls infrage, da es umfassendes Wortmaterial von Goethe berücksichtigt hat. Das GWb bietet im Unterschied zu den beiden genannten Wörterbüchern detaillierte semantische Angaben zu den einzelnen Wörtern von Goethe: Die semantische Merkmalsbestimmung wie auch die kontextuellen Komponenten sind Teil der Ermittlung der Wortbedeutung.

Die **individuelle Sprache Goethes** ist das Hauptthema in der Beschäftigung mit seinem Wortschatz. Dazu gehört zunächst einmal die Frage, welche Wörter durch die intensive Verwendung von Goethe Teil der Standardsprache geworden sind. Dabei sind aber nicht die von ihm selbst gebildeten Wörter gemeint, sondern bereits vorhandene Wörter.

Fig. 73 Durch Goethe verbreitete Wörter

Verbreitung im Hd. durch Goethe	Verdrängte Bedeutung
aufdröseln ‚entwirren‘ (regional: Md.)	
betulich ‚übertrieben fürsorglich‘	
Bildung ‚Erwerbung von Können‘ (Wandlung der Ideale)	Bildung ‚das Hervorgebrachte‘
entschieden ‚eindeutig, klar‘	
Gebaren ‚auffälliges Benehmen‘ (Archaismus: Gebahren)	
geschäftig ‚eifrig tätig‘	
Klatsch ‚böswilliges, leeres Gerede‘ (mündliche Sprache)	
nachhalten ‚andauern, nachwirken‘	nachhalten mit Dat. ‚nachstellen‘
vertrackt ‚schwierig zu lösen‘ (regional: Nd., Md.)	

Betrachtet man die Liste der von Goethe häufig verwendeten, nun standardsprachlichen Wörter, dann fällt sofort ins Auge, dass etliche darunter sind, die den Normierungsbestrebungen der damaligen Zeit standgehalten haben: Es sind Regionalismen wie *aufdröseln* und *vertrackt*, Archaismen wie *Gebaren* oder Wörter der mündlichen Sprache wie *Klatsch*. In der heutigen Hochsprache sind sie allerdings allesamt stilistisch als umgangssprachlich markiert. Wörter ohne besondere Auffälligkeiten zur Zeit der Klassik wie *betulich*, *entschieden* und *geschäftig* sind von Goethe sehr häufig verwendet worden und deshalb wohl in den Standardwortschatz gelangt. Das Adjektiv *betulich* ist unterdessen dabei zu veralten und den Standardwortschatz auf lange Sicht wieder zu verlassen. Auch wenn Goethe bestimmte Wörter häufig gebraucht hat, so ist immer noch nicht sicher zu entscheiden, ob dies allein für die Verbreitung ausschlaggebend war. Für solch eine Aussage müsste die Frequenz dieser Wörter ebenfalls in den Wortschätzen einflussreicher Zeitgenossen untersucht werden. Wörter wie *Bildung* und *nachhalten* (Wortgrundlage für das Trendwort *Nachhaltigkeit*, vgl. Kap. 4.2) sind semantisch gesehen interessant, da diese Wörter in ihrer alten Bedeutung dadurch verdrängt werden, dass Goethe sie in ihrer neuen

Bedeutung popularisiert. Teilweise drücken die neuen Bedeutungen auch neue Ideen aus (z. B. *Bildung*).

Die von Goethe verwendeten, immer noch gebräuchlichen Wörter stimmen nicht immer mit der heutigen Wortsemantik überein.

Fig. 74 Bedeutungsbildung bei Goethe

Wort	Von Goethe verwendete Bedeutung	Aktuelle Bedeutung
Bedingung	‚Begrenzung, Einschränkung'	‚Abhängigkeit einer Sache von der Erfüllung einer anderen Sache'
entgegnen	‚begegnen'	‚erwidern'
erhalten	‚festhalten'	‚bekommen, bewahren'
Heiterkeit	‚ausgeglichene Gemütsverfassung'	‚sicht- und hörbar fröhliche Stimmung'
Kasse	‚Geldvorrat'	‚Behälter zum Geldaufbewahren'
schmächtig	‚von schmachtender Gesinnung'	‚von dünner und zarter Gestalt'
tüchtig	‚fest in den Pflichten wurzelnd'	‚etwas mit Können und Fleiß erfüllend'
widerlich	‚unangenehm'	‚Ekel hervorrufend'

Vor allem für das heutige Verständnis von Goethes Texten können die teilweise unterschiedlichen Wortbedeutungen eine Hürde darstellen. Im aktuellen Wortschatz nicht mehr enthaltene Wörter wie *Glast* ‚Glanz' bereiten weniger Schwierigkeiten, da ihre Unbekanntheit sofort auffällt.

Die Semantik einiger dieser Wörter, wie bei *entgegnen, erhalten* und *Bedingung* zeigen bei Goethe eine Nähe zur ursprünglichen, wörtlichen Bedeutung. Andere Wörter wie *tüchtig* gebraucht Goethe in ethisch normgebender Bedeutung. Dann wiederum verwendet Goethe Wörter in seltenen Bedeutungen wie *schmächtig* (Bedeutungsverschiebung zum Abstrakten), *Kasse* (metonymische Bedeutungsverschiebung) und Wörter mit feinen Bedeutungsdifferenzierungen wie *Heiterkeit* und *widerlich*.

Entgegen den Wünschen der Sprachnormierer in der Zeit der Klassik verwendet Goethe sehr wohl **Lehnwörter**. Das Lehnwort *Spektrum* hat Goethe nachweislich ins Deutsche entlehnt (vgl. Kluge/Seebold 2002: 863). Aus dem französischen Fremdwort *prägnant* mit der Ursprungsbedeutung ‚schwanger, trächtig' ist bei Goethe ein semantisch verändertes Fremdwort geworden, das sich dann durchgesetzt hat. Solche semantischen Weiterentwicklungen sind der Nährboden für *Faux amis* (vgl. Kap. 12.2). Bei *Labyrinth* verwendet Goethe fast nur die Nebenbedeutung (im nicht wörtlichen Sinn ‚Irrweg') und die Entlehnung *Egoist* sticht hervor, da Goethe sie sehr häufig gebraucht.

Fig. 75 Fremdwortgebrauch von Goethe

Von Goethe häufig verwendete Fremdwörter	Fremdes Wort
Egoist assimiliertes Lehnwort	lat. *ego* ‚ich' + -*ist*
Labyrinth (in übertragener Bedeutung) assimiliertes Lehnwort	griech. *labýrinthos*
prägnant (neue Bedeutung ‚kurz') assimiliertes Lehnwort	frz. *prégnant*
Spektrum assimiliertes Lehnwort	lat. *spectrum*

Um sich semantisch differenziert ausdrücken zu können, bildet Goethe eine Reihe **neuer Wörter** mit großer Bildlichkeit wie *Warnegeist* (= warnender Geist), das noch gebräuchliche *holzschnittartig* ‚zu schlicht' (ähnlich den ‚schlichten Holzschnitten'), *Eiertanz* (Wilhelm Meisters Lehrjahre) und *Morphologie*. Von anderen gebildete Wörter, die mit Goethes Werk in Verbindung stehen, sind: *Gretchenfrage* (Faust I) und *Wahlverwandtschaft* in übertragener Bedeutung.

14.3 Wandel in der Wortsemantik durch Nietzsche

Die Sprache des Philosophen **Friedrich Nietzsche** (1844–1900) ist über die Grenzen seines Fachgebietes von großer Bedeutsamkeit. Zwar konnte er aufgrund der fachsprachlichen Gebundenheit den deutschen Standardwortschatz nicht in gleicher Weise beeinflussen wie Luther und Goethe, aber um die **Ausdifferenzierung der Lexik** hat er sich verdient gemacht. Nietzsches Wortschatz ist deshalb so aufschlussreich für lexikologische Untersuchungen, weil er den Fremdwortgebrauch und fachsprachlichen Jargon möglichst vermieden hat. Stattdessen bedient er sich hauptsächlich der Standardsprache und reflektiert über die semantischen Möglichkeiten von Wörtern zur Bildung von Ideen. Nietzsche erkennt, dass Wörter die Kraft haben, ganze Konzepte zu repräsentieren.

Die Intensität, mit der er bis ins Detail die Wortbedeutungen durchdenkt, ist wohl auch ausschlaggebend dafür, warum seine philosophischen Schriften bis heute weit über ein Fachpublikum hinaus gelesen werden. Die Kraft der Nietzsche-Wörter zeigt sich am besten an dem Wort *Übermensch* ‚gottähnlicher Mensch', das standardsprachlich geworden ist und dort abgeschwächt „außerordentlich befähigter Mensch" bedeutet. Ins Englische wurde dieses Wort zu Beginn des letzten Jahrhunderts in der Form *ubermensch* entlehnt. Das starke Interesse Nietzsches an der deutschen Sprache äußert sich darin, dass er ein großer Kritiker der neuen Sprachentwicklungen seiner Zeit war, die er als *Sprachverlumpung* anprangert.

Die genaue Erfassung des Wortschatzes von Nietzsche war lange Zeit ein Desiderat. Selbst das „Deutsche Wörterbuch" der Brüder Grimm konnte nicht so richtig weiterhelfen, da Nietzsches Schriften erst spät in einem größeren Umfang als Belegmaterial hinzugezogen wurden. Seit 2004 gibt es nun ein umfassendes *Nietzsche Wörterbuch* (NWB). Dieses auf vier Bände angelegte Wörterbuch wird von einer interdisziplinären Forschungsgruppe unter der Leitung des Philosophie-Wissenschaftlers **Paul van Tongeren** an der Universität Nijmegen erarbeitet. Der Sprachwissenschaftler **Gerd Schank** (1938–2007) war an der Konzeption des Projektes und der Ausarbeitung des ersten Bandes maßgeblich beteiligt. Das für die Lexikologie vor allem Interessante an dem Wörterbuch sind die semantisch ausgefeilten Wortartikel, in denen die aufgefächerten Wortbedeutungen und die semantischen Bezüge in Nietzsches Vokabular detailliert bestimmt werden.

Eine große Zahl an Wörtern verwendet Nietzsche polysem. Das Bedeutungsspektrum zeigt sich in der Polarität und semantischen Abwandlung.

Fig. 76 Semantische Differenzierungen in Nietzsches Sprache

Wort	Bedeutungen bei Nietzsche
Askese	**positiv:** selbstauferlegte Prozeduren; **negativ:** Weltverneinung
Attitüde	**neutral/positiv:** Haltung; **negativ:** Heuchelei, Pose
Bequemlichkeit	**positiv:** Leichtigkeit, Mühelosigkeit; **negativ:** Dekadenz, ohne Anstrengung, Sich-gehen-Lassen
Bescheidenheit	**positiv:** Vornehmheit; **negativ:** „falsche" Selbstverkleinerung
Betrachtung	**weite Bedeutung:** verschiedene Formen von Ansichten und Denkweisen: **enge Bedeutung:** N.s eigenen Ansichten oder andere wichtige Ansichten
brav	**positiv:** mutig, unbestechlich; **negativ:** (häufigere Verwendung): mittelmäßig, oberflächlich, untertänig
bunt	**positiv:** Bejahung der Welt; **negativ:** Dinge ohne Organisation und Einheit

Eine zweite Charakteristik in Nietzsches Lexik ist die Konstruktion neuer Bedeutungen, die teilweise stark ausdifferenziert sind (vgl. *anscheinend*).

Fig. 77 Bedeutungsbildung bei Nietzsche

Wort	Ausgangsbedeutung	Von Nietzsche weiterentwickelte Bedeutung
Abenteuer	‚unerwartetes Erlebnis'	‚Mangel an Maß und Ordnung'→ später umgedeutet zu ‚Wagnis, sich von Besitz zu lösen'
anscheinend	‚wie anzunehmen ist'	vier Wahrheitsgrade: 1) ‚falsch', 2) ‚anders interpretierbar', 3) ‚hypothetisch wahr', 4) ‚anscheinend'
Blitz	‚Naturerscheinung' (Vergleichsbildungen)	‚wichtige Konzepte, zentrale Philosophen'
Chaos	‚Auflösung der Ordnung'	‚Voraussetzung für Gestaltungskraft'

Zur Gewinnung neuer Wörter wählt Nietzsche häufig passende Wörter anderer Disziplinen. Diese sondersprachlichen Wörter stehen semantisch in loser Verbindung zur Philosophie.

Fig. 78 Sondersprachliche Wörter in Nietzsches Wortschatz

Von Nietzsche verwendete Wörter	Herkunft Sonderwortschatz
Begriffsdichtung ‚Begrifflichkeiten der Philosophie als Bereich der Dichtung'	aus dem Bereich der Philosophie (Konzept F.A. Langes)
Transfiguration ‚die Umwandlung'	aus dem Bereich der Religion und der Kunst (Gemälde Raffaels)
Tugend	aus dem Bereich der Politik (Konzept Machiavellis)
Wahlverwandtschaft	aus dem Bereich der Literatur (Roman Goethes)

Nietzsches Wortneubildungen sind meist Bindestrich-Komposita mit ausdrucksstarken Wörtern. So gelingt es ihm die Semantik durch Wortkoppelungen zu komprimieren.

Fig. 79 Nietzsches neue Wörter (Okkasionalismen)

Von Nietzsche gebildete Wörter	Bedeutung
Anmenschlichung	‚Bezug auf alles Menschliche'
Besitzdurst	‚Verlangen, etwas zu besitzen'
Idioten-Urteil	‚Meinungsäußerung von Ignoranten'
Stimmvieh-Rechte	‚die Rechte, abstimmen zu dürfen'

Fig. 80 Nietzsches neue Wörter (in der Standardsprache)

Von Nietzsche gebildete Wörter	Bedeutung
Herrenmoral	‚Moralsystem der Herrschenden'
Hinterwelt	‚Parallelwelt zur bestehenden Welt'
moralinsauer	‚übertrieben moralisierend'
Umwertung	‚Werte neu bestimmen'

14.4 Übungsaufgaben

1. Beschreiben Sie den Verdienst Luthers für den Standardwortschatz!

2. Beschreiben Sie den Verdienst Goethes für den Standardwortschatz!

3. Wie können sich die Wortbedeutungen bei Goethe von den heutigen Wortbedeutungen unterscheiden?

4. Nennen Sie Möglichkeiten der Bedeutungsdifferenzierung bei Nietzsche!

15 Anhang

15.1 Bibliographie

Anmerkung: Internetadressen, die mit http://web.ebscohost.com/ beginnen, sind über die Datenbank MLA *International Bibliography* [*Modern Language Association*] ermittelt worden

Lexikologie. Ein internationales Handbuch zur Natur und Struktur von Wörtern und Wortschätzen. Hrsg. von D. Alan Cruse, Franz Hundsnurscher, Michael Job, Peter Rolf Lutzeier. Berlin, New York 2002 (Bd. 1), 2005 (Bd. 2) (= Handbücher zur Sprach- und Kommunikationswissenschaft 21.1 u. 21.2).

Wörterbücher (öfters zitiert und nicht den einzelnen Kapiteln zugeordnet; siehe weiterhin auch Fig. 6)

Duden-GWDS
Duden. Das große Wörterbuch der deutschen Sprache in zehn Bänden (1999), Hrsg. vom Wissenschaftlichen Rat der Dudenredaktion [Werner Scholze-Stubenrecht (Projektleiter)]. 3., völlig neu bearb. und erw. Aufl. Mannheim u. a. [+ CD-ROM]

DW – Grimm/DWB
Deutsches Wörterbuch von Jacob und Wilhelm Grimm (1854–1960). 16 Bde. Quellenverzeichnis 1971 [Nachdruck München 1984]. Neubearbeitung 1983 ff. Bd. 1 ff. Leipzig. Online Version URL: http://germazope.uni-trier.de/Projects/DWB

Kluge/Pfeifer
Kluge/Seebold (2002), Kluge. Etymologisches Wörterbuch der deutschen Sprache. Bearb. von Elmar Seebold. 24., durchges. u. erw. Aufl. Berlin, New York. [+ CD-ROM]
Pfeifer, Wolfgang (2000), Etymologisches Wörterbuch des Deutschen. Ungekürzte, durchges. Ausg., 5. Aufl. München.

Oxford English Dictionary
The Oxford English Dictionary (1989), Edited by John Simpson and Edmund Weiner. 20 Vol. Second Edition. Additions Series, Vol. 1–3 (1993–1997). Oxford. [printed version] online version URL: http://www.oed.com/

2. Arbeitsweise in der Lexikologie

Albert, Ruth; Koster, Cor J. (2002), Empirie in Linguistik und Sprachlehrforschung. Ein methodologisches Arbeitsbuch. Tübingen.
Carstensen, Kai-Uwe; Ebert, Christian; Ebert, Cornelia; Jekat, Susanne; Klabunde, Ralf; Langer, Hagen (Hrsg.) (2010), Computerlinguistik und Sprachtechnologie. Eine Einführung. 3. übrarb. u. erw. Aufl. Heidelberg.
Diemer, Stefan (2008), Das Internet als Korpus? Aktuelle Fragen und Methoden der Korpuslinguistik. In: *Saarland Working Papers in Linguistics (SWPL)* 2: 29–57. URL: http://scidok.sulb.unisaarland.de/volltexte/2009/2148/pdf/Diemer_29_57.pdf
Geyken, Alexander (2009), Automatische Wortschatzerschließung großer Textkorpora am

Beispiel des DWDS. In: *Linguistik online* 39/3 (2009). URL: http://www.linguistik-online.de/39_09/geyken.html

Halliday, M.A.K.; Cermáková, Anna; Yallop, Colin; Teubert, Wolfgang (2004), Lexicology and Corpus Linguistics. An Introduction. London, New York.

Kallmeyer, Werner; Zifonun, Gisela (Hrsg.) (2007), Sprachkorpora – Datenmengen und Erkenntnisfortschritt. Berlin, New York (= IDS Jahrbuch 2006).

Kupietz, Marc; Keibel, Holger (2009), The Mannheim German Reference Corpus (DeReKo) as a basis for empirical linguistic research. In: Minegishi, Makoto; Kawaguchi, Yuji (eds.): *Working Papers in Corpus-based Linguistics and Language Education*, No. 3. Tokyo: 53–59. URL: http://cblle.tufs.ac.jp/assets/files/publications/working_papers_03/section/053–059.pdf

Lemnitzer, Lothar; Zinsmeister, Heike (2006), Korpuslinguistik. Eine Einführung. Tübingen.

Merten, Klaus (1995), Inhaltsanalyse. Einführung in die Theorie, Methode und Praxis. 2. verbess. Aufl. Opladen.

Nesi, Hilary (2009), Dictionaries in electronic form. In: Cowie, A.P. (ed.): *The Oxford History of English Lexicography. Vol. II Specialized Dictionaries.* Oxford, New York: 458–478.

Scherer, Carmen (2006), Korpuslinguistik, Heidelberg.

Stubbs, Michael (2001), Words and Phrases. Corpus Studies of Lexical Semantics. Oxford.

3. Theorien zur Wortbedeutung

Coseriu, Eugenio (1978), Einführung in die strukturelle Betrachtung des Wortschatzes. In: Geckeler, Horst (Hrsg.), *Strukturelle Bedeutungslehre*. Darmstadt: 193–238. [ursprünglich in frz. Sprache von 1966]

Fritz, Gerd (1998), Ansätze zu einer Theorie des Sprachwandels auf der lexikalischen Ebene. In: Besch, Werner; Betten, Anne; Reichmann, Oskar; Sonderegger, Stefan (Hrsg.), *Sprachgeschichte. Ein Handbuch zur Geschichte der deutschen Sprache und ihrer Erforschung*. 2. vollst. neu bearb. u. erw. Aufl. Berlin. New York: 860–874 (= HSK 2.1).

Geeraerts, Dirk (2010), Theories of lexical semantics. Oxford:

Gipper, Helmut (1992/93), Theorie und Praxis inhaltbezogener Sprachforschung. Aufsätze und Vorträge 1953–1990. Bd. 1–5. Münster.

Hundsnurscher, Franz (2004), Wandlungen des Wortfeld-Konzepts. In: Toth, Jozsef (Hrsg.), Quo vadis Wortfeldforschung?. Frankfurt a. M. u. a.: 23–36.

Hjelmslev, Louis (1928), Principes de grammaire générale. Kopenhagen.

Kleiber, Georges (1998), Prototypensemantik. Eine Einführung. 2. überarb. Aufl. Tübingen.

Labov, William (1973), The boundaries of words and their meanings. In: Bailey, C.-J.; Shuy, R. (eds.), *New Ways of Analyzing Variation in English*. Washington, DC: 340–373.

Lakoff, George; Johnson, Mark (1980), Metaphors we live by. Chicago. [Dt. Ausgabe: *Leben in Metaphern. Konstruktion und Gebrauch von Sprachbildern*. 6. Aufl. Heidelberg 2008]

Lutzeier, Peter Rolf (1993), Studien zur Wortfeldtheorie. Tübingen.

Mangasser-Wahl, M. (2000), Von der Prototypentheorie zur empirischen Semantik. Frankfurt am Main.

Pottier, Bernard (1978), Die semantische Definition in Wörterbüchern. In: Geckeler, Horst (Hrsg.), *Strukturelle Bedeutungslehre*. Darmstadt: 402–411. [Frz. Ausgabe: La définition sémantique dans les dictionnaires: In: Travaux de langue et de littérature, Vol. 3,1. Strasbourg 1965: 33–39]

Pümpel-Mader, Maria (2010), Personenstereotype. Eine linguistische Untersuchung zu Form und Funktion von Stereotypen. Heidelberg.

Rosch, Eleanor (1973), Natural categories. In: *Cognitive Psychology* 4, 328–350.
Rosch, Eleanor (1983), Prototype classification and logical classification: The two systems. In: Scholnick, E. F. (ed.), *New trends in conceptual representation: Challenges to Piaget's theory?* Hillsdale, NJ.: 73–86.
Schmid, Hans-Jörg (2002), Konzeptuelle Ansätze IV: Die Stereotypensemantik. In: Cruse, D. Alan; Hundsnurscher, Franz; Job, Michael; Lutzeier, Peter Rolf (Hrsg.), *Lexikologie. Ein internationales Handbuch zur Natur und Struktur von Wörtern und Wortschätzen.* Berlin, New York: 291–296 (= HSK 21.1).
Trier, Jost (1931), Der deutsche Wortschatz im Sinnbezirk des Verstandes. Die Geschichte eines sprachlichen Feldes I: Von den Anfängen bis zum Beginn des 13. Jahrhunderts. Heidelberg.
Weisgerber, Leo (1962), Die sprachliche Gestaltung der Welt. 3. neubearb. Aufl. Düsseldorf.
Wittgenstein, Ludwig (2003), Philosophische Untersuchungen. Frankfurt a. Main. [zuerst 1953 postum]

4. Benennungsbildung und Bedeutungsbildung

Braun, Peter (2001), Augenblicks- und Gelegenheitsbildungen. Für eine begriffliche Differenzierung. In: Henne, Helmut; Burkhardt, Armin; Cherubim, Dieter (Hrsg.), *Sprache im Leben der Zeit. Beiträge zur Theorie, Analyse und Kritik der deutschen Sprache in Vergangenheit und Gegenwart. Helmut Henne zum 65. Geburtstag.* Tübingen: 283–290.
Deutsches Neologismenwörterbuch: Deutsches Neologismenwörterbuch. Neue Wörter und Wortbedeutungen in der Gegenwartssprache (2007). Hrsg. von Uwe Quasthoff unter Mitarb. von Sandra Liebold, Nancy Taubert, Tanja Wolf. Berlin, New York.
Elsen, Hilke (2004), Neologismen. Formen und Funktionen neuer Wörter in verschiedenen Varietäten des Deutschen. Tübingen (= Tübinger Beiträge zur Linguistik 477).
Fellner, Robert (2009), Okkasionalismen in Werbeslogans zwischen 2003 und 2008 unter besonderer Berücksichtigung der Branchen Kosmetik, Ernährung, Getränke und Pharmazie. Diplomarbeit, Universität Wien. Philologisch-Kulturwissenschaftliche Fakultät. Wien. URL: http://othes.univie.ac.at/6461/1/2009-08-27_0213501.pdf
Hohenhaus, Peter (1996), Ad-hoc-Wortbildung. Terminologie, Typologie und Theorie kreativer Wortbildung im Englischen. Frankfurt a. M. u. a.
Michel, Georg (1997), Okkasionalismen und Textstruktur. In: Barz, Irmhild; Schröder, Marianne (Hrsg.), *Nominationsforschung im Deutschen. Festschrift für Wolfgang Fleischer zum 75. Geburtstag.* Frankfurt a. M. u. a.: 337–344.
Neologismen der 90er Jahre: Herberg, Dieter; Kinne, Michael; Steffens, Doris (2004), Neuer Wortschatz. Neologismen der 90er Jahre im Deutschen. Unter Mitarbeit von Elke Tellenbach und Doris al-Wadi. Berlin, New York (= Schriften des Instituts für Deutsche Sprache 11).
Schlosser, Horst Dieter (2002), Lexikon der Unwörter. München.
Schmid, Hans-Jörg (2008), New words in the mind: Concept-formation and entrenchment of neologisms. In: Anglia 126, 1: 1–36.
Skeat, Walter William (1886), Report upon „Ghost-Words", or words which have no real existence. In: *Transactions of the Philological Society 1885–7.* Strassburg: 350–375. URL: http://www.archive.org/stream/transactionsphi03britgoog#page/n271/mode/1up
Steffens, Doris (2010), *Tigerentenkoalition* – schon gehört? Zum neuen Wortschatz im Deutschen. In: Sprachreport 1/2010: 2–8.
Teubert, Wolfgang (Hrsg.) (1998), Neologie und Korpus. Tübingen (= Studien zur deutschen Sprache 11).

Tomášiková, Slavomíra (2008), Okkasionalismen in den deutschen Medien In: Bočák, Michal; Rusnák, Juraj (eds.). Media and Text II. Prešov: 246–256. URL: http://www.pulib.sk/elpub2/FF/Bocak1/pdf_doc/tomasikova.pdf

Wolf-Bleiß, Birgit (2009), Neologismen. Sprachwandel im Bereich der Lexik. In: Karl-Heinz Siehr; Berner, Elisabeth (Hrsg.), *Sprachwandel und Entwicklungstendenzen als Themen im Deutschunterricht: fachliche Grundlagen. Unterrichtsanregungen, Unterrichtsmaterialien.* Potsdam: 83–102. URL: http://opus.kobv.de/ubp/volltexte/2009/3300/pdf/sprachwandel.pdf

5. Innovation und Bedeutungsentwicklung

Androutsopoulos, Jannis (2005), ... *und jetzt gehe ich chillen*. Jugend- und Szenesprachen als lexikalische Erneuerungsquellen des Standards. In: Eichinger, Ludwig M.; Kallmeyer, Werner (Hrsg.), *Standardvariation. Wie viel Variation verträgt die deutsche Sprache?* Berlin, New York: 171–206 (= Jahrbuch des Instituts für Deutsche Sprache 2004).

Baggesen, Jens Immanuel (1800), Ode an Napoleon. In: Baggesen, Karl; Baggesen, August (Hrsg.), *Jens Baggesen`s poetische Werke in deutscher Sprache*. Teil 2. Leipzig 1836: 92–103. [vollständig eingescannt bei Google Books]

Burckhardt, Armin; Schlobinski, Peter (2009), Flickflack, Foul und Tsukahara. Der Sport und seine Sprache. Mannheim (= Duden. Thema Deutsch 10).

Cherubim, Dieter (1988), Sprach-Fossilien. Beobachtungen zum Gebrauch, zur Beschreibung und zur Bewertung der sogenannten Archaismen. In: Munske, Horst Haider; von Polenz, Peter; Reichmann, Oskar, und Hildebrandt, Reiner (Hrsg.), *Deutscher Wortschatz. Lexikologische Studien. Ludwig Erich Schmitt zum 80. Geburtstag von seinen Marburger Schülern*. Berlin, New York: 525–552.

Henne, Helmut (2009), Jugend und ihre Sprache. Darstellung, Materialien, Kritik. 2. Aufl. Hildesheim u. a.

Jang, Ae Yoon (2006), Lexikalische Archaismen und ihre Verwendung in Pressetexten des heutigen Deutsch. Diss. Göttingen. URL: http://webdoc.sub.gwdg.de/diss/2006/jang/jang.pdf

Keller, Rudi (1994), Sprachwandel. Von der unsichtbaren Hand in der Sprache. Tübingen (= UTB 1567).

Koch, Peter (2005), Ein Blick auf die unsichtbare Hand. Kognitive Universalien und historische romanische Lexikologie. In: Stehl, Thomas (Hrsg.), *Unsichtbare Hand und Sprecherwahl. Typologie und Prozesse des Sprachwandels in der Romania*, Tübingen: 245–275 (= Tübinger Beiträge zur Linguistik 471).

Neuland, Eva (2008), Jugendsprache. Eine Einführung. Tübingen (= UTB 2397).

Osman, Nabil (2007), Kleines Lexikon untergegangener Wörter oder von Afterkind bis Zungenheld. Wortuntergang seit dem Ende des 18. Jahrhunderts. München.

Wiese, Heike (2006), Partikeldiminuierung im Deutschen. In: Sprachwissenschaft 31, 4: 457–489.

6. Strukturierung der Wortbedeutungen

Aberra, Daniel A. (2006), The hierarchical relationship of words: Superordinate, hyponym and subordinate. In: *UAWPL* [*University of Alberta Working Papers in Linguistics*] Vol. 1.: 1–11. URL: http://ualberta.academia.edu/danielaberra/Papers

Berlin, Brent; Kay, Paul (1969/1991), Basic color terms: Their universality and evolution. Berkeley, Los Angeles [Reprint 1991 mit zusätzlicher Bibliographie zu „color categorisation research 1970–1990" (von Luisa Maffi)].

Bréal, Michel (1897), Essai de sémantique. Science des significations. Paris. URL: http://gallica.bnf.fr/ark:/12148/bpt6k50474n

Dornseiff, Franz (2004), Der deutsche Wortschatz nach Sachgruppen. Mit einer lexikographisch-historischen Einführung und einer ausführlichen Bibliographie zur Lexikographie und Onomasiologie. Hrsg. von Uwe Quasthoff. Berlin, New York. [Erste Auflage aus dem Jahr 1933]

Grzega, Joachim (2002), Moderne Probleme und Ergebnisse einer lexikalischen Dialektstudie: Dialektgebrauch, Dialektkenntnis und onomasiologische Kenntnis bei Schülern aus Treuchtlingen. In: Onomasiology Online 3: 1–23. URL: http://www1.ku-eichstaett.de/SLF/EngluVglSW/grzega1022.pdf

Haspelmath, Martin (2010), Comparative concepts and descriptive categories in cross-linguistic studies. In: *Language* 86 [MS 1–27, URL: http://www.eva.mpg.de/lingua/staff/haspelmath/pdf/ComparativeConcepts.pdf

Kay, Paul; Berlin, Brent; Maffi, Luisa; Merrifield, William R.; Cook, Richard (2010), The World Color Survey. Stanford (= CSLI Lecture Notes Number 159).

Koch, Peter; Gèvaudan, Paul (im Druck), DECOLAR. Dictionnaire Etymologique et Cognitif des Langues Romanes.

Lang, Ewald (1987), Semantik der Dimensionsauszeichnung räumlicher Objekte. In: Bierwisch, Manfred; Lang, Ewald (Hrsg.), *Grammatische und konzeptuelle Aspekte von Dimensionsadjektiven.* Berlin: 287–458 (= Studia grammatica 26/27).

Langacker, Ronald W. (1986), Settings, participants, and grammatical relations. In: Delancey, Scott; Tomlin, Russel S. (eds.), *Proceedings of the Second Annual Meeting of the Pacific Linguistics Conference. Department of Linguistics, University of Oregon, Eugene.* Oregon: 1–31.

Langer, Stefan (2003), Kohyponymie in elektronischen Wörterbüchern. In: *LDV Forum* 18/1–2: 133–144. URL: http://www.jlcl.org/2003_Doppelheft/133-144_Langer.pdf

Levickij, Victor (2005), Polysemie. In: Köhler, Reinhard; Altmann, Gabriel; Piotrowski, Rajmund G. (Hrsg.), *Quantitative Linguistik. Ein internationales Handbuch.* Berlin, New York: 458–464 (= HSK 27).

Lutzeier, Peter Rolf (1995), Lexikologie. Ein Arbeitsbuch. Tübingen

Lutzeier, Peter Rolf (2007 ff.), Wörterbuch des Gegensinns im Deutschen. Berlin, New York. Bd. 1 (bisher erschienen).

Lyons, John (1995), Linguistic Semantics. Cambridge.

Müller, Wolfgang (1998/2000), Das Gegenwort-Wörterbuch. Ein Kontrastwörterbuch mit Gebrauchshinweisen. Berlin, New York [unveränd. Nachdr. 2000]

Murphy, Lynne (2004), Semantic Relations and the Lexicon. Antonymy, Synonymy and other Paradigms. Cambridge.

Pinkal, Manfred (1991), Vagheit und Ambiguität. In: von Stechow, Arnim; Wunderlich, Dieter (Hrsg.). *Semantik. Ein internationales Handbuch der zeitgenössischen Forschung.* Berlin, New York: 250–269 (= HSK 6).

Porzig, Walter (1934), Wesenhafte Bedeutungsbeziehungen. In: *Beiträge zur deutschen Sprache und Literatur* 58: 70–97.

Saussure, Ferdinand de (2003), Grundfragen der allgemeinen Sprachwissenschaft. 3. Aufl. Berlin, New York [Übersetzung der frz. Originalausgabe von 1916).

Schmidt-Wiegand, Ruth (1992), „Wörter und Sachen". Forschungsrichtung – Forschungsinteresse – Forschungsaufgabe. In: Beitl, Klaus; Chiva, Isac (Hrsg.), *Wörter und Sachen.* Öster-

reichische und deutsche Beiträge zur Ethnographie und Dialektologie Frankreichs. Ein französisch-deutsch-österreichisches Projekt. Referate des 3. Internationalen Symposions des Instituts für Gegenwartsvolkskunde der Österreichischen Akademie der Wissenschaften vom 18. bis 21. September 1988 in Eisenstadt (Burgenland). Wien: 21–44.
Steeg, Florian (2007), Wortsinndisambiguierung durch hierarchische Kontextabstraktion. M.A.-Arbeit. Köln. URL: http://quui.de/fsteeg/files/fsteeg-ma.pdf
Weinreich, Uriel (1972), Explorations in Semantic Theory. Paris. (= Janua Linguarum. Series Minor. Studia Memoriae Nicolai van Wijk dedicata 89).

7. Typen des Bedeutungswandels

Blank, Andreas (1993), Zwei Phantome der historischen Semantik: Bedeutungsverbesserung und Bedeutungsverschlechterung. In: *Romanistisches Jahrbuch* 44.: 57–85.
Blank, Andreas (1999), Why do new meanings occur? A cognitive typology of the motivations for lexical semantic change. In: Blank, Andreas; Koch, Peter; *Historical Semantics and Cognition.* Berlin, New York: 61–89 (= Cognitive Linguistics Research 13).
Bloomfield, Leonard (1933), Language. London. URL: http://www.scribd.com/doc/6383057/Bloomfield-Leonard-Language-1933
Jaberg, Karl (1901/3/5), Pejorative Bedeutungsentwicklung im Französischen. Mit Berücksichtigung allgemeiner Fragen der Semasiologie. In: *Zeitschrift für romanische Philologie* 25, 1901: 561–600; 27, 1903: 25–71; 29, 1905: 57–71.
Keller, Rudi; Kirschbaum, Ilja (2003), Bedeutungswandel. Eine Einführung. Berlin, New York.
Nerlich, Brigitte (2006), Research on semantic change after Hermann Paul. In: Auroux, Sylvain; Koerner, E.F.K.; Niederehe, Hans-Josef; Versteegh, Kees (Hrsg.), *Geschichte der Sprachwissenschaften. Ein internationales Handbuch zur Entwicklung der Sprachforschung von den Anfängen bis zur Gegenwart.* Berlin, New York: 2195–2200 (= HSK 18.3).
Paul, Hermann (1880/1995), Prinzipien der Sprachgeschichte. 10. unveränd. Aufl. Berlin, New York (= Konzepte der Sprach- und Literaturwissenschaft 6).
Traugott, Elizabeth C. (2006), Semantic Change: Bleaching, Strengthening, Narrowing, Extension. In: Brown, Keith (ed.), *Encyclopedia of Language & Linguistics.* 2. Edition. Amsterdam u. a.: 124–131.

8. Funktion von Wortbedeutungen

Allan, Keith; Burridge, Kate (1991), Euphemism and Dysphemism: Language Used as Shield and Weapon. New York.
Allan, Keith; Burridge, Kate (2006), Forbidden Words: Taboo and the Censoring of Language. Cambridge: Cambridge University Press.
Cruse, Alan (2002), Paradigmatic relations of inclusion and identity III: Synonymy. In: Cruse, D. Alan; Hundsnurscher, Franz; Job, Michael; Lutzeier, Peter Rolf (Hrsg.), Lexikologie. Ein internationales Handbuch zur Natur und Struktur von Wörtern und Wortschätzen. Berlin, New York: 485–497 (= HSK 21.1).
Eroms, Hans-Werner (2008), Stil und Stilistik. Eine Einführung. Berlin (= Grundlagen der Germanistik 45).
Gardt, Andreas (2009), Stil und Bedeutung. In: Fix, Ulla; Gardt, Andreas; Knape, Joachim (Hrsg.), Rhetorik und Stilistik. Ein internationales Handbuch historischer und systematischer Forschung. Berlin: 1196–1210 (= HSK 31.2).

Hahn, Marion (2004), Synonyme und Quasi-Synonyme in lexikografischer Hinsicht. In: Neuphilologische Mitteilungen: Bulletin de la Societe Neophilologique/Bulletin of the Modern Language Society 105, 1: 3–20.
Jay, Timothy; Janschewitz, Kristin (2008), The pragmatics of swearing. In: Journal of Politeness Research: Language, Behavior, Culture 4, 2: 267–288 In: URL: http://web.ebscohost.com/ehost/pdfviewer/pdfviewer?vid=1&hid=119&sid=91df5474-d6b4-4003-bd3d-c63209cfe7f2%40sessionmgr113
Liu, Dilin (2010), Is It a Chief, Main, Major, Primary, or Principal Concern? A Corpus-Based Behavioral Profile Study of Near-Synonyms. In: International Journal of Corpus Linguistics 15, 1: 56–87. URL: http://web.ebscohost.com/ehost/pdfviewer/pdfviewer?vid=46&hid=119&sid=a3ebc0fa-bb67-4227-aa48-74703825ba52%40sessionmgr113
Nadova, Ida (2008), Der Euphemismus in der politischen Sprache. In: Valentin, Jean-Marie; Vinckel, Hélène (Hrsg.), Germanistik im Konflikt der Kulturen. Bd. 4: Empirische Grundlagen moderner Grammatikforschung. Bern u. a.: 263–266 (= JIGA 80).
Pinker, Steven (2002), The Blank Slate. The Modern Denial of Human Nature. New York. [dt. Ausgabe: Das unbeschriebene Blatt. Die moderne Leugnung der menschlichen Natur. Berlin 2003]
Reutner, Ursula (2009), Sprache und Tabu. Interpretationen zu französischen und italienischen Euphemismen. Tübingen (= Beihefte zur Zeitschrift für Romanische Philologie 346).
Schlosser, Horst Dieter (2007), Verhüllen – verdrängen – beschönigen. Euphemismen im kulturellen Wandel. In: Muttersprache 117: 281–295
Seibicke, Wilfried (1993), Wortgeschichte und Sprachkritik. Ein Beitrag zur Diskussion über Euphemismen. In: Heringer, Hans Jürgen; Stötzel, Georg (Hrsg.), Sprachgeschichte und Sprachkritik. Festschrift für Peter von Polenz zum 65. Geburtstag. Berlin, New York: 311–324.
Storjohann, Petra (2009), Plesionymy. A Case of Synonymy or Contrast? In: An Interdisciplinary Journal of Language Studies 41, 11: 2140–2158.
Zorman, Marina (2005), Distribution und Bedeutung der Synonyme. In: Ehrhardt, Horst; Zorman, Marina (Hrsg.), Semantische Probleme des Slowenischen und des Deutschen. Frankfurt a. M.: 315–335.

9. Motivationen der Wortbedeutung

Augst, Gerhard (1996), Motivationstypen und diasystematische Differenzierung der semantischen Motiviertheit. In: Bremer, Ernst; Hildebrandt, Reiner (Hrsg.), Stand und Aufgaben der Dialektlexikographie. Berlin: 17–28.
Bischoff, Bernhard (Hrsg.), (1977), Die „Abrogans"-Handschrift der Stiftsbibliothek St. Gallen. Das älteste deutsche Buch. Bd. 1: Faksimile, Bd. 2: Kommentar und Transkription. St. Gallen. [Sign.: Cod. Sang. 911, Stiftsbibliothek St. Gallen; genehmigter Abdruck von Blatt 53 auf Seite 91 diese Buches] URL: http://www.e-codices.unifr.ch/en/csg/0911/4
Blum, Andreas (2009), Zur Abgrenzung und Verwendung von Etymologie und Wortgeschichte in Romanistik und Germanistik. In: PhiN [Philologie im Netz] 47: 69–84. URL: http://web.fu-berlin.de/phin/phin47/p47i.htm
Chantrell, Glynnis (2004), The Oxford Dictionary of Word Histories. Oxford.
Förstemann, Ernst (1852), Ueber deutsche Volksetymologie. In: Zeitschrift für vergleichende Sprachforschung auf dem Gebiete des Deutschen, Griechischen und Lateinischen 1: 1–25. [vollständig eingescannt bei Google Books]

Herbermann, Clemens-Peter (1998), Benennungsprinzipien und Benennungssituationen. Zu einigen Grundbegriffen der Etymologie. In: Schmitsdorf, Eva; Hartl, Nina; Meurer, Barbara (Hrsg.), Lingua Germanica. Studien zur deutschen Philologie. Jochen Splett zum 60. Geburtstag. Münster: 70–91.

Kluge, Friedrich (1912), Wortforschung und Wortgeschichte. Aufsätze zum deutschen Sprachschatz. Leipzig.

Liberman, Anatoly (2009), Word origins and how we know them. Etymology for everyone. Oxford.

Malkiel, Yakov (1993), Etymology. Cambridge.

Michel, Job (1987), Semantischer Wandel und lexikalische Rekonstruktion. In: Meid, Wolfgang (Hrsg.), Studien zum indogermanischen Wortschatz. Innsbruck: 57–63.

Olschansky, Heike (2009), Täuschende Wörter. Kleines Lexikon der Volksetymologien. Stuttgart.

Pfister, Max (2001), Etymologie und Wortgeschichte. In: Holtus, Günter; Metzeltin, Michael; Schmitt, Christian (Hrsg.), Lexikon der Romanistischen Linguistik. Bd. 1,2. Tübingen: 670–681.

Ronneberger-Sibold, Elke (2002), Volksetymologie und Paronomasie als lautnachahmende Wortschöpfung. In: Munske, Horst Haider; Habermann, Mechthild; Müller, Peter O. (Hrsg.): Historische Wortbildung des Deutschen. Tübingen: 105–127 (= Reihe Germanistische Linguistik 232).

Seebold, Elmar (1999), Etymologie und Motivation. In: Neuphilologische Mitteilungen 100, 4: 369–77.

Seebold, Elmar (2005), Etymologie und Wortgeschichte I: Zielsetzung und Methode. In: Cruse, D. Alan; Hundsnurscher, Franz; Job, Michael; Lutzeier, Peter Rolf (Hrsg.), Lexikologie. Ein internationales Handbuch zur Natur und Struktur von Wörtern und Wortschätzen. Berlin, New York: 1297–1305 (= HSK 21.2).

Untermann, Jürgen (1975), Etymologie und Wortgeschichte. In: Seiler, Hansjakob (Hrsg.), Linguistic Workshop III. Arbeiten des Kölner Universalienprojekts. München: 93–116.

10. Wortverbindungen als lexikalische Einheiten

Bergenholtz, Henning (2008), Von Wortverbindungen, die sie Kollokationen nennen. In: Lexicographica: International Annual for Lexicography 24: 9–20.

Burger, Harald (2007), Semantic aspects of phrasemes. In: Burger, Harald; Dobrovol'skij, Dmitrij; Kühn, Peter; Norrick, Neal R. (Hrsg.), Phraseologie. Ein internationales Handbuch zeitgenössischer Forschung. Berlin, New York: 90–109 (= HSK 28.1).

Burger, Harald (2010), Phraseologie – Eine Einführung am Beispiel des Deutschen. 4. neu bearb. Aufl. Berlin (= Grundlagen der Germanistik 36).

Busse, Dietrich (2002), Wortkombinationen. In: Cruse, D. Alan; Hundsnurscher, Franz; Job, Michael; Lutzeier, Peter Rolf (Hrsg.), Lexikologie. Ein internationales Handbuch zur Natur und Struktur von Wörtern und Wortschätzen. Berlin, New York: 408–415 (= HSK 21.1).

Dobrovol'skij, Dmitrij; Piirainen, Elisabeth (2009), Zur Theorie der Phraseologie. Kognitive und kulturelle Aspekte. Tübingen

Fellbaum, Christiane; Geyken, Alexander; Herold, Axel; Koener, Fabian; Neumann, Gerald (2006), Corpus-based studies of German idioms and light verbs. In: International Journal of Lexicography 19, 4: 349–478. URL: http://web.ebscohost.com/ehost/pdfviewer/pdfviewer?vid=70&hid=119&sid=a3ebc0fa-bb67-4227-aa48-74703825ba52%40sessionmgr113

Hundsnurscher, Franz (1993), Die „Lesart" als Element der semantischen Beschreibung. In: Lutzeier, Peter Rolf (Hrsg.), Studien zur Wortfeldtheorie. Tübingen:
Lüger, Heinz-Helmut (2007), Pragmatische Phraseme: Routineformeln. In: Burger, Harald; Dobrovol'skij, Dmitrij; Kühn, Peter; Norrick, Neal R. (Hrsg.), Phraseologie. Ein internationales Handbuch zeitgenössischer Forschung. Berlin, New York: 444–459 (= HSK 28.1).
Pottelberge, Jeroen van (2007), Funktionsverbgefüge und verwandte Erscheinungen. In: Burger, Harald; Dobrovol'skij, Dmitrij; Kühn, Peter; Norrick, Neal R. (Hrsg.), Phraseologie. Ein internationales Handbuch zeitgenössischer Forschung. Berlin, New York: 436–444 (= HSK 28.1).
Proost, Kristel (2007), Paradigmatic relations of phrasems. In: Burger, Harald; Dobrovol'skij, Dmitrij; Kühn, Peter; Norrick, Neal R. (Hrsg.), Phraseologie. Ein internationales Handbuch zeitgenössischer Forschung. Berlin, New York: 110–119 (= HSK 28.1).
Schindler, Wolfgang (1996), Mehrwortlexik in einer lexikologischen Beschreibung des Deutschen. In: Weigand, Edda; Hundsnurscher, Franz (Hrsg.), Lexical Structure and Language Use. Proceedings of the International Conference on Lexicology and Lexical Semantics, Münster 1994. Tübingen: 119–128.
Steyer, Kathrin; Brunner, Annelen (2009), Das UWV-Analysemodell. Eine korpusgesteuerte Methode zur linguistischen Systematisierung von Wortverbindungen. In: OPAL – Online publizierte Arbeiten zur Linguistik (Institut für Deutsche Sprache Mannheim) 1: 1–41. URL: http://www.ids-mannheim.de/pub/laufend/opal/privat/opal09–1.html
Wanzeck, Christiane (2003), Zur Etymologie lexikalisierter Farbwortverbindungen. Untersuchungen anhand der Farben Rot, Gelb, Grün und Blau. Amsterdam, New York (= Amsterdamer Publikationen zur Sprache und Literatur 149).

11. Lexik nationaler Varietäten

Ammon, Ulrich (1995), Die deutsche Sprache in Deutschland, Österreich und der Schweiz. Das Problem der nationalen Varietäten. Berlin, New York.
Ammon, Ulrich (2005), Standard und Variation. Norm, Autorität, Legitimation. In: Eichinger, Ludwig M.; Kallmeyer, Werner (Hrsg.), Standardvariation. Wie viel Variation verträgt die deutsche Sprache? Berlin, New York: 28–40 (= Institut für Deutsche Sprache, Jahrbuch 2004).
Bickel, Hans (2000), „Deutsch in der Schweiz als nationale Varietät des Deutschen". In: Sprachreport 4: 21–27. URL: http://www.idiotikon.ch/Texte/Bickel/NationaleVarietaet.pdf
Concetta di Paola, Maria; Glaser, Elvira (2006), Wie lassen sich Helvetismen erkennen? Zur Ermittlung und Wahrnehmung von Varianten eines regionalen Standards. In: Dürscheid, Christa; Businger, Martin (Hrsg.), Schweizer Standarddeutsch. Beiträge zur Varietätenlinguistik. Tübingen: 11–22.
Elspaß, Stephan (2005), Zum Wandel im Gebrauch regionalsprachlicher Lexik. Ergebnisse einer Neuerhebung. In: Zeitschrift für Dialektologie und Linguistik 71.1: 1–51.
Haas, Walter (2000), Die deutschsprachige Schweiz. In: Bickel, Hans; Schläpfer, Robert (Hrsg.), Die viersprachige Schweiz. Aarau: 57–138 (= Reihe Sprachlandschaft 25).
Huesmann, Anette (1998), Zwischen Dialekt und Standard. Empirische Untersuchung zur Soziolinguistik des Varietätenspektrums im Deutschen. Berlin, New York (= Reihe Germanistische Linguistik 199).
Kellermeier-Rehbein, Birte (2005), Areale Wortbildungsvarianten des Standarddeutschen. Beiuntersuchungen zum Variantenwörterbuch des Deutschen. Frankfurt a. M. (= Duisburger Arbeiten zur Sprach- und Kulturwissenschaft, 61).

Lingg, Anna-Julia (2006), Kriterien zur Unterscheidung von Austriazismen, Helvetismen und Teutonismen. In: Dürscheid, Christa; Businger, Martin (Hrsg.), Schweizer Standarddeutsch. Beiträge zur Varietätenlinguistik. Tübingen: 23–48.

Polenz, Peter von (1990), Nationale Varianten der deutschen Sprache. In: Journal of the Society of Language 83: 5–38.

Retti, Gregor (1999), Austriazismen in Wörterbüchern. Zum Binnen- und Außenkodex des österreichischen Deutsch. Diss. Innsbruck. URL: http://gregor.retti.info/docs/retti1999/

Variantenwörterbuch des Deutschen (2004). Ammon, Ulrich; Bickel, Hans, Ebner, Jakob, Variantenwörterbuch des Deutschen. Die Standardsprache in Österreich, der Schweiz und Deutschland sowie in Liechtenstein, Luxemburg, Ostbelgien und Südtirol. Berlin, New York.

Wiesinger, Peter (2002), Austriazismen als Politikum: Zur Sprachpolitik in Österreich. In: Agel, Vilmos; Gardt, Andreas; Haß-Zumkehr, Ulrike; Roelcke, Thorsten (Hrsg.), Das Wort. Seine strukturelle und kulturelle Dimension. Tübingen: 159–182.

12. Entlehnung und lexikalische Differenzierung

Anglizismen Wörterbuch (1993–1996). Carstensen, Broder; Busse, Ulrich, Anglizismen-Wörterbuch. Der Einfluß des Englischen auf den deutschen Wortschatz nach 1945. Bd. 1 (A-E), Bd. 2 (F-O), Bd. 3 (P-Z). Berlin, New York 2001.

Betz, Werner (1936), Der Einfluss des Lateinischen auf den althochdeutschen Sprachschatz. I. Der Abrogans. Heidelberg (= Germanistische Bibliothek. Zweite Abteilung: Untersuchungen und Texte 40) [grundlegend für die Lehnwortterminologie und -klassifizierungen]

Blank, Andreas (1995), Lexikalische Entlehnung – Sprachwandel – Sprachvergleich: Beispiele aus dem Computerwortschatz. In: Schmitt, Christian; Schweickard, Wolfgang (Hrsg.), Die romanischen Sprachen im Vergleich. Akten der gleichnamigen Sektion der Potsdamer Romanistentage. Bonn: 38–69.

Carstensen, Broder (1985), Zur Problematik der Lehnübersetzung in der Transferenzlinguistik. In: Pieper, Ursula; Stickel, Gerhard (Hrsg.), Studia Linguistica Diachronica et Synchronica Werner Winter Sexagenario Anno MCMLXXXIII Gratis Animis ab Eius Collegis, Amicis Discipulisque Oblata. Berlin: 123–143.

Deutsches Fremdwörterbuch. Deutsches Fremdwörterbuch (1913–1988). Begründet v. Hans Schulz, fortgeführt v. Otto Basler, weitergeführt im Institut für deutsche Sprache. Bd. 1–7. Straßburg, Berlin, New York. 2. Auf. (1995 ff.) Hrsg. vom Institut für Deutsche Sprache. Bd. 1 – Bd. 6 (Gynäkologie). Mannheim.

Fleischer, Wolfgang (2005), Entlehnung und Wortbildung in der deutschen Sprache der Gegenwart. In: Müller, Peter O. (Hrsg.), Fremdwortbildung: Theorie und Praxis in Geschichte und Gegenwart. Frankfurt a. M. u. a.: 63–76.

Haugen, Einar (1950), The Analysis of Linguistic Borrowing. In: Language 26: 210–231.

Kirkness, Alan (2001), Europäismen/Internationalismen im heutigen deutschen Wortschatz. Eine lexikographische Pilotstudie. In: Stickel, Gerhard (Hrsg.), Neues und Fremdes im deutschen Wortschatz. Aktueller lexikalischer Wandel. Berlin, New York: 105–130 (= Jahrbuch des Instituts für Deutsche Sprache 2000).

Limbach, Jutta (Hrsg.) (2008), Ausgewanderte Wörter (Bd. 1)/Eingewanderte Wörter (Bd. 2). Ismaning [beide Bde. im Schuber]

Onysko, Alexander (2007), Anglicisms in German: Borrowing, Lexical Productivity, and Written Codeswitching. Berlin (= Linguistik. Impulse und Tendenzen 23).

Schmidt, Gunter Dietrich (1986), Die Lehnbedeutung und ihre Stellung im System der Lehnprägungen: Zur Abhängigkeit der Gliederung und Bestimmung der Lehnphänomene vom Sprachzeichenmodell. In: Muttersprache Vierteljahresschrift für deutsche Sprache 96 (1–2): 82–97.
Seebold, Elmar (1981), Etymologie. Eine Einführung am Beispiel der deutschen Sprache. München.
Stanforth, Anthony W. (2002), Effects of language contact on the vocabulary: An overview. In: Cruse, D. Alan; Hundsnurscher, Franz; Job, Michael; Lutzeier, Peter Rolf (Hrsg.), Lexikologie. Ein internationales Handbuch zur Natur und Struktur von Wörtern und Wortschätzen. Berlin, New York: 805–813 (= HSK 21.1).
Wegener, Heide (2008), Vom Nutzen fremder Wörter und fremder Strukturen für die entlehnende Sprache. In: Valentin, Jean-Marie; Vinckel, Hélène (Hrsg.), Germanistik im Konflikt der Kulturen. Bd.4: Empirische Grundlagen moderner Grammatikforschung; Integrative Zugriffe auf Phänomene des Sprachwandels; Lexik und Lexikologie: Sprachpolitische Einstellungen und Konflikte; Sprache und Diskurs in den neuen Medien. Bern: 133–138.
Winter, Emse (2005), Zum Verhältnis sprachkontaktinduzierter Innovationen, lexikalischer Entlehnungen und fremder Wörter – zugleich ein Beitrag zu ‚Lehnschöpfung‘ und ‚Scheinentlehnung‘. In: Romanistisches Jahrbuch 56: 31–62.

13. Brisante Wörter und ihre Entwicklung

Allan, Keith (2007), The Pragmatics of Connotation. In: Journal of Pragmatics. An Interdisciplinary Journal of Language Studies 39, 6: 1047–1057. URL: http://web.ebscohost.com/ehost/detail?vid=135&hid=119&sid=a3ebc0fa-bb67-4227-aa48-74703825ba52%40sessionmgr113
Burkhardt, Armin (1998), Deutsche Sprachgeschichte und politische Geschichte. In: Besch, Werner; Betten, Anne; Reichmann, Oskar; Sonderegger, Stefan (Hrsg.), Sprachgeschichte. Ein Handbuch zur Geschichte der deutschen Sprache und ihrer Erforschung. 2. vollst. neu bearb. u. erw. Aufl. Berlin. New York: 98–122 (= HSK 2.1).
Dieckmann, Walther (1975), Sprache in der Politik. Einführung in die Pragmatik und Semantik der politischen Sprache. 2. Aufl. Heidelberg.
Girnth, Heiko (2002), Sprache und Sprachverwendung in der Politik. Eine Einführung in die linguistische Analyse öffentlich-politischer Kommunikation. Tübingen (= Germanistische Arbeitshefte 39).
Helmbrecht, Johannes (1991), Funktionale Aspekte der Konnotation und Sprachtabu: Vorschlage für eine prozessuale Beschreibung. In: Feldbusch, Elisabeth; Pogarell, Reiner; Weiss, Cornelia (Hrsg.), Neue Fragen der Linguistik: Akten des 25. Linguistischen Kolloquiums, Paderborn 1990, I: Bestand und Entwicklung; II: Innovation und Anwendung. Tübingen: 173–179.
Hermanns, Fritz (1994), Schlüssel-, Schlag- und Fahnenwörter. Zu Begrifflichkeit und Theorie der lexikalischen „politischen Semantik". Arbeiten aus dem Sonderforschungsbereich 245 Sprache und Situation. Heidelberg, Mannheim (Bericht Nr. 81).
Hermanns, Fritz (2002), Dimensionen der Bedeutung III: Aspekte der Emotion. In: Cruse, D. Alan; Hundsnurscher, Franz; Job, Michael; Lutzeier, Peter Rolf (Hrsg.), Lexikologie. Ein internationales Handbuch zur Natur und Struktur von Wörtern und Wortschätzen. Berlin, New York: 356–362 (= HSK 21.1).
Hermanns, Fritz (2007), Slogans und Schlagwörter. In: Bär, Jochen A.; Roelcke, Thorsten;

Steinhauer, Anja (Hrsg.), Sprachliche Kürze. Konzeptuelle, strukturelle und pragmatische Aspekte. Berlin: 459–478 (= Linguistik. Impulse und Tendenzen 27).

Hughes, Geoffrey (2010), Political Correctness: A History of Semantics and Culture. Maldon, MA u. a.

Johnson, Sally (2003), From "Political Correctness" to "politische Korrektheit": Discourses of "PC" in the German Newspaper Die Welt. In: Discourse & Society. An International Journal for the Study of Discourse and Communication in Their Social, Political and Cultural Contexts 14, 1: 49–68. URL: http://web.ebscohost.com/ehost/detail?vid=143&hid=119&sid=a3ebc0fa-bb67-4227-aa48-74703825ba52%40sessionmgr113

Ladendorf, Otto (1906), Historisches Schlagwörterbuch. Ein Versuch. Straßburg, Berlin. [Nachdr. dieser Ausgabe Hildesheim 1968] URL: http://www.textlog.de/otto-ladendorf.html [als Volltext; digitales Wörterbuch]

Listen, Paul (2001), PC Aspects of Human Nouns in German. In: Rauch, Irmengard; Carr, Gerald F. (ed.), New Insights in Germanic Linguistics, II. New York: 95–134.

Niehr, Thomas (2007), Schlagwort. In: Ueding, Gert (Hrsg.), Historisches Wörterbuch der Rhetorik. Bd. 8: 496–502.

Panagl, Oswald (1998) (Hrsg.), Fahnenwörter der Politik. Wien (= Studien zu Politik und Verwaltung 59).

Stötzel, Georg (2002), Zum Konzept eines zeitgeschichtlich orientierten Wörterbuchs gesellschaftlicher Schlüsselwörter. In: Wiesinger, Peter; Derkits, Hans; Glück, Helmut; Sauer, Wolfgang; Wegener, Heide; Reichmann, Oskar; Lutzeier, Peter Rolf; Pan, Zaiping (Hrsg.), Akten des X. Internationalen Germanistenkongresses Wien 2000 „Zeitenwende – Die Germanistik auf dem Weg vom 20. ins 21. Jahrhundert". Bd. 2: Entwicklungstendenzen der deutschen Gegenwartssprache; Lexikologie und Lexikographie. Bern u.a.: 251–256.

Strauß, Gerhard; Haß, Ulrike; Harras, Gisela (1989), Brisante Wörter von Agitation bis Zeitgeist. Ein Lexikon zum öffentlichen Sprachgebrauch. Berlin, New York (= Schriften des Instituts für Deutsche Sprache 2).

14. Personenwortschätze und Bedeutungsvariation

Adelung, Johann Christoph (1774–1786), Versuch eines vollständigen grammatisch-kritischen Wörterbuches der Hochdeutschen Mundart. 5 Bde. Leipzig.

Bebermeyer, Renate; Bebermeyer, Gustav (1993 ff.), Wörterbuch zu Martin Luthers Deutschen Schriften. Wortmonographie zum Lutherwortschatz. Anknüpfend an Philipp Dietz, Wörterbuch zu Dr. Martin Luthers Deutschen Schriften. [bisher bis Lieferung 8 (Hornisse – Jährlich) (2007) erschienen] Hildesheim.

Besch, Werner (2004), Die Rolle Luthers für die deutsche Sprachgeschichte. In: Besch, Werner; Betten, Anne; Reichmann, Oskar; Sonderegger, Stefan (Hrsg.), Sprachgeschichte. Ein Handbuch zur Geschichte der deutschen Sprache und ihrer Erforschung. 2. vollst. neu bearb. u. erw. Aufl. Berlin, New York: 1713–1745 (= HSK 2.4).

Bischoff, Karl (Hrsg.) (1951), Martin Luther. Sendbrief vom Dolmetschen. Halle.

Dietz, Philipp (1870–1872), Wörterbuch zu Dr. Martin Luthers deutschen Schriften. Bd. 1 und 2 (A-Hals). Leipzig [Nachdruck Hildesheim 1961 und 1973] URL: http://www.archive.org/stream/wrterbuchzumart00dietgoog#page/n6/mode/1up

Ernst, Peter (2004), Die sprachliche Leistung und Wirkung der deutschen Klassik. In: Besch, Werner; Betten, Anne; Reichmann, Oskar; Sonderegger, Stefan (Hrsg.), Sprachgeschichte. Ein Handbuch zur Geschichte der deutschen Sprache und ihrer Erforschung. 2. vollst. neu bearb. u. erw. Aufl. Berlin, New York: 3070–3092 (= HSK 2.4).

Goethe-Wörterbuch. Goethe-Wörterbuch (1978 ff.), Hrsg. v. der Berlin-Brandenburgischen Akademie der Wissenschaften, der Akademie der Wissenschaften zu Göttingen und der Heidelberger Akademie der Wissenschaften. Bd. 1–4: A-inhaftieren. Stuttgart [Online Version: URL: http://germazope.uni-trier.de/Projects/GWB]

Maaler, Josua (1561), Die Teutsch spraach: alle wörter, namen und arten zu reden in Hochteütscher spraach, dem ABC nach ordenlich gestellt unnd mit gutem Latein […] / vertolmetscht […]. Tigurum.

Nietzsche-Wörterbuch. Nietzsche-Wörterbuch (2004 ff.), herausgegeben von der Nietzsche Research Group in Nijmegen unter der Leitung von Paul van Tongeren Gerd Schank, Herman Siemens. Bd. 1 (Abbreviatur – einfach). Berlin.

Objartel, Georg (2005), Johann Wolfgang von Goethe. In: Cruse, D. Alan; Hundsnurscher, Franz; Job, Michael; Lutzeier, Peter Rolf (Hrsg.), Lexikologie. Ein internationales Handbuch zur Natur und Struktur von Wörtern und Wortschätzen. Berlin, New York: 1489–1493 (= HSK 21.2).

Schank, Gerd (2005), Friedrich Nietzsche. In: Cruse, D. Alan; Hundsnurscher, Franz; Job, Michael; Lutzeier, Peter Rolf (Hrsg.), Lexikologie. Ein internationales Handbuch zur Natur und Struktur von Wörtern und Wortschätzen. Berlin, New York: 1526–1529 (= HSK 21.2).

15.2 Abbildungs- und Figurenverzeichnis

Abb. 1: Originalbeleg im althochdeutschen Abrogans
Abb. 2: Werbetafel aus Traunstein
Fig. 1: Die Lexikologie und ihre benachbarten linguistischen Disziplinen
Fig. 2: Belege zu *Feierabend* (DWDS-Corpus)
Fig. 3: Lexikologische Angaben zu *abhängen*
Fig. 4: Suchanfrage zu der Markierung „gehoben"
Fig. 5: Suchanfrage zu *ehrgeizig*
Fig. 6: Angaben in Lexika und Wörterbüchern zu speziellen Worttypen (genaue Bibliographie Kap. 15.1)
Fig. 7: Analyse des Wortfeldes *Sitzgelegenheiten*
Fig. 8: Wortfeld Notensystem
Fig. 9: Lücke im Wortfeld „weibliche Personenbezeichnungen"
Fig. 10: Strukturwandel im Wortfeld „Elterngeschwister"
Fig. 11: Unterschiedliche Komplexität von Wortfeldern (Sprachvergleich)
Fig. 12: Prototypen-Diagramm für das Wort *Vogel*
Fig. 13: Gemeinsame und unterscheidende Merkmale von Spielen
Fig. 14: Gefäße-Experiment nach Labov
Fig. 15: Modellebene zu den Stereotypen des Wortes *Antenne*
Fig. 16: Dinge ohne (bekannten) Namen: Gegenstände
Fig. 17: Dinge ohne (bekannten) Namen: Wörter
Fig. 18: Neologismustypen
Fig. 19: Neologismusidentifizierung (2000–2009)
Fig. 20: Wandel der Trend- und Modewörter im Deutschen
Fig. 21: Emotional begründete Bedeutungsveränderungen
Fig. 22: Kollokationsberechnung von *Hund* im DWDS-Kernkorpus
Fig. 23: Tagcloud für *Deutschland* (ohne Marken)

Fig. 24: Konventionelle Euphemismen
Fig. 25: Euphemismus-Tretmühle (*Toilette*)
Fig. 26: Pragmatische Euphemismen
Fig. 27: Dysphemismen durch Bedeutungswandel
Fig. 28: Dysphemismen durch Neubildung
Fig. 29: Schimpfwörtertypen
Fig. 30: Übersicht zu den Stilschichten des Deutschen (Beispiel *verlassen*)
Fig. 31: Wörter der kalkulierten Stilschicht
Fig. 32: Wörter der neutralen Stilschicht
Fig. 33: Wörter der umgangssprachlichen Stilschicht
Fig. 34: Schritte zur Bedeutungsermittlung bei Wortgeschichten
Fig. 35: Bedeutungsentwicklung bei dem Wort *Ding*
Fig. 36: Sprachlich parallele Bildungen bei dem Verb *klotzen*
Fig. 37: Mögliche passende Wörter zu dem Adjektiv *kunterbunt*
Fig. 38: Abstufung der Festigkeit von Wortverknüpfungen
Fig. 39: Wortverknüpfungen für das erste Jahrzehnt des 21. Jahrhunderts
Fig. 40: Synonyme lexikalisierte Wortverknüpfungen
Fig. 41: Antonyme lexikalisierte Wortverknüpfungen
Fig. 42: Regelmäßige vs. lexikalisierte Wortverbindungen (WV)
Fig. 43: Austriazismen (Formseite): Teilweise verschiedene Lexeme
Fig. 44: Austriazismen (Formseite): Vollständig verschiedene Lexeme
Fig. 45: Austriazismen (Inhaltsseite): Gleiche Lexeme (ohne Missverständnisse)
Fig. 46: Austriazismen (Inhaltsseite): Gleiche Lexeme (mit Missverständnissen)
Fig. 47: EU-Austriazismen (Protokoll Nr. 10 von 1994)
Fig. 48: Helvetismen (Formseite): Teilweise verschiedene Lexeme
Fig. 49: Helvetismen (Formseite): Vollständig verschiedene Lexeme
Fig. 50: Helvetismen (Inhaltsseite): Gleiche Lexeme (ohne Missverständnisse)
Fig. 51: Helvetismen (Inhaltsseite): Gleiche Lexeme (mit Missverständnissen)
Fig. 52: Reine Frequenzhelvetismen
Fig. 53: Frequenzhelvetismen mit kontextgebundener Bedeutung
Fig. 54: Hochsprachlich gewordene regionale Wörter
Fig. 55: Bedeutungsdifferenzierung durch regionale Wörter
Fig. 56: Gründe der Wortentlehnung
Fig. 57: Wanderungsweg der Entlehnung *Schokolade*
Fig. 58: Typologie der Entlehnungen ins Deutsche
Fig. 59: Arten der Lehnbedeutung
Fig. 60: Arten der Lehnübersetzung
Fig. 61: Arten der Lehnübertragung
Fig. 62: Arten assimilierter Lehnwörter
Fig. 63: Passende Anglizismen im Deutschen
Fig. 64: Als überflüssig eingestufte Anglizismen (frequent) im Deutschen
Fig. 65: Die Terminologie rund um das Schlagwort
Fig. 66: Die zu Schlagwort konkurrierenden Termini (mit Beispielen)
Fig. 67: Die Terminologie rund um das Fahnenwort mit Beispielen
Fig. 68: Der Entwicklungsweg des Fahnen- und Stigmaworts *konservativ*
Fig. 69: Deutsche und englische PC-Wörter im Vergleich
Fig. 70: Durch Luther verbreitete Wörter
Fig. 71: Bedeutungsbildung durch Luther

Fig. 72: Entlehnungen durch Luther
Fig. 73: Durch Goethe verbreitete Wörter
Fig. 74: Bedeutungsbildung bei Goethe
Fig. 75: Fremdwortgebrauch von Goethe
Fig. 76: Semantische Differenzierungen in Nietzsches Sprache
Fig. 77: Bedeutungsbildung bei Nietzsche
Fig. 78: Sondersprachliche Wörter in Nietzsches Wortschatz
Fig. 79: Nietzsches neue Wörter (Okkasionalismen)
Fig. 80: Nietzsches neue Wörter (in der Standardsprache)

15.3 Sachregister

Abschiedsformel 109 f.
Abschwächung 52
Abstraktbildung 150
Ad-hoc-Benennung 41
Ad-hoc-Bildung 39
Aktionsart 111
Ambiguität 62, 111
Analogie 47 f., 53
Anglizismenflut 134
Anglizismus 24, 26, 32, 47, 131 ff.
Angloamerikanismus 131
Antiwort 50 f.
Antonym 21, 26, 106, 110
Antonymie 25, 64 ff., 105
　komplementäre Antonymie 65
　kontradiktorische Antonymie 65 f.
　konverse Antonymie 65 f.
　konträre Antonymie 65 f.
　reversive Antonymie 65
Antonymiebeziehung 67
Archaisierung 56 ff.
Archaismus 24, 26, 56 f., 152
Archisemem 29
Areallinguistik 63
Assimilationsprozess 130 f.
Augenblicksbildung 39
Augmentativbildung 111
Ausdrucksebene 12
Ausgangsbedeutung 28, 60, 62, 73 f., 76 ff., 81 f., 84 f., 94, 97 f., 112, 132, 149, 156
Austriazismus 24, 26, 114 ff.
　spezifischer Austriazismus 116
　unspezifischer Austriazismus 116 f.
　Wortaustriazismus 114
　Wortbildungs-Austriazismus 117

Bedeutungs-
-abwandlung 131
-beziehung 13, 18, 25, 64, 67 f., 78, 96, 104 f., 133 f.
-bildung 27, 39 f., 46 ff., 149, 153, 156
-differenzierung 52, 124, 149, 153
-entwicklung 12, 50, 75, 78, 95 f., 129, 131
-erweiterung 74 ff., 108, 131 ff.
-generalisierung 75 f.
-geschichte 94
-gleichheit 86 f., 127
-reduzierung 60
-relation 64, 68
-schwund 73, 75
-spezialisierung 55, 72 ff., 132
-übertragung 36, 76, 131 ff., 144, 149
-variation 24, 25, 147
-verallgemeinerung 75, 96, 132
-veränderung 14, 44, 50 ff., 70, 72, 74 f., 79, 84, 93, 123, 128
-verbesserung 79 ff., 149
-verengung 72 ff., 78, 110, 131 f.
-verschiebung 76 ff., 96, 122, 132, 149, 153
-verschlechterung 54, 79 f., 83, 138
-wandel 24 f., 60, 70, 72 ff., 85
Begriffsbildung 78 f.
Begrüßungsformel 109
Benennungs-
-bildung 39, 46 ff.
-motiv 96 ff.
-muster 104
Bezeichnungs-
-variante 145

Sachregister

-wechsel 84
Bildungs-
   -bedeutung 93, 95 f.
   -muster 46 f.
Brisanz 137, 139, 146
Britizismus 131

Computerlinguistik 14 f., 17, 19
cue validity 35

Datenbank 21, 43, 46, 68
Denotation 62
Depolysemierung 60
Derivation 46
diachron 11, 24
Dialektismus 122
diaphasisch 11
diastratisch 11
diatopisch 11, 121
differentia specifica 29
Ding ohne Namen 41 f.
Doppeldeutigkeit 62, 111
Drogensprache 51
Dysphemismus 25 f., 82, 84 f., 89

Eindeutigkeit 50, 52 f., 58, 75, 119
Emotionsbedeutung 53
emotiv 53, 136, 138 ff., 145
Empirie 19
Entfernungshyperbel 51
Entlehnung 24, 42 f., 59, 73, 75, 77 f., 81, 83, 125 ff., 142, 145, 148 ff.
Entterminologisieren 75
Erstbeleg 93 ff.
Etymologie 14 f., 93, 100
Etymologisierung 100
Euphemismus 25 f., 82 ff., 122, 142, 146
   konventioneller Euphemismus 82, 84
   pragmatischer Euphemismus 84
Euphemismus-Tretmühle 83, 146
Exotismus 126
Extension 37, 62, 72, 74, 76

Fach-
   -bedeutung 75 f.
   -bezeichnung 42
   -jargon 134
   -sprache 14 f., 60, 72 f., 75 f., 80, 102, 132

-wort 26, 35, 42, 60, 75, 87 f.
-wortschatz 73, 84
fachsprachlich 75, 83, 85, 102, 121, 154
fachsprachlicher Jargon 154
Fachsprachlichkeit 88
Fahnenwort 136 f., 139 ff., 145
Familienähnlichkeit 35 f.
Faux amis 131, 153
Feindwort 139 f.
Formel 63, 109 f.
   kommunikative Formel 109
Fragebogenerhebung 19
Fremdwort 26, 88, 115, 127 ff., 133, 143, 149 f., 153 ff.
Frequenzhelvetismus 120 f.
Frequenzmethode 46
Funktionsverb 111
Funktionsverbgefüge 111

Gattungsbegriff 29
Gegensatzrelation 13, 64 ff.
Gegensatzwort 65
Geisterwort 40
Generalisierung 74 ff.
genus proximum 29
Gesprächsformel 109
Goethewortschatz 151
Google Sets 23
Grundfarbwort 63

Hapax legomenon 40
Hauptbedeutung 61 f., 73 ff., 94
Hecken-Ausdruck 37
Helvetismus 24, 26, 118 ff.
   Wort-Helvetismus 120
Historismus 57 f.
Hochwertwort 136 f.
Höflichkeitsformel 109 f.
Holonym 68
Homonymie 60
Hüllwort 82
Hyperbel 51
Hyperonym 21, 67, 73
Hyponym 26, 67, 73
Hyponymie 25, 64, 67 f.

Idiomatisierung 16
Individualwortschatz 151

Inhalts-
-ebene 12
-figuren 29
-seite 11, 115, 119
-struktur 30
Inklusion 67
Intension 37, 72
Interferenz 127
Internationalismus 126
Invisible-Hand-Theorie 53 f.

Jugendsprache 20, 39, 50, 53, 86, 122

Kampfwort 140
Keyword Crossing 69, 136
kognitive Onomasiologie 63
kognitive Semantik 72, 75
Kohyponym 67
Kollokation 68 f., 109 ff.
Kollokationsstatistik 69
Kommentarformel 109 f.
Komponentenanalyse 29
Komposition 46, 59, 84 f., 119, 150
Konkordanzliste 22
Konkurrenzbildung 44
Konnotation 13, 20 f., 62, 79, 88
   negative Konnotation 139, 143, 146
   positive Konnotation 84, 141 f.
   Wortkonnotation 20
Kontaktsprache 118
Kontamination 47
Kontext 24, 36, 82, 87 f., 102, 111, 114 f., 119 f., 134, 141, 151
Kontextabhängigkeit 30, 39 f., 48, 62, 125
kontextgebunden 48, 62, 120 f.
Kontrast 70
   binärer Kontrast 64
   nichtbinärer Kontrast 64, 67
Kookkurrenz 68
Korpusaufbau 19, 21
korpuslinguistisch 109, 120
Kosewort 53
Kurzwort 90

Lehn-
   -bedeutung 128 f., 132
   -übersetzung 28, 30, 128 ff., 132, 142, 149 f.
   -übertragung 128, 130, 132 f., 149 f.
Lehnwort 126 ff., 153 f.
   assimiliertes Lehnwort 129 ff., 133, 149 f., 154
Lehnwortschatz 13
Leitwort 140 f.
Lemma 16, 67
Lesart 106 ff., 116, 120
   übertragene Lesart 109
   wörtliche Lesart 109
Lesarten-Konzept 108
Lexem 16 ff., 20 f., 27 f., 42 ff., 60, 114 f., 118 f., 150
Lexematik 15
Lexik 16
lexikalisch 16 f.
lexikalische
   Ambiguität 62, 111
   Bedeutung 17, 62 111
   Dekomposition (Zerlegung) 17
   Diffusion 17
   Einheit 103, 131, 137
   Kategorie 17
   Lücke 18, 39, 67
   Morphologie 17
   Phonologie 17
   Semantik 14 f., 17
   Solidarität 18, 68
   Syntax 17
lexikalischer
   Austriazismus 114
   Wandel 142 ff.
lexikalisches
   Feld 17
   Formativ 17
lexikalisch-funktionale Grammatik (LFG) 17
lexikalisiert 17, 104 ff.
Lexikalisierung 16
Lexikographie 14 f.
Lexikologie 15
lexikologisch 11, 17, 19 ff., 24, 68. 151, 154
Lexikometrie 16
Lexikon 14, 16, 105
Lexikostatistik 16
Lexis 16
Lingua franca 131
Litotes 52
Lücke im Wortfeld 31 ff.

Lückentest 20
Lutherwortschatz 147, 151

Mehrdeutigkeit 14, 60, 62
mentales Lexikon 14 ff.
mentale Kategorien 72
Merkmalsanalyse 29, 36
Meronym 68
Meronymie 67 f.
Metapher 36 f., 53, 76
Metaphorik 90 f., 110, 138 f., 150
Metaphorisierung 108
Metonymie 77, 153
metonymische Bedeutungsverschiebung 153
Modewort 45 f., 136 ff., 149
Modifikation 111 f.
Monosemie 60 f.
Motivation 13, 24 f., 28, 39, 42, 51, 93 ff., 114, 125, 144
  sekundäre Motivation 100 ff., 144
Muster 24, 27 ff., 39 f., 42, 46 ff., 60 f., 97, 104

Nachdeutung 100
Nebenbedeutung 31, 61 f., 79, 88, 153
Neologismenwörterbuch 22, 43
Neologismus 24, 26, 41 ff., 117, 150
Neubildung 13, 22, 39, 41 ff., 46, 55, 85 f., 117, 149, 150, 156
Neurolinguistik 14 f.

Okkasionalismus 24, 26, 39 ff., 44 f., 111, 156
Onomasiologie 25, 62 ff.
Opposition 33, 66, 84, 105
österreichisches Deutsch 114, 116, 118 f.

paradigmatische Bedeutungsbeziehung 104
Paradoxon 70, 109
Pars-pro-toto-Relation 77
Partikelkompositum 46
Parteronym 68
Partonym 68
Partonymie 67
PC-Wort 143 ff.
Pejorisierung 54
Personenwortschatz 13, 147 ff.

Phraseologie 14 f., 107, 109
phraseologische Reihe 106
Phraseologismus 105 f., 110 ff.
  antonymer Phraseologismus 106
  modifizierter Phraseologismus 111
  pragmatischer Phraseologismus 109 f.
  synonymer Phraseologismus 104 ff.
  vergleichender Phraseologismus 110
Pleonasmus 70
Plesionymie 89
Polarität 64 f., 155
politische Korrektheit 142, 145
Polysem 52, 155
Polysemie 25, 60 ff., 69, 129
  ideologische Polysemie 140
Polysemierung 60
Präfixoidkompositum 46
Pragmatik 14 f., 110, 139
Produktivität 24 f., 46
Produktivitätsgrad 46
Prototyp 25, 33 ff., 61, 72, 75
Prototypentheorie/-modell 33, 35 ff., 61 f.
Pseudoentlehnung 131

qualitativer Bedeutungswandel 76, 79
quantitativer Bedeutungswandel 72, 74
Quasi-Hyponym 67

Realdefinition 29
Referenzidentität 86
Regionalismus 24, 26, 121 ff., 150, 152
Reizwort 136 f.
Revitalisierung 59
Rotwelsch 51
Routineformel 109
Rückentlehnung 132

Sachbereich 13, 115, 119 f.
Sachentlehnung 125 f.
Sachinformation 95, 99
Scheinentlehnung 131
Schillerwortschatz 151
Schimpfwort 53, 85 f.
Schlagwort 136 ff.
  politisches Schlagwort 136 f.
Schlagwortwolke 136
Schlüsselwort 136 f., 150
Sekundärmotivation 100

Sem 29 f.
Semantik 14 f., 17
semantische
   Abwandlung 155
   Differenzierung 88
   Transferenz 130
semantisches Differential 21
semantisches Feld 17
semantisches Netz 68
Semasiologie 62 f.
Semem 29
Shakespeare-Wortschatz 151
Signifikant 63
Signifikat 63
Sinnbezirk 31, 33
Spezialisierung 72
spezielle Bedeutung 55
Spezifikation 115
Spottwort 145
Sprach-
   -formel 64
   -fossil 57
   -gebrauch 15 f., 36, 41, 45, 54 ff., 90
   -lenkung 84
   -manipulation 84
   -ökonomie 39, 59
   -statistik 16
sprachliches Feld 33
Sprecher-
   -befragung 19, 63
   -einstellung 39, 45, 53, 141, 143
Standard-
   -bedeutung 73
   -deutsch 114, 116, 118 f., 121, 147
   -sprache 55, 72 f., 75, 82, 86, 93 f., 114, 119, 121 ff., 147 f., 152, 154 f., 157
   -wortschatz 43, 56, 58, 150, 152, 154
Stereotyp 25, 37 f., 145
Stereotypen-Theorie 30, 37 f.
Stichwort 16
Stigmawort 139 ff.
Stilistik 14 f.
Stilschicht 25, 89, 105
   gehobene Stilschicht 89 f., 105
   kalkulierte Stilschicht 89 ff.
   neutrale Stilschicht 89 ff.
   umgangssprachliche Stilschicht 89 ff.
   vulgäre Stilschicht 89 f.

Studentensprache 97 ff.
Substitution 112, 142
Substitutionstest 20
synchron 24
synchronische etymologische Kompetenz 100 f.
Synekdoche 77
Synonym 21, 26, 51 f., 87 f., 103 ff., 123, 127, 133
   Fast-Synonym 88 f.
Synonymie 25, 86
   absolute Synonymie 87
   partielle Synonymie 87
   totale Synonymie 87 f.
syntagmatische
   Bedeutungsbeziehung 18
   Ebene 30
   Relation 68
   Restriktion 25, 68 f.
Szenesprache 50

Tabuwort 13, 83, 145
Teil für das Ganze 77
Teilbedeutung 73, 75, 78
Teil-Ganzes-Relation 67, 77
Terminologiebildung 60, 129
terminologisieren 72 f.
tertium comparationis 76
Teutonismus 117, 122 f.
Textkorpus 19, 21 f., 24, 151
Textlinguistik 14 f.
Tischformel 109
Totum-pro-parte-Relation 77
Transferenz 127, 130
Trendwort 45, 152

Überlappung 48
übertragene Bedeutung 37, 76 f., 100, 107 ff., 112, 132, 154
Übertreibung 51 f.
undurchsichtig 100, 110 f.
unsichtbare Hand 53 f.
Untertreibung 52
Unwort 41, 45, 117
Unwort des Jahres 41, 117
Ursprungsbedeutung 74 ff., 153
Usualisierung 43
Usualität 58

Vagheit 13 f., 35 f., 38, 62
Vagheitsbereich 35 f., 38
Variante 11 f., 14, 24, 42, 45, 59, 66, 82 f., 89, 103 ff., 117, 122, 124, 138, 143, 145, 148
Variation 11 f., 86, 114 f., 118 f., 121, 134, 147 ff.
   diatopische Variation 121
Variationslinguistik 14 f.
Varietät 24, 114, 117 f., 120, 122
veraltend 56
veraltet 11, 56 ff., 119, 144
Verbreitungsweg 54
Verdeutlichung 102
Verfachlichung 72, 75
Vergleichsbildung 110 f., 156
Vergleichsmerkmal 77
Verhüllung 82, 125
Versicherungsformel 109
Verstärkung 51 f., 70, 111
Verwendungskontext 134
Volksetymologie 100
Vulgarismus 85 f., 89

Wanderwort 125
Wiedererkennbarkeit 139
WordNet 68
Wort 11
   abstraktes Wort 90
   archaisiertes Wort 120
   brisantes Wort 25 f., 136, 139
   dialektales Wort 121 f.
   emotives Wort 53, 136
   metaphorisches Wort 91, 138
   regionales Wort 117, 121 ff., 148
   überregionales Wort 122
Wort des Jahres 41, 45
Wortbedeutung 17
Wortbildung 14 ff., 46 f., 119, 125, 138, 145

Wortbildungsbedeutung 73
Wortdatenbank 68
Wortdoppelung 47
Wortentlehnung 125 ff.
„Worten der Welt" 33
„Wörter und Sachen" 63
Wortfamilie 25
Wortfeld 17, 23, 25, 29 ff., 32 f., 38
Wortfeld-Theorie 31, 33
Wortgebrauch 11, 14, 37, 50, 52, 79
Wortgeschichte 14, 24 f., 93 f., 136
Worthülse 141
wörtliche Bedeutung 106 ff., 132, 153
Wortliste 22 f., 114, 117
Wortneubildung 13, 22, 42, 46, 85, 149 f., 156
Wortpaar 29, 67 f., 87, 89
   phraseologisches Wortpaar 110
   synonymes Wortpaar 110
   antonymes Wortpaar 110
Wortsammlung 21 f.
Wortschatz 16
regionaler Wortschatz 13
Wortsemantik 17, 93, 114, 137, 153 ff.
Wort-Tod 56
Wortverbindung 13, 103 ff., 109
   freie Wortverbindung 103
   feste Wortverbindung 25 f., 103, 119
   lexikalisierte Wortverbindung 106 ff.
   usuelle Wortverbindung 108 f.
Wortverknüpfung 103 ff.

X-phemismus 82

Zahlenhyperbel 51
Zeithyperbel 51
Zusammenbildung 27, 47
Zweideutigkeit 62
Zwillingsformel 110

15.4 Wortregister

Wörter

abbinden 67
Abc-Schütze 57
Abend 56

Abendmahl 56, 58, 79
Abenteuer 60, 156
Abfahrt 66
abgetakelt 85
abhängen 22, 43

Abonnement 129
Abort 83
Abortprinzessin 85
abstrus 79 f.
abtreten 89

Abtritt 83
abwesend 65
Abwrackprämie 45 f.
Advokaturbüro 118
Afrikaner 143, 145
Afroamerikaner 143, 145
Agraffe 42
aktenkundig 114 f.
Alm 122 f.
Amok 126 f.
Amsel 67
amtsbekannt 114, 116
Analogkäse 117
Angebinde 57 f.
Ankunft 66
Anmenschlichung 156
Anorak 19
anscheinend 155 f.
Antenne 38
antworten 65
Anwaltsbüro 118
anwesend 65
Anwesenheitsliste 114 f.
Anzug 119 f.
Arbeit 81, 149
Arbeitsamt 84
arbeitslos 84
Armgeige 57, 59
Armleuchter 86
Arschloch 85 f.
Asche 62
Askese 155
Attikawohnung 118
Attitüde 155
aufdecken 91
aufdröseln 152
aufriestern 46, 48
aufsperren 65 f.
ausbauen 66
Ausflug 149
Ausland 65
Ausländer 143
ausreichend 31

Background 134
BAföG 90
banal 79 f.
Bandnudel(n) 98
Bares 62
Barmherzigkeit 150
Base 32
Bauchgrimmen 56, 58
bauchpinseln 57
Bauer 59
Bauersmann 57, 59
Bedenklichkeit 57
Bedingung 153
befriedigend 31
Begriffsdichtung 156
behindert 143 f.
Behinderung 144
Beischlaf 82
beladen 66
bellen 68 f.
bemüht 84
Bequemlichkeit 155
Beruf 149
Berufsverbot 138 f.
Bescheidenheit 155
Besitzdurst 156
Bespaßung 45 f.
besteigen 85
beten 129
Betrachtung 155
Bettwäsche 120
betulich 152
Bierglas 97
Bildschirm 87
Bildung 152 f.
Billet 127
billig 80
Birne 98
Bleistift 27
Blitz 156
Blondchen 85
Blutsauger 53
Bonusgutschrift 88 f.
Bonuskarten 88 f.
Bonvivant 59
Bosheit 150
Bratsche 59
brav 155
Bremser 50 f.
brennen 48
Brett 33
Briefzusteller 143, 146

Bühel 148
Bullenschwein 86
Bundesausbildungsförderungsgesetz 90
bunt 155
Bus 90
Busbahnhof 90
Buße 150

Cappuccinisierung 47
Cartoon 98
Chaos 156
chillen 128
Christfest 56
Clubkarten 88 f.
Computer 21
Curryadel 47 f.

Dämon 80
deinethalben 56
Dekan 75
Delirium 73
Denglisch 45, 134
Denkspiel 127
desavouieren 128
Desktop 21, 52
Despot 80
dick 67
Dienstmann 56, 59
Ding 76, 94 ff.
Dinosaurier 50, 51
Dirndl 122 f.
Dirne 122
Doktorhütchenspieler 47 f.
doof 144
Down-Syndrom 144
Drachenhort 59
drastisch 75
Drehorgel 97
Dreikäsehoch 57
drucken 124
drücken 124
dünn 67
düster 123
Dummkopf 91
durstig 21
Durststrecke 91

Wortregister

Ebenbild 149 f.
Egoist 153 f.
Ehe 74
Ehrbankbruch 41
ehrgeizig 23
Eiertanz 154
Eigenbrötler 27
einbauen 66
einfältig 79
einschläfern 82
einwerfen 48
Eisbär 51
Empfindsamkeit 137
entgegnen 153
entladen 66
entlarven 91
entlassen 84
entrüstet 149
Entscheid 121
entschieden 152
Entsorgungsbeauftragter 143, 146
Entsorgungspark 84, 138 f.
erhalten 153
Erinnerungsevent 46, 48
erwerbslos 84
erwischen 148
erzählen 28
Eselsbrücke 128, 130
Eskimo 143 f.
Essenz 75
Estrich 119 f.
Euro 45
Eyecatcher 134

Fahrkarte 127
Fahrrad 59
Falschklickerei 40
Familienmanagerin 143, 145
Farbiger 143
fassen 149
Favoriten 72 f.
Feder 27, 68
Feierabend 22, 78
Feindesland 56
Ferrule 42
Feuereifer 150

Feuerglocke 57
feuern 132 f.
Feuertaufe 101
Feuerwehrfrau 143
Feuerwehrleute 143
Feuerwehrmann 143, 145
Fibel 148
ficken 86
Film 77
Flamme 56
Fledermaus 34 f., 97
Fleiß 84
fortgehen 89
fragen 65
Fragespiel 127
Fratze 149 f.
Frau 32, 54, 58
Freidenker 132 f.
freien 148
Freiheit 140 f.
freisetzen 84
freistellen 84
Freizeitkiller 50 f.
Freudenhaus 79
Frieden 140 f.
Friedhof 102
Führer 99, 137
Fürstendiener 57
Fundgrube 98

Gebaren 152
gedämpft 21
Gegenbild 150
gehörlos 58, 143 f.
Geisha 126
Geiß 73
Genie 52
geräuschlos 88
Gerechtigkeit 140 f., 150
geschäftig 152
geschenkt 88 f.
geschieden 66
gestorben 90 f.
Gewehr 73
Gewinde 73
Gift 52 f.
Gipfel 148
Girl 32

Glas 36
Glast 153
Gleichgewicht 130
Gleisnerei 56
Gleißner 148
Globalisierung 137
Glosse 75 f.
Gnade 150
gratis 88 f.
Grenze 148 f.
grenzwertig 45
Gretchenfrage 154
Groschen 62
gut 65 f.

Habermas-haft 40
Hackbrett 97
Hallig 123
Hallo 64
Hanf 62
Hängematte 101
harren 148
Hartz IV 138 f.
haschen 148
Hasenfuß 77
Hasenscharte 144
Hass 65
Haus 91
Häuschen 52
Hausfrau 37, 143, 145
Hausgesinde 56, 58
Heftstreifen 42
Heiterkeit 153
Held 128 f., 137
Herdprämie 41
Herrenmoral 157
Heuchler 148
Hi 64
hinten 65 f.
Hinterwäldler 132 f.
Hinterwelt 157
Holzkopf 91
holzschnittartig 154
homo 72
Hort 27, 59
Hügel 148
Hütte 91
Hund 15, 68 f., 86, 88 f.

hundert 51
hungrig 21
Husky 88 f.

Idiot 86
Idioten-Urteil 156
Iglu 126
Imker 109, 123
Inland 65
Inuit 143 f.

Jahr(hundert) 51
Jammertal 149 f.
Jobmaschine 43
Joker 78
Jungfrau 32
Junggeselle 62, 73 f.

Kahn 148
Kalfakter 75
kalt 65
Kasse 153
kaufen 65 f., 108
Kehrichtkübel 122
Kiefer 60
Kies 62
Kilometer 51
Kinderhort 59
Kissenanzug 120
Klapperschlange 132 f.
Klassenlehrer 114
Klassenvorstand 114 ff.
Klatsch 152
Klatsche 48
Klavier 78
Kleinod 57
Klimakatastrophe 37
Klo 83
Klosett 83
klotzen 98 f.
Knete 62
Kniff 97
knuddeln 122 f.
Kokon 77
Kompetenzsog 44
konservativ 137, 140 ff.
köstlich 149
krähen 68

Krautjunker 56
Kreuzgang 78
Kreuzverhör 130
Kriminalpolizei 90
Kripo 90
Krone 76
Kröten 62
Kuh 29, 73
Kultmarke 44
kunterbunt 99
kurios 73 f.
Kutsche 58

Labyrinth 153 f.
Langmut 150
Laptop 52
lautlos 88
Leasing 129
Lebemann 59, 130
Lebensmensch 117
ledig 66
Lefze 149
Legitimationskarte 118
leise 21
lesen 30
Lichterkette 43, 55 f.
Lichtjahre 51
Liebe 65
Liebesandenken 82
Linienbus 90
Lippe 148 f.
Löwenanteil 97
Lückenbüßer 150
lustwandeln 56, 58

Machtwort 150
Mädchen 32
managen 134
mangelhaft 31
Mark 148 f.
Mauer 126
Mauerspecht 45
Maultaschenkündigung 46, 48
Maulwurf 100
Maus 53
Memme 149
Migräne 82 f.

Migrant 143
Million 51
Minister 81
Minuswachstum 84
Mischgestank 40
Mistkübel 122
Mitgefühl 106
Mitgift 52 f.
Mitleid 130
Mobbing 90
möglich 65
Mohr 143, 145
mohrackeln 19
Mongolismus 144
Monitor 87
Moorwasser 50 f.
Moos 62
moralinsauer 157
Morgenland 149 f.
Morphologie 154
Mülleimer 122
Müllkippe 84
Müllmann 143, 146
Müllwerker 143, 146
Muhme 32
Multimedia 44
multimediafähig 44
mundtot 102
Mundtuch 56

nachhalten 152
Nachhaltigkeit 45, 152
Nadel 42
Natur 55
Naturschutzbewegung 55
Nesthocker 48
Netzhaut 128, 130
Niederlage 48
Notebook 21, 52
Nuller 104
Nullerjahre 104
Nullwachstum 84
Nutte 143, 146

Oheim 32
Oldtimer 131
Ölgemälde 77
Omnibus 90

Omnibusbahnhof 90
Onkel 32, 67
Ordnung 150

Pagode 126
Paketschubser 47
Pavillon 129
Pazifismus 142
Pension 77
Penthouse 118
Phonem 60
Pille 132 f.
Plaudervolumen 40
Poker 35, 131
Polizei 78, 90
Postbote 143, 146
prägnant 153 f.
Präsensliste 114 ff.
Prestige 81
Prostituierte 143, 146
Pulli 91
Pullover 91
Putzerei 115 ff.
Putzfrau 143, 146

Quiz 127

Rabattgutschrift 88 f.
Rädelsführer 99
Rasenschönling 40
Ratespiel 127
Rätselspiel 127
Raumpflegerin 143, 146
Referendar 114
Regel 82
Respekt 130
Richtschnur 149
Ring 61 f.
Rücksicht 130
rufen 68
ruhig 21

sagen 28, 106
Samstag 87, 122 f.
sanft 124
Sauna 126
Sauregurkenzeit 98
Schandhaus 79

scheiden 89
Scheiße 53
Schenkel 129
schiffen 85
Schimmel 51, 62
Schinken 76
schlank 67
schlecht 13, 65 f.
Schloss 59
schlucken 48
schmächtig 153
Schnabel 68
Schnecke 33
Schneid 123 f.
schneiden (jmd.) 130
Schnüffel-Bilanz 39
Schnurrbart 123 f.
Schokolade 51, 125 f.
Schönling 85
Schotter 62
Schreibmaschine 58
Schüssel 36
Schule 61
Schusswunde 97
Schwachsinn 144
Schwarte 77, 97
Schwarzer 143
Schwein 86
Schwierigkeiten 90
Selbstmord 88
Servus 64
Sessel 29 f., 115 f.
Sintflut 101
Situation 90
Sonnabend 87, 122
Sony-Eigengewächs 40
Sorgfalt 84
Spatz 34, 67
Speicher 77
Spektrum 153 f.
Spiel 35 f.
Spießrutenlaufen 99
Sponsor 129
Sprachverlumpung 155
Stagnation 84
Staubzucker 120
stellungslos 84
Stier 29

still 21
Stimmvieh-Rechte 156
Stollen 27
Strampelanzug 50
streiken 133
streitlustig 91
streitsüchtig 91
Strohhut 98
Studentenausweis 118
Stunde 51
Suizid 88
surfen 132 f.

Tafel 33
Täfeli 120
Tage 82
Tageblatt 56 f., 59
Tante 32, 67
Tasse 36
Tätervolk 137
Taube 34, 67
taubstumm 58, 143
tausend 51

Teenager 32
Teenie 32
Thermoskarre 40
Ticket 127
To-do-Liste 45
Toilette 83, 127
Tollpatsch 101
tönen 121
Topfen 116, 123
Toy 50 f.
Trachtengruppe 50
Transfiguration 156
sich trennen 89
trinken 77 f.
Troll 50 f.
Trügner 148
Tschau 64
Tschüs 64
tüchtig 153
Türhüter 56
türken 145
Tugend 156
Turbokapitalismus 43
Twen 32

Twittertwatter 47 f.

Übermensch 155
ultrarotzig 46 f.
Umwelt 54 ff.
Umwertung 157
ungenügend 31
ungut 66
unmöglich 65
Unterhaltungsgeschäft 133
Unterrichtspraktikant 114 ff.
unverheiratet 66
Unwahlkampf 46 f.
Urphänomen 41

Vaterversteher 47
Veloziped 59
verCDUlern 47
verdenglischt 44 f.
verenglischt 44 f.
verheiratet 66
verkaufen 65 f.
verlassen 89
sich verpissen 89
Verlust 90
vermählen 56
verrückt 77
vershutteln 47 f.
verstorben 90 f.
vertrackt 152
Vetter 32
Vogel 29, 33 ff., 67 f.
Vogelsalat 116 f.
Vorfahrt 120
Vorgang 119 f.
vorne 65 f.
Vorrang 115 f.
Vortritt 119 f.

Wahlverwandtschaft 154, 156
Wandgemälde 98
warm 65
Warnegeist 154
Wartezeit 91
waschen 70
Wasserklosett 83

WC 83
weggehen 89
wegtherapierbar 44
Weib 54, 58
Wein 128, 131
Wichser 86
widerlich 153
windschief 102
Wintergarten 98
wischen 119 f.
Wonnemonat 101
Wunde 52
Wurzel 60 ff.

Zeitgeist 138 f.
Zeitungsausträger 118
Zeitungsverträger 118 f.
Zelle 126
Zicke 53
Zigeuner 145
Zins 115 f.
züchtig 74
zusperren 65 f.
zwischenregeln 46, 48

Phrasen

Agentur für Arbeit 84
anders begabt 143 f.
ausländischer Mitbürger 143

Bis dann! 109
blaue Märchen 28
blauer Brief 28
blaues Wunder 106 f.
blinder Passagier 108
blutiger Anfänger 103, 107

Dann gute Nacht! 109 f.
Darf ich stören? 109 f.
das Für und Wider 110
das Hab und Gut 110
das Hegen und Pflegen 110
dastehen wie ein begossener Pudel 110

dastehen wie ein Ölgötze 111
sich mit etwas dick machen 105
den dicken Wilhelm/Max markieren 105
dicke Luft 103, 107
sich dicke tun 105
dumm wie Bohnenstroh 111
etwas durchfechten 106
ein Fass ohne Boden 106
eine Fahrt ins Blaue 111 ff.
frank und frei 110
sich mit fremden Federn schmücken 105
freie Feste 106
frieren wie ein Schneider 111

gesunde Härte 109
große Bogen spucken 105
große Töne spucken 105
großer Bahnhof 107
Grüß Gott 64
gut aufgestellt 55 f.
Guten Appetit! 109
Guten Morgen! 109

Haare waschen 103, 107, 109
Hand in Hand 110
auf den Pudding/die Kacke hauen 105
Himmel und Hölle in Bewegung setzen 106
himmlisches Dasein 106
höllisches Dasein 106

Ich bin dabei! 109

kalte Dusche 108
kapitaler Hirsch 108
die Katze im Sack (kaufen) 108
ein Kommen und Gehen 110

Wortregister **183**

den Kopf schütteln 108
zu Kreuze kriechen 57

leeres Haus 106
Lob aussprechen/spenden/
    zollen 111

sich mit aller Macht für et-
    was einsetzen 106
sich mit aller Macht gegen
    etwas stemmen 106
den Mund/das Maul voll
    nehmen 105

die nuller Jahre 104
nicht wenig 52

offen gesagt 109
ohne Gefühl sein 106

den Rachen weit aufreißen
    105
roter König 82

sanfte Revolution 108
Schwalben schießen 105
sehr gut 31
stilles Örtchen 82

in Verruf bringen/geraten/
    kommen 111
volles Haus 106

etwas an die Wand fahren
    106
(Auf) Wiedersehen 64
Wind machen 105
wissen, wie der Hase läuft
    110

Zähne putzen 30

Englisch

Aboriginal person 143
Aborigine 143
African 143, 145
African American 143, 145

appointment 134

backwoodsman 132
bathroom 83
bike 59
bird 37
Black 143, 145
blue letter 28
board 33
to brush one's teeth 30

canoodle 122
(physically) challenged
    143 f.
chocolate 126
Christmas 143 f.
cleaning lady 144
cleft lip 144
Colored 143, 145
cross-examination 130
to cut someone 130

deaf 143 f.
dollar 132 f.
domestic engineer 143, 145

firefighter 143
fireman 143, 145
to fire 132
freethinker 132

garbage man 143

(physically) handicapped
    143 f.
harelip 144
hearing impaired 143 f.
hero 129
high 128
holiday 143 f.
housewife 143, 145

job 131

letter carrier 143, 146

mongoloid 144

pill 132
poker 131
postman 143, 146
prostitute 143, 146

rattlesnake 132
restroom 83

sanitation engineer/man
    143
sensible 131
sex worker 143, 146
show business 133
slug 33
snail 33
to strike 133

toilet 83
twat 47

ubermensch 155

veteran/vintage car 131

water-closet 83
whore 143

Französisch

appartement en attique
    118

blouse 131
bonvivant 130

carte de légitimation 118
chocolat 126
conte bleu 28

milieu 54
ministre 81

passé 128
prégnant 154

vélocipède 59

15.5 Glossar (Deutsch – Englisch)

Archaismus	archaism
Ad-hoc-Bildung/Benennung	nonce formation/ad-hoc formation
Aktionsart	Aktionsart
Allgemeinsprache	common core vocabulary
Analogie	analogy
Anglizismus	anglicism
Angloamerikanismus	Anglo-Americanism
Antonymie, antonym	antonymy, antonymic
Antonym	antonym
konträre Antonyme	polar antonyms
komplementäre Antonyme	complementary antonyms
konverse Antonyme	converse antonyms
reversive Antonyme	reverse antonyms
Areallinguistik	areal linguistics
Austauschbarkeit	substitutability
Bedeutung	meaning, sense
abgeleitete Bedeutung	derived meaning
Ausgangsbedeutung	source/original meaning
Emotionsbedeutung	emotive meaning
freie Bedeutung	context-free meaning
gebundene Bedeutung	expression-bound meaning
Gesamtbedeutung	total meaning
Hauptbedeutung	primary meaning/sense
konventionalisierte Bedeutung	conventional meaning
Nebenbedeutung	secondary meaning/sense
negative Bedeutung	negative meaning
pejorative Bedeutung	pejorative meaning
Phrasenbedeutung	idiomatic meaning
Randbedeutung	peripheral meaning
Standardbedeutung	standard meaning
systematische Bedeutung	systematic meaning
Teilbedeutung	partial meaning
Unterbedeutung	submeaning/subsense
Ursprungsbedeutung	original meaning/sense
verstärkende Bedeutung	augmentative meaning
Vorgängerbedeutung	previous meaning
Wortbildungsbedeutung	word formation meaning
Bedeutungs-	
-abwandlung	variation of meaning/semantic variation
-ähnlichkeit	semantic similarity
-beziehung	sense relation/ semantic relation
-bildung	semantic formation
-differenzierung	semantic differentiation
-entwicklung	semantic development
-erweiterung	semantic widening

Glossar (Deutsch – Englisch)

   -gleichheit   semantic identity
   -komponente   semantic component
   -reduzierung   semantic reduction
   -relation   semantic relation
   -schwund   semantic loss
   -spezialisierung   semantic specialization
   -übertragung   semantic transfer
   -umfang   semantic range
   -unterschied   semantic difference
   -variation   variation in meaning
   -verallgemeinerung   semantic generalization
   -veränderung   change of meaning
   -verbesserung   amelioration
   -verengung   semantic narrowing
   -verschiebung   semantic shift
   -verschlechterung   pejoration
   -wandel   semantic change
Benennungs-
   -motiv   motivation for naming
   -muster   naming pattern
   -vorgang   naming process
Bildung   formation
   Augenblicksbildung   nonce formation
   Augmentativbildung   augmentative formation
   Begriffsbildung   concept formation
   durchsichtige Bildung   transparent formation
   Gelegenheitsbildung   occasional formation
   Neubildung   new formation
   Vergleichsbildung   comparative formation
   systematische Bildung   systematic formation
Bildungs -
   bedeutung   meaning of formation
   muster   formation pattern
Britizismus   briticism

Computerlexikologie   computer lexicology
cue validity   cue validity

Denotation   denotation
dia -   dia-
     -chronisch   -chronic
     -phasisch   -phasic
     -stratisch   -stratic
     -topisch   -topic
Dialektismus   dialectism
Differentia specifica   differentia specifica
Doppeldeutigkeit   ambiguity
Dysphemismus   dysphemism

Entlehnung	borrowing/ loan
Pseudo-/Scheinentlehnung	pseudo borrowing
Etymologie	etymology
Volksetymologie	folk etymology
Euphemismus	euphemism
konventioneller Euphemismus	conventional euphemism
Euphemismus-Tretmühle	euphemism treadmill
Europäismus	Europeanism
Exotismus	exotism
Extension	extension
Fachjargon	technical jargon
Familienähnlichkeit	family resemblance
Faux amis	false friends
Feldstruktur	field structure
Festigkeit	stability
Formel	formula
kommunikative Formel	communicative formula
Four-letter-word	four letter word
Funktionsverb	light verb
Funktionsverbgefüge	light verb construction
Gattungsbegriff	generic term
Gegensinn	opposite meaning
Generalisierung	generalization
Genus proximum	genus proximum
Gebundenheit	semantic dependence
Hapax legomena	hapax legomena
Hecken-Ausdruck	hedge
Homonymie	homonymy
Hyperbel	hyperbole
Hyperonym, hyperonym	hyperonymy, hyperonymic
Hyponymie, hyponym	hyponymy, hyponymic
Quasi-Hyponym	quasi hyponym
Inhalts-	
-ebene	content level
-seite	content side
-struktur	content structure
Inkompatibilität	incompatibility
Integrierung	integration
Intension	intension
Interferenz	interference
Internationalismus	internationalism
Invisible-Hand-Theorie	invisible hand theory

kognitive Semantik	cognitive semantics
Kollokation	collocation
Konnotation	connotation
kontext-	
-abhängig	context dependent
Kookurrenz	co-occurrence
Lehn-	
-bedeutung	loan meaning
-übersetzung	loan translation
-übertragung	loan rendition
Lehnwort	loan word
assimiliertes Lehnwort	assimilated loan word
Lemma	lemma
Lesart	reading
übertragene Lesart	figurative reading
wörtliche Lesart	literal reading
Lexem	lexeme
Lexematik	lexematics
Lexik	lexis
lexikalische	
Ambiguität	lexical ambiguity
Bedeutung	lexical meaning
Dekomposition	lexical decomposition
Ebene	lexical level
Einheit	lexical item/unit
Felder	lexical fields
Lücke	lexical gap
Morphologie	lexical morphology
Opposition	lexical opposition
Phonologie	lexical phonology
Polysemie	lexical polysemy
Semantik	lexical semantics
Solidaritäten	lexical solidarities
Syntax	lexical syntax
Vagheit	lexical vagueness
lexikalischer	
Anglizismus	lexical anglicism
lexikalisiert	lexicalized
Lexikalisierung	lexicalization
Lexikographie	lexicography
Lexikologie	lexicology
Lexikon	lexicon
mentales Lexikon	mental lexicon
Lexikostatistik	lexicostatistics
Lingua franca	lingua franca
Litotes	litotes

Merkmal — feature
    differenzierendes Merkmal — differentiating feature
    distinktives Merkmal — distinctive feature
    Vergleichsmerkmal — comparative feature
Meronymie, meronym — meronymy, meronymic
Metapher — metaphor
Metonymie — metonymy
Missverständnis — misunderstanding
Modifikation — modification
Monosemie, monosem — monosemy, monoseme
Motivation — motivation
    Sekundärmotivation/ sekundäre Motivation — secondary motivation
    ursprüngliche Motivation — original motivation

Neologismus — neologism

Oberbegriff — superordinate term
Okkasionalismus — occasional formation
Onomasiologie — onomasiology
Opposition — opposition

Paradoxon — paradox
Partonymie — partonymy
Pejorisierung — pejoration
Phraseologismus — idiom
    pragmatischer Phraseologismus — pragmatic idiom
    vergleichender Phraseologismus — comparative idiom
Pleonasmus — pleonasm
Plesionymie — plesionymy
Polarität — polarity
Politische Korrektheit — political correctness
Polysemie — polysemy
    ideologische Polysemie — ideological polysemy
    Polysemie-Inflation — polysemy inflation
Polysemierung — polysemization
Produktivität — productivity
Prototyp — prototype
Prototypen-Theorie — prototype theory
Prototypikalität — prototypicality

Referenzidentität — referential identity
Regionalismus, regionales Wort — regionalism
Relation — relation
    Äquivalenzrelation — relation of equivalence
    Gegensatzrelation — relation of opposition
    Relationstyp — type of relation
    syntagmatische Relation — syntagmatic relation
    Teil-Ganzes-Relation — part-whole relation

Totum-pro-parte-Relation	whole-for-part relation
Pars-pro-toto-Relation	part-for-whole relation
Revitalisierung	revitalization
Schlagwortwolke	tag cloud
Sem	seme
semantische	
Differenzierung	semantic differentiation
Weiterentwicklung	further semantic development
Merkmalsanalyse	componential analysis
semantisches	
Netz	semantic net
Semasiologie	semasiology
Semem	sememe
Archisemem	archisememe
Sinnbezirk	conceptual field
Spezialisierung	specialization
Spezifikation	specification
Sprache	language
Kontaktsprache	contact language
Spendersprache	donor language
Standardsprache	standard language
Sprach -	
-fossil	linguistic fossil
-lenkung	language planning
-manipulation	language manipulation
-mischung	language mixing
-ökonomie	language economy
Standardisierung	standardization
Stereotyp	stereotype
Stereotypen-Theorie	stereotype theory
Stilschicht	style level
gehobene Stilschicht	elevated style
kalkulierte Stilschicht	calculated style
neutrale Stilschicht	neutral style
umgangssprachliche Stilschicht	colloquial style
vulgäre Stilschicht	vulgar style
Strukturwandel	structural change
Substitution	substitution
Synekdoche	synecdoche
Synonymie, Synonym	synonymy, synonym
Fast-Synonymie	near synonymy
partielle Synonymie	partial synonymy
totale/absolute Synonymie	absolute synonymy
syntagmatische	
Restriktion	syntagmatic restriction
Ebene	syntagmatic level

Terminologiebildung	creation of terminology
Tertium comparationis	tertium comparationis
Transferenz	transference
Überlappung	overlapping
Übertreibung	exaggeration
Umkehrbeziehung	inverse relation
Umwertung	reevaluation
Unterbegriff	subordinate term
Untertreibung	understatement
Usualisierung	usualization
Usualität	currency
Vagheit	vagueness
Varianz, Variante	variance, variant of
Verdeutlichung	lexical clarification
Verdichtung	semantic compression
Verknüpfung	linking
Vulgarismus	vulgarism
Wort	word
abstraktes Wort	abstract word
aussterbendes Wort	moribund word
bedrohtes Wort	endangered word
brisantes Wort	hot word
emotives Wort	emotive word
Ersatzwort	substitute word
Fachwort	technical term
Fahnenwort	banner term
Fremdwort	foreign word
Gegensatzwort	opposite word
Geisterwort	ghost word
gruppensprachliches Wort	jargon word
Hüllwort/verhüllender Ausdruck	euphemistic word
ideologisches Wort	ideological word
isoliertes Wort	isolated word
Kosewort	term of affection
Leitwort	motto
Modewort	vogue word
Provinzialwort	provincialism
PC-Wort (politisch korrekt)	pc word (politically correct)
Reizwort	controversial term
Schimpfwort	swear word
Schlagwort	catch word
Schlüsselwort	key word
schmutziges Wort	dirty word
Spezialwort	special word
Stigmawort	stigmatized word

Tabuwort	taboo word
Trendwort	trend word
Wanderwort	itinerant word
Wortentstehung	word creation
Wörter und Sachen	Wörter und Sachen [entlehnt]
Wortfamilie	word family
Wortfeld	word field/ lexical field
Lücke im Wortfeld	lexical gap
Wortfeld-Theorie	word-field theory
Wort -	
-geschichte	history of words
-hülse	meaningless word
-integration	word integration
-konnotation	word connotation
-korpus	word corpus
-neubildung	new word formation
Wortschatz	vocabulary
Gesamtwortschatz	total vocabulary
Individualwortschatz	vocabulary/lexicon of an individual
Wortverbindung	word combination
feste Wortverbindung	idiomatic phrase
usuelle Wortverbindung	common word combination
X-phemismen	x-phemism